LUCIUS ANNAEUS SENECA

Philosophische Schriften II

DIALOGE
ZWEITER TEIL
BUCH VII–XII

Übersetzt, mit Einleitungen
und Anmerkungen versehen von
Otto Apelt

FELIX MEINER VERLAG
HAMBURG

PHILOSOPHISCHE BIBLIOTHEK BAND 74

Im Digitaldruck »on demand« hergestelltes, inhaltlich mit der Ausgabe von 1923 und der Sonderausgabe von 1993 identisches Exemplar. Wir bitten um Verständnis für unvermeidliche Abweichungen in der Ausstattung, die der Einzelfertigung geschuldet sind. Weitere Informationen unter: www.meiner.de/bod.

Bibliographische Information der Deutschen Nationalbibliothek

Die Deutsche Nationalbibliothek verzeichnet diese Publikation in der Deutschen Nationalbibliographie; detaillierte bibliographische Daten sind im Internet abrufbar über ‹https://portal.dnb.de›.

ISBN 978-3-7873-4525-0

ISBN eBook 978-3-7873-2785-0

Inhalt

Berichtigungen zum zweiten Band

Seite 45 Zeile 14 von unten Platon lies Platon[45]).
 „   47 „   5 von unten von lies vor.
 „   71 „   13 von oben seinen lies sein.
 „   95 „   8 von oben werden lies worden.
 „   110 „   4 von oben Dichter lies Dichter[56]).
 „   110 „   6 von oben Platon lies Platon[57]).
 „   204 „   16 von unten Marcellus lies Marcellus[18]).

Lucius Annaeus Seneca

Vom glücklichen Leben.
An seinen Bruder Gallio.

Einleitung.

Die Schrift ist gerichtet an seinen älteren Bruder Marcus
Annaeus Novatus, der seit seiner Adoption durch Gallio, den
Freund des Vaters, den Namen Gallio führte. Es ist derselbe, dem
er bereits früher die drei Bücher über den Zorn gewidmet hatte.
Auf die Denkweise dieses von ihm sehr geschätzten Bruders, der
es als Staatsmann bis zum Konsul gebracht hatte, scheint die
Lehre Epikurs einen gewissen Eindruck gemacht zu haben. Daher
die längeren Ausführungen über den Gegensatz der stoischen und
Epikureischen Ansichten über das wahre Lebensglück. Der milde,
halbwegs anerkennende Ton, in dem er von Epikur spricht, tritt
hier, eben wohl mit Rücksicht auf seines Bruders Verhältnis zu
Epikur, noch etwas stärker hervor als in anderen Dialogen. Allein
die Anerkennung ist doch auch hier nur eine relative, insofern
als sich die Lustlehre Epikurs, welche die Tugend zur unentbehr-
lichen Begleiterin der Lust macht, vorteilhaft unterscheidet von
der unbedingten Lustlehre anderer. Er selbst, Seneca, ist und
bleibt Stoiker, der in der Tugend allein die Gewähr eines glücklichen Lebens findet. Sie allein ist es, die uns gegen alle Tücke
des Schicksals sichert.

Wenn man ihm entgegenhält, er selbst zeige in seiner Lebensführung doch nicht durchweg das Bild des vollendeten Weisen,
so sei, meint er, damit der stoische Standpunkt durchaus nicht
erschüttert; denn er selbst sei sich seiner Unvollkommenheit recht
wohl bewußt und fühle sich durchaus nur als Strebender, nicht
etwa als am Ziele bereits Angelangter. So wird die Abhandlung
immer entschiedener zu einer Rechtfertigung der eigenen Lebensgestaltung in ihrem Verhältnis zu den Anforderungen des Stoizis-
mus. Man kann Stoiker sein und bleiben, auch ohne daß man

auf Reichtum und äußere Glücksgüter verzichtet; ja, man ist dann
gerade in der besonders günstigen Lage, Geld und Gut nach vernünftigen Grundsätzen zugunsten der Mitwelt nach den verschiedensten Richtungen hin zu verwenden, statt es im Dienste
der Lust zu vergeuden. Diese ebenso geschickt wie taktvoll
durchgeführte apologetische Tendenz gibt dem zweiten Teile der
Abhandlung einen besonderen Reiz.

Inhaltsübersicht.

Glückseligkeit ist das Ziel, nach dem jedermann strebt;
allein die Vorstellungen, die man sich von diesem Ziele macht,
sind ebenso irrig wie die Wege, die man zu seiner Erlangung
einschlägt. Man läuft blindlings der großen Menge nach, die
sich durch reine Äußerlichkeiten bestimmen läßt, während das
wahre Glück ganz nur von der Beschaffenheit unseres Inneren
abhängt. c. 1, 2.

Für das wahre Lebensglück kommt es auf eine Seelen-
stimmung an, die den äußeren Lebensverhältnissen, wie sie uns
das Schicksal, sei es gewährt sei es auferlegt, keinen entscheidenden
Einfluß einräumt. Eben darin besteht das Geheimnis wahrer
Lebenskunst, daß man sich von des Schicksals Launen unabhängig
zu machen weiß. In diesem Sinne wird von Seneca eine ganze
Reihe von Definitionen der Glückseligkeit vorgeführt, die darin
übereinstimmen, daß Sinnengenuß kein wahres Glück gewähre,
daß vielmehr nur die gesunde Vernunft zur Grundlage dieses
Glückes tauge. Ihr allein gebührt die Herrschaft, wenn sich auch
ein großes Maß von Lust ihr zugesellen kann, ohne etwa unentbehrlich zu sein. Verträgt sich doch die Lust auch mit dem
schändlichsten Leben. Ein solches Leben ist aber nichts weniger
als naturgemäß. Nur das n a t u r g e m ä ß e Leben ist ein wahrhaft glückliches Leben; die Voraussetzung desselben ist aber die
erlangte Seelenruhe. c. 3—8.

Lust ist von der Tugend nicht ausgeschlossen, ist aber keine
unentbehrliche Beigabe derselben. Die Tugend trägt ihren Lohn
in sich selbst, wenn sie auch das Vergnügen nicht grundsätzlich
ausschließt. Nie aber wird der wahre Weise die Lust zum Be-
stimmungsgrund seiner Handlungen machen. c. 9—11.

Epikur gehört nicht zu den unbedingten Lobrednern der
Lust in dem Sinne, als sei Tugend und Lust dasselbe. Er fordert
für die Lust Naturgemäßheit, wie es die Stoiker für die Tugend
tun. Aber der Lust jagt doch jeder nach seinem besonderen Ge-
schmacke nach; sie geht ins Maßlose und Unbegrenzte, während

die Tugend begrenzt ist. Hingabe an die Lust als an das oberste Ziel führt zum Verluste der Freiheit; die Lust kann sich nicht losmachen von dem Reize des Äußerlichen; sie ist nicht auf sich selbst gestellt wie die Tugend. c. 12—15.

Die Tugend bietet hinreichende Gewähr für das Lebensglück; sie ist nicht abhängig von den Launen des Schicksals. Dem gegenüber erhebt sich aber die Frage: Warum verzichtest du nicht auf die Fülle der Güter, die du dem Schicksal verdankst? Antwort: Man hat zu scheiden zwischen dem vollendeten Weisen und den erst im Aufstieg Begriffenen, zu denen er selbst, Seneca, sich rechnet. c. 16—22.

Aber auch der der Weisheit bereits Teilhaftige wird die äußeren Güter nicht grundsätzlich von sich weisen, wohl aber sie nur im Sinne gesunder Vernunft verwenden. Er wird sich ihrer freuen dürfen als eines Mittels der Beförderung des Menschenwohls im Sinne uneigennütziger Menschenliebe. Was ihn von den Reichen gewöhnlichen Schlages scharf scheidet, ist der Umstand, daß er ohne Murren, wenn das Schicksal es so will, auf alle äußeren Güter verzichten wird. c. 16—26.

Sokrates wird redend eingeführt als Zeuge für die Macht der Tugend und als Mahner für ihre dauernde Hochachtung. c. 27, 28.

***

1. Wer, mein Bruder Gallio, wünschte sich nicht ein glückliches Leben? Aber um zu erkennen, was uns zum Lebensglück verhelfen kann, dazu fehlt uns der richtige Blick. Nichts ist schwerer, als sich des glücklichen Lebens teilhaftig zu machen. Ja, je stürmischer man ihm zueilt, um so mehr entfernt man sich von ihm, wenn man den Weg verfehlt hat; führt dieser nach der entgegengesetzten Seite, so wird gerade die Eile der Grund, den Abstand zu vergrößern. Wir müssen uns also zunächst Klarheit verschaffen über Wesen und Beschaffenheit des Zieles; sodann gilt es, Umschau zu halten nach dem Wege, auf dem wir am schnellsten zu ihm gelangen können, wobei der Weg selbst, wenn er nur der rechte ist, uns zu der Erkenntnis verhelfen wird, wieviel wir täglich vor uns bringen

und in welchem Maße wir dem Punkte näherkommen,
nach dem uns unser natürliches Verlangen hintreibt.
Solange wir kreuz und quer umherschweifen und uns
nicht von einem Führer leiten lassen, sondern lediglich
von dem einander heillos widersprechenden Geschnatter
und Stimmengewirr der Menge, schwindet das kurze
Leben unter lauter Fehltritten dahin, mag man sich
auch Tag und Nacht um vernünftige Einsicht bemühen.
Daher entscheide man sich über das Ziel und den
Weg nicht ohne einen bestimmten Sachkundigen, der
genau Bescheid weiß über die Richtung, in der wir
uns vorwärtsbewegen. Denn hier steht es nicht so
wie bei sonstigen Wanderungen: bei diesen sichert
uns irgendein Grenzweg, auf den man trifft, nebst der
Nachfrage bei den dort Ansässigen, vor Irregehen,
während hier gerade der betretenste und menschen-
reichste Weg am leichtesten täuscht. Auf nichts also
müssen wir mehr achten als darauf, nicht nach Art
des Herdenviehs der vorauslaufenden Schar zu folgen:
wir würden dann nur den meist betretenen, nicht aber
den richtigen Weg wählen. Und doch verwickelt uns
nichts in größeres Unheil, als daß wir uns nach dem
Gerede der Menge richten, in dem Wahne, das sei das
Beste, was sich allgemeinen Beifalls erfreut und wofür
sich uns viele Beispiele bieten, und daß wir nicht nach
Maßgabe vernünftiger Einsicht, sondern des Vorganges
anderer leben. Daher jene gewaltige Anhäufung
stürzender Menschen, die einer über den anderen fallen.
Was man bei tödlichem Menschengedränge sieht, wo
die Menge sich staut und sich selbst zerquetscht —
niemand stürzt, ohne zugleich einen anderen mit zu
Fall zu bringen, und die Vordersten ziehen die Folgenden
mit sich —, das kann man durchgängig im Leben beobachten. Keiner irrt nur für sich, sondern gibt zugleich Grund und Veranlassung zum Irrtum anderer.

Der blinde Anschluß an die Vorhergehenden wirkt
aber schädlich, und während männiglich lieber glauben
als selbst denken will, kommt es nie zu einem klaren
eigenen Urteil über das Leben; immer hält man es
nur mit dem Glauben an andere, und so treibt denn
der von Hand zu Hand weitergegebene Irrtum mit uns
sein Spiel und bringt uns zum Absturz: die Beispiele
anderer werden uns zum Verderben. Wir können
Heilung finden; nur müssen wir uns absondern von der
großen Masse. Allein wie die Sache jetzt liegt, wirft
sich die Volksmenge zur Verteidigerin ihres eigenen
Unheils gegen die Vernunft auf. Daher erlebt man
Ähnliches wie in den Wahlversammlungen (Komitien),
wo sich die eigentlichen Macher der Wahl selbst
wundern, wenn infolge des Umschwunges der wandelbaren Volksgunst ihre eigenen Kandidaten zu Prätoren
gewählt worden sind. Ein und dieselbe Sache erhält
unsere Billigung, erhält unseren Tadel. Das ist der
Ausgang jedes Gerichtes, wo nach dem Gutdünken der
Menge entschieden wird.

2. Wenn es sich um das Lebensglück handelt,
darfst du mir nicht mit einer Antwort kommen, wie
sie bei den Abstimmungen im Senat üblich ist: „auf
dieser Seite scheint die Majorität zu sein". Denn eben
darum ist sie die schlimmere [1]). Wo es sich um Fragen
der Menschheit handelt, sind wir nicht in der glücklichen Lage, sagen zu können, daß der Mehrzahl das
Bessere gefalle: der Standpunkt der großen Masse
läßt gerade den Schluß auf das Schlimmste zu. Wir
müssen also fragen, was zu tun das Beste, nicht was
das Gebräuchlichste ist, und was uns den Besitz un-
unterbrochen dauernden Glückes sichert, nicht was
dem großen Haufen, diesem verwerflichsten Ausleger
der Wahrheit, genehm ist. Zur großen Masse rechne
ich aber ebensogut gekrönte Häupter wie Menschen

im Kittel. Denn ich blicke nicht auf die Farbenpracht der Kleider, die dem Körper ein stattliches Aussehen verleihen; ich traue nicht den Augen, wo es sich um den Menschen handelt; ich habe eine bessere und zuverlässigere Leuchte, um Wahres und Falsches zu unterscheiden: es ist des Geistes Wert, den der Geist auffinden soll. Ist er — der Geist — einmal dazu gekommen, ruhig aufzuatmen und Einkehr in sich zu halten, wie wird er sich dann unter dem selbstbereiteten Druck der Folterqualen die Wahrheit gestehen! „Alles", wird er sagen: „was ich bisher getan, o möchte es doch ungetan sein; überschlage ich im Geiste alles, was ich gesagt habe, so beneide ich die Stummen; alles, was ich mir gewünscht habe, erscheint mir wie ein Fluch aus dem Munde der Feinde; alles, was ich gefürchtet habe, gute Götter, wieviel geringer war das anzuschlagen als das, was ich mit heißem Verlangen mir vergebens herbeiwünschte! Mit vielen habe ich in Feindschaft gestanden und habe mich, dem Hasse entsagend, wieder mit ihnen versöhnt, sofern überhaupt unter Übeltätern von Versöhnung die Rede sein kann: meine Freundschaft mit mir selbst steht noch auf schwachen Füßen. Ich habe mir redlich Mühe gegeben, mich aus der großen Menge herauszuheben und durch irgendwelchen Geistesvorzug die Augen auf mich zu lenken. Und der Erfolg? Er war kein anderer als der, daß ich mich wohlgezielten Angriffen ausgesetzt sah und den Böswilligen die Blößen zeigte, wo sie mich packen konnten. Siehst du sie, die meine Beredsamkeit preisen, meinem Reichtum nachlaufen, um meine Gunst buhlen, meine Macht in den Himmel heben? Sie alle sind nichts anderes als entweder meine Feinde oder, was dasselbe besagt, sie können es sein: die Schar der Bewunderer ist nicht größer oder kleiner als die der Neider. Warum richte ich mein Sinnen und Trachten nicht vielmehr auf etwas als gut Erprobtes, dessen ich mir innerlich gewiß bin, statt auf etwas, womit ich nach außen hin Staat mache? All das, was die Augen auf sich zieht, was die Vorübergehenden haltmachen läßt, was der eine dem anderen staunend zeigt — es ist nichts als äußerer Glanz ohne jeden inneren Wert.

3. Schauen wir also aus nach einem nicht äußerlich glänzenden Gut, sondern einem solchen, das in sich gefestigt und gleichmäßig ist und seine höhere Schönheit von weniger bemerkbarer Seite zeigt! Das laßt uns ausfindig machen. Und es liegt nicht in der Ferne; man muß nur wissen, wohin man die Hand strecken soll. Jetzt tappen wir gleichsam im Finsteren, haben das sehnsüchtig Gesuchte unmittelbar vor uns und gehen dicht daran vorüber. Doch um dir lange Umwege zu ersparen, will ich mich nicht auf die Meinungen anderer einlassen — denn es wäre eine zeitraubende Sache, sie aufzuzählen und zu widerlegen —: laß dir meine Ansicht genügen. Wenn ich aber sage: meine Ansicht, so binde ich mich damit nicht an irgendeinen einzelnen Meister der Stoa: auch ich habe das Recht der eigenen Meinung. Daher werde ich mich an diesen oder jenen anschließen, werde einen anderen auffordern, einzelne Punkte seiner Meinung bestimmt hervorzuheben, und werde, wenn ich etwa erst zuletzt aufgerufen werde, nichts von dem, wofür sich meine Vorgänger ausgesprochen haben, verwerfen und nur erklären: „Ich stimme dafür, nur mit folgendem Zusatz“. Dabei halte ich mich, worin die Stoiker alle übereinstimmen, an die Natur[2]). Von ihr nicht abzuirren, nach ihrem Gesetz und Beispiel sich zu bilden, das ist Weisheit. Glücklich also ist dasjenige Leben, das mit seiner Natur in vollem Einklang steht. Dies Ziel zu erreichen ist aber nicht anders möglich als

wenn zuvörderst der Geist gesund und im dauernden
Besitz dieser seiner Gesundheit ist, wenn er ferner
tapfer und voll Feuer ist, sodann auch im Leiden
ein schönes Muster von Ergebenheit, in die Umstände
sich schickend, achtsam auf den Körper und seine Bedürfnisse, doch nicht bis zur Ängstlichkeit, voll Bedacht auch für alles, was sonst zum Leben gehört,
ohne die mindeste Überschätzung, bereit, des Schicksals
Gaben zu nutzen, nicht aber, um sich zu ihrem
Sklaven zu machen. Als Folge davon stellt sich —
das ist dir auch ohne ausdrücklichen Hinweis darauf
klar — andauernde Ruhe verbunden mit dem Gefühl
der Freiheit ein unter Fernhaltung von allem, was
uns reizt oder in Schrecken versetzt. Denn ist der
Reiz der Sinnengenüsse geschwunden, so stellt sich
statt dessen, was kleinlich, hinfällig und eben durch
seine Lasterhaftigkeit schädlich ist [3]), eine erstaunlich
frohe Stimmung ein, unerschütterlich und sich immer
gleichbleibend, sodann Friede und Eintracht der Seele,
sowie hochherzige Gesinnung verbunden mit Sanftmut;
denn wilde Rohheit hat ihren Ursprung immer nur in
der Schwäche.

4. Man kann den Begriff des höchsten Gutes auch
noch anders bestimmen, nämlich so, daß man denselben
Inhalt mit anderen Worten umschreibt. Wird doch
das nämliche Heer bald in gedehnterer, bald in mehr
gedrängter Front aufgestellt, und entweder in einer
von den Flügeln nach dem Zentrum eingebogenen oder
in gerader Linie formiert, wobei, gleichviel wie es ge-
ordnet ist, seine Kraft sowie seine Bereitschaft, für
dieselbe Sache einzutreten, die nämliche bleibt. Ähnlich
steht es mit der Bestimmung des höchsten Gutes: das
eine Mal kann sie in gegliederter und weitläufiger,
das andere Mal in kurzer und gedrängter Form gegeben werden. Es kommt also auf dasselbe hinaus,

wenn ich sage: „Das höchste Gut ist eine alles Zufällige gering achtende, nur an der Tugend sich erfreuende Sinnesart" oder: „Eine unbeugsame Seelenkraft, kundig der Dinge, bedächtig und ruhig im Handeln, voll Menschenliebe und fürsorgender Teilnahme für die Umgebung". Man kann auch so definieren, daß man sagt: „Glücklich ist derjenige Mensch, für den es nichts Gutes und Übles gibt als die gute und die schlechte Gesinnung, der der edlen Sitte huldigt, dem nichts über die Tugend geht, den Schicksalsfügungen nicht stolz aber auch nicht verzagt machen, der kein größeres Gut kennt als das, welches er sich selbst geben kann, dem die wahre Lust die Verachtung der Lüste ist." Will man sich gehen lassen, so kann man das Nämliche ohne jede Schädigung oder Beeinträchtigung des Sinnes noch in diese und jene Form umgießen. Denn was hindert uns zu sagen, ein glückliches Leben habe seinen Bestand in einer freimütigen, aufrechten, unerschrockenen und standhaften Sinnesart, die, jeder Furcht, jeder Begierde enthoben, begeistert ist für die Ehre als einziges Gut, voll Abscheu gegen die Schande als einziges Übel, während alles übrige nichts ist als eitel Tand, das Lebensglück weder beeinträchtigend noch erhöhend, kommend und gehend ohne Vermehrung oder Verminderung des höchsten Gutes? Ihm, der auf so festem Grund steht, muß notwendig, mag er wollen oder nicht, heitere Stimmung beständige Gefährtin sein sowie auch ein herzlicher, weil aus dem Herzen kommender Frohmut; denn worüber er sich freut, das darf er sein Eigentum nennen, und seine Wünsche gehen nicht hinaus über das, worüber er zu gebieten hat. Sollte solcher Besitz nicht in vollem Maße aufwiegen die kümmerlichen, verächtlichen und rasch vorüberschwindenden Reizungen unseres armseligen Körpers? Der nämliche Tag, an

dem er die Lust zu seinem Gebieter macht, macht auch
den Schmerz zu seinem Herrn. Du hast ja doch ein
offenes Auge für das Übele und Schädliche der Knechtschaft, in die derjenige sich begibt, den Lust und
Schmerz, diese unbeständigsten und zügellosesten Herrscher, abwechselnd in Beschlag nehmen. Also gilt es
sich loszuringen, um den Weg zur Freiheit zu gewinnen.
Sie zu erlangen gelingt nur durch die Gleichgiltigkeit
gegen das Schicksal: dann wird sich jenes unschätzbare
Gut einstellen, jene fest in sich gegründete Seelenruhe
und Geisteshoheit, jene erhabene und unerschütterliche
Freude, die nach Austreibung des Irrtums aus der
Erkenntnis der Wahrheit entspringt, jene Herzlichkeit
und Gemütsheiterkeit, an der er seine Freude hat
nicht als an Gütern an sich, sondern als an Früchten
des ihm als Eigentum zugehörigen Gutes.

5. Da ich mit Begriffsbestimmungen einmal im
Zuge bin, so sei noch folgendes hinzugefügt: Glücklich
kann derjenige genannt werden, der weder von Begierden, noch von Furcht erregt wird, — wohlverstanden
dank seiner vernünftigen Einsicht. Denn auch das Fels-
gestein ist frei von Furcht und Traurigkeit und ebenso
das Vieh; doch wird sie niemand glücklich nennen, sie,
denen jedes Bewußtsein des Glückes fehlt. Ebenso
steht es mit denjenigen Menschen, die ihr Stumpfsinn
und der Mangel an Selbstbewußtsein auf die Stufe des
Viehs und der leblosen Dinge[4]) gesetzt hat. Es ist
kein Unterschied zwischen jenen und diesen; denn
haben letztere überhaupt keine Vernunft, so haben
zwar jene so etwas wie Vernunft, aber eine verkehrte,
unheilvolle und widersinnig wirkende; kann doch
niemand glücklich genannt werden, der von Wahrheit
nicht die mindeste Ahnung hat. Das glückliche Leben
gründet sich also auf ein richtiges und sicheres und
keinen Schwankungen unterliegendes Urteil. Nur dann

nämlich ist der Geist rein und aller Übel ledig, wenn
er nicht nur gegen Lästerungen gefeit ist, sondern
auch gegen Nadelstiche, fest entschlossen, nicht zu
weichen von der Stelle, wo er einmal Fuß gefaßt hat,
und seinen Platz gegen jede Wut und Feindseligkeit
des Schicksals zu verteidigen; denn was die Sinnenlust
anlangt, mag sie auch von allen Seiten sich uns aufdrängen und keinen Zugang unbenutzt lassen und die
Seele mit ihren Reizmitteln umschmeicheln und bald
dies bald jenes Register ziehen, um uns, sei es den
Menschen im ganze noder nach seinen einzelnen Organen,
in begehrliche Unruhe zu versetzen, so frage ich doch:
welcher Sterbliche, in dem auch nur eine Spur von
Menschentum sich noch findet, möchte sich wohl Tag
und Nacht kitzeln lassen und unter völliger Preisgabe
der Seele all sein Denken und Trachten in den Dienst
des Leibes stellen?

6. „Aber auch die Seele", sagt man, „wird doch
ihre Vergnügungen haben." Ja, mag sie sie haben
und über Schwelgerei und Sinnengenuß entscheiden,
mag sie sich anfüllen mit alle dem, was gemeinhin der
Sinnenlust dient, mag sie zurückschauen auf die Vergangenheit und schwelgen in der Erinnerung an ge-
schwundene Lusterregungen und schon auf der Lauer
liegen für weiterhin kommende, mag sie Hoffnung an
Hoffnung reihen und, während der Leib noch nicht
fertig ist mit Verdauung der jetzigen Überfütterung,
mit ihren Gedanken der weiterhin kommenden vor-
greifen: in meinen Augen wird sie nur um so be-
dauernswerter sein; denn das Schlechte zu wählen
statt des Guten ist nichts als Torheit. Ohne gesunde
Vernunft kann niemand glücklich sein, und geistig
gesund ist niemand, der das Schädliche erstrebt statt
des Besten. Glücklich ist also nur, wer im Besitze
gesunden Urteils ist; glücklich ist nur, wer mit seiner

Lage, welcher Art sie auch sein mag, zufrieden ist
und in Eintracht mit seinen Verhältnissen lebt;
glücklich ist nur der, dessen ganze Lebenslage sich
der Billigung der Vernunft erfreut.

7. Haben doch selbst diejenigen, die das höchste
Gut in die Gedärme [5]) verlegt haben, ein Einsehen
dafür, welche schimpfliche Stellung sie ihm angewiesen
haben. Sie behaupten daher, die Lust könne von der
Tugend nicht getrennt werden, und versichern, niemand
könne tugendhaft leben, ohne zugleich lustvoll zu leben,
und niemand lustvoll, ohne zugleich tugendhaft. Ich
wüßte nicht, wie es möglich sei, so verschiedene Dinge
zusammenzukoppeln. Laßt, ich bitte euch, den Grund
hören für die angebliche Untrennbarkeit von Lust und
Tugend! Wurzelt denn etwa, weil das Gute in der
Tugend seine Quelle hat, in dieser auch das, worauf
euer Sinnen und Trachten gerichtet ist? Allein, wären
Lust und Tugend wirklich untrennbar, so würden wir
im Leben nicht so manches zu sehen bekommen, was
angenehm, aber nicht tugendhaft, so manches hinwiederum, was in höchstem Maße tugendhaft, dabei
aber voll Ungemach und nur unter Schmerzen zu erringen ist. Dazu kommt noch folgendes: Die Lust
gesellt sich auch dem schimpflichsten Leben zu; die
Tugend dagegen hat mit schlechtem Leben nichts gemein; und es gibt Leute, die unglücklich sind nicht
aus Verzicht auf die Lust, sondern gerade um der Lust
willen, was nicht der Fall wäre, wenn mit der Tugend
die Lust untrennbar vereinigt wäre, auf welch letztere
die Tugend oft verzichten muß, ohne sie indes jemals
nötig zu haben. Warum stellt ihr Dinge zusammen,
die einander nicht ähnlich, ja geradezu entgegengesetzt
sind? Die Tugend ist etwas Hohes, Erhabenes und
Königliches, unüberwindbar, nicht mürbe zu machen:
die Lust etwas Niedriges, Sklavisches, Schwächliches,

Einfältiges, dessen Heimstätte und Wohnort Bordelle
und Garküchen sind. Der Tugend wirst du begegnen
im Tempel, auf dem Forum, in der Kurie; sie steht
als Wächterin vor den Mauern, staubbedeckt, mit ge-
rötetem Antlitz, mit schwieligen Händen: die Lust
dagegen versteckt sich häufiger in der Nähe von
Bädern, Schwitzstuben und Bezirken, wo man vor der
Polizei Angst hat, weichlich, kraftlos, von Wein und
Salböl triefend, bleich oder geschminkt und durch Arz-
neien fast zum Leichnam gemacht. Das höchste Gut
trägt den Stempel der Unsterblichkeit; es kennt kein
Ende, keinen Überdruß, keine Reue; denn die rechte
Sinnesart kennt keinen Wechsel und keinen Widerwillen gegen sich selbst und weicht keinen Finger
breit ab von der besten Gestaltung des Lebens. Die
Lust dagegen erlischt, sobald sie den Höhepunkt des
Entzückens erreicht hat; sie hat keinen weiten Spielraum; daher bringt sie schnelle Sättigung, wird uns
zum Ekel und welkt nach der ersten stürmischen Hingabe wieder ab. Es ist kein Verlaß auf irgend etwas,
das seinen natürlichen Bestand in nichts anderem als
in der Bewegung hat. So kann es denn auch durchaus keinen festen Gehalt haben; geht es doch ebenso
schnell vorüber, wie es kommt, zum Untergang bestimmt durch die Art, wie es mit sich selbst verfährt;
es eilt dem Ende zu, und der Anfang weist schon auf
den Schluß hin.

8. Ist das Lustgefühl nicht ebensowohl eine Mitgabe für die Bösen wie für die Guten, und haben die
Schurken etwa weniger Wohlgefallen an ihrer Schänd-
lichkeit als die Tugendhaften an den sie auszeichnenden
Vorzügen? Daher das alte Mahnwort, dem besten
Leben müsse man nachtrachten, nicht dem lustvollsten;
denn die Lust soll sich nicht zum Leiter des rechten
und guten Willens aufwerfen, sondern soll nur sein

Begleiter sein. Soll doch unser Führer die Natur
sein: sie ist es, auf welche die Vernunft achtet und
deren Rat sie einholt. Glücklich leben und naturgemäß leben kommt also auf dasselbe hinaus. Was
das besagen will, darüber sei folgende Auskunft erteilt:
Wir müssen uns an unsere körperlichen Anlagen und
das, was unserer Natur entspricht, achtsam und ohne
Zagen als an vergängliche und flüchtige Dinge halten,
dürfen uns nicht in ihre Knechtschaft begeben und
sie, die nicht unser eigentliches Ich sind, nicht zu
Herren über uns werden lassen, müssen vielmehr, was
dem Körper erwünscht ist und was uns von außen her
zukommt, so betrachten, als wären es Hilfstruppen und
Leichtbewaffnete im Heereslager — uns zu dienen sind
sie bestimmt, nicht uns zu beherrschen —; nur dann
sind sie unserem Geiste als unserem eigentlichen Wesen
nützlich. Unzugänglich und unüberwindlich für äußere
verderbliche Einflüsse sei der Mann, sei ein Bewunderer
nicht anderer, sondern seiner selbst, habe Zutrauen zu
sich und sei auf alles gefaßt, ein Selbstgestalter seines
Lebens. Sein Selbstvertrauen sei nicht ohne Einsicht,
seine Einsicht nicht ohne Beharrlichkeit: was er einmal beschlossen, das soll auch Bestand haben, und
seine Entscheidungen sollen nicht rückgängig gemacht
werden. Selbstverständlich wird ein solcher Mann ein
Meister tadelloser Haltung sein und in allen seinen
Handlungen Zeugnis ablegen von Hochherzigkeit verbunden mit Menschenfreundlichkeit. Die Außenwelt
soll er erforschen mit dem durch die Sinnesorgane er-
regten Verstand, und diese Anregung soll er zum
Ausgangspunkt nehmen — denn er hat keinen anderen
Anhalt für sein Beginnen und für Befriedigung seines
Bedürfnisses, der Wahrheit auf die Spur zu kommen —
aber er soll in sich selbst zurückkehren. Denn auch
die alles umfassende Welt und ihr Leiter, die Gott-

heit, hat zwar ein Streben nach außen, kehrt aber von allen Richtungen her in sich selbst zurück. Ebenso soll es unser Geist halten: hat er sich, der Anregung seiner Sinnesorgane folgend, mit der Außenwelt beschäftigt, so zeige er sich ihrer wie seiner selbst mächtig. Auf diese Weise wird sich jene einheitliche Kraft und Macht bilden, die mit sich in Einklang steht und deren Frucht jene unerschütterliche Einsicht ist, die keinen Zwiespalt kennt und sich nicht verfängt in bloßen Meinungen, Vorstellungen und Einbildungen. Wenn sie zu ihrer rechten Gliederung und zu allseitigem Zusammenschluß und, so zu sagen, zu harmonischem Zusammenklang gelangt ist, dann hat sie die Schwelle des höchsten Gutes erreicht. Denn da findet sich nichts Verkehrtes, nichts Unsicheres mehr, nichts, woran sie straucheln und zu Fall kommen könnte. Alles wird da der Mensch auf eigenen Befehl tun, und nichts wird sich ereignen, worauf er nicht gefaßt wäre, wenn er mit Leichtigkeit und Entschlossenheit und ohne zu zögern zum Handeln schreitet. Denn Trägheit und Unentschlossenheit ist ein Zeichen von innerem Kampf und Unbeständigkeit. Darum kann man kühnlich sagen, das höchste Gut sei Seeleneintracht. Denn da kann es wohl an Tugenden nicht fehlen, wo Übereinstimmung und Einheit sich findet: Zwietracht hat ihren Sitz bei den Lastern.

9. „Indes auch du“, wendet man ein, „huldigst der Tugend aus keinem anderen Grunde, als weil du von ihr irgendwelche Lust erwartest.“ Erstens, wenn die Tugend irgendwelche Lust gewähren sollte, so folgt daraus nicht, daß sie um dieser willen erstrebt werde; denn sie gewährt nicht schlechtweg Lust, sondern gewährt diese nur zugleich mit, und sie strengt sich nicht für diese an, sondern ihre Anstrengung wird, wenn sie auch auf etwas anderes abzielt, doch

diese zugleich mit erlangen. So wie auf einem Acker,
der durch den Pflug für die Saat gelockert ist, mancherlei Blumen mit aufwachsen, ohne daß etwa für dieses
Nebengewächs, mag es auch dem Auge gar wohl tun,
soviel Mühe verwandt worden wäre — die Absicht
des Säemanns war eine andere, das hat sich nur neben-
bei eingefunden —, so ist die Lust nicht Lohn oder
Grund der Tugend, und sie gefällt nicht, weil sie
ergötzt, sondern wenn sie gefällt, so ergötzt sie zugleich. Das höchste Gut liegt in unserem Urteils-
vermögen selbst und in dem bestbeschaffenen Verstande;
hat dieser seine Bestimmung erreicht und hat er sich
seine festen Grenzen gebildet, dann ist das höchste
Gut zu seiner Vollendung gelangt und verlangt nach
nichts Weiterem; denn über das Ganze hinaus gibt
es nichts, so wenig wie über das Ende hinaus. Daher
gehst du fehl, wenn du fragst, was es sei, um des-
willen ich die Tugend erstrebe; denn du fragst nach
etwas, was über das Höchste hinausgeht. „Was ver-
langst du denn von der Tugend?" So fragst du.
Ich antworte: „sie selbst". Denn sie hat nichts, was
besser wäre als sie, sie ist sich selbst ihr Preis[6]).
Oder ist das etwa zu wenig? Wenn ich dir sage:
„Das höchste Gut ist eine unerschütterliche Unbeug-
samkeit, Umsicht, Erhabenheit, Gesundheit, Freiheit,
Harmonie und Schönheit der Seele", forderst du auch
dann noch irgend etwas Höheres, durch das diese Vorzüge erst ihre volle Bedeutung erhalten? Was redest
du nur von Lust? Des Menschen Bestes ist es, worauf
ich es abgelegt habe, nicht des Bauches, der geräumiger
ist beim Vieh und beim Wild.

10. „Du willst mich absichtlich nicht verstehen",
entgegnest du: „behaupte ich doch, niemand könne
lustvoll leben, wenn er nicht gleichzeitig auch tugendhaft lebt, was bei verstandlosen Tieren nicht möglich

ist wie überhaupt nicht bei solchen, die ihr ganzes
Glück im Essen finden. Klar und offen, behaupte ich,
trete ich dafür ein, daß dasjenige Leben, das ich als
lustvolles bezeichne, ohne Einfluß der Tugend nicht
möglich ist." Gut. Aber wer weiß nicht, daß gerade
die Stumpfsinnigsten es am meisten mit diesen eueren
Erlustigungen halten, und daß das Laster in Lustbarkeiten geradezu schwelgt, ja, daß die Seele selbst
darauf ausgeht, allerlei verderbliche Arten der Lust
für sich ausfindig zu machen? Vor allem Übermut
und Selbstüberschätzung und eine über die anderen
sich erhaben dünkende Aufgeblasenheit; ferner blinde
und jeder Umsicht bare Verliebtheit in alles Eigene,
reichliche Üppigkeit, stürmisches Frohlocken über
Kleinigkeiten und Kindereien, ferner witzelnde Geschwätzigkeit und hoffärtige Schmähsucht, mattherzige
und schläfrige Trägheit und Schlaffheit. Mit alle
dem räumt die Tugend gründlich auf, hält strenge
Musterung und schätzt die Lüste gegeneinander ab,
ehe sie Zulaß gewährt; ja, selbst diejenigen, denen
sie ihre Billigung nicht versagt hat, schätzt sie nicht
hoch ein oder läßt sie unter allen Umständen zu: was
ihr Freude macht, ist nicht der Genuß, sondern die
Mäßigung im Genuß. Die Mäßigung aber mindert den
Einfluß der Lüste, und darum vergreift sie sich an
deinem höchsten Gute. Du umschlingst die Lust mit
beiden Armen, ich dämpfe sie; du schwelgst in der
Lust, mir ist sie nur Mittel zum Zweck; du hältst
sie für das höchste Gut, ich überhaupt nicht für ein
Gut; du tust alles der Lust wegen, ich nichts.

11. Wenn ich sage, ich tue nichts um der Lust
willen, so rede ich von jenem Weisen, dem du allein
die Lust (als berechtigtes Prinzip) zuerkennst[7]). Ein
Weiser aber ist in meinen Augen nicht der, der noch
irgend etwas über sich hat und vollends gar die Lust:

von ihr beherrscht, wie könnte er die Widerstandskraft finden gegen Mühsal und Gefahr, gegen Armut und gegen die zahlreichen das Menschenleben umschwirrenden Bedrohungen? Wie wird er den Anblick des Todes, wie die Schmerzen aushalten? Wie das Krachen des Weltgefüges und die gewaltigen Scharen grimmigster Feinde, er, der sich von einem so weichlichen Gegner hat überwinden lassen? „Alles, wozu die Lust ihm rät, wird er tun." Schau' hin! Siehst du nicht, wie vieles sie ihm anraten wird? „Sie kann ihm nichts Schimpfliches raten," lautet die Entgegnung, „weil sie Gefährtin der Tugend ist." Siehst du da nicht abermals, wie es mit dem höchsten Gute bestellt ist, das eines Wächters bedarf, um überhaupt ein Gut zu sein? Wie aber wäre die Tugend imstande, die Lust zu beherrschen, deren Wink sie folgt? Ist Folgsamkeit nicht Sache des Gehorchenden, Leitung Sache des Befehlenden? Kehrst du die Stellung von beiden um? Ein herrliches Amt aber hat bei euch die Tugend als Vorkosterin im Dienste der Lust! Doch es wird sich herausstellen, ob bei denen, die mit der Tugend so schmachvoll umgehen, überhaupt noch von Tugend die Rede ist; kann sie doch ihren Namen nicht mehr führen, wenn sie von ihrem Platze hat weichen müssen. Einstweilen genügt es, hinsichtlich des vorliegenden Themas euch zahlreiche Beispiele anzuführen von Männern, die ganz den Lüsten ergeben, vom Glück mit allen seinen Gaben überschüttet wurden, und von denen du gleichwohl eingestehen mußt, daß sie erbärmliche Gesellen waren. Schau hin auf euern Nomentanus und Apicius, die die Leckerbissen von Land und Meer — diese köstlichen Güter, wie sie sie nennen — verdauen und auf ihrem Tische eine Musterkarte der ganzen Tierwelt ausgebreitet sehen. Schau' hin auf diese Nämlichen, wie sie auf Rosenlager gebettet ihre Blicke über die Erzeugnisse ihrer Garküche schweifen lassen, wie sie ihre Ohren weiden am Klange der Gesänge, ihre Augen an Schauspielen, ihren Gaumen an Leckerbissen! Durch weiche und sanfte Wärmkissen wird ihr ganzer Leib zur Empfänglichkeit angeregt, und, um auch die Nase mit zu beschäftigen, wird auch der Ort selbst, wo man der Üppigkeit opfert, mit allerhand Wohlgerüchen erfüllt. Von diesen mußt du doch sagen, daß sie in Lustbarkeit leben, und doch wird ihnen nicht wohl sein, weil es kein Gut ist, an dem sie ihre Freude haben.

12. „Allerdings", heißt es darauf, „wird es ihnen nicht wohl zu Mute sein; denn es kommt ihnen mancherlei der Quere, was sie in ihrer Stimmung stört, und der Zwiespalt in ihrem Inneren wird ihren Geist beunruhigen." Daß dem so sein wird, gebe ich zu; allein nichtsdestoweniger werden jene Toren selbst trotz ihrer inneren Unausgeglichenheit und trotz des Druckes der Reue, unter dem sie liegen, große Lustempfindungen genießen, so daß man gestehen muß, sie seien in solcher Lage von jedem Gefühl der Belästigung ebensoweit entfernt wie von der rechten Sinnesart, und, wie das bei den meisten der Fall ist, sie seien in einem heiteren Wahnsinn und in lachender Tollheit befangen. Dagegen sind die Lustempfindungen der Weisen zurückhaltend, maßvoll und beinahe matt, gedämpft und kaum bemerkbar; stellen sie sich ja doch ungerufen ein, und obschon sie sich von selbst eingefunden haben, werden sie doch nicht mit hohen Ehren und mit besonderer Freude von seiten der Genießenden empfangen; man mischt sie ins Ganze mit ein und gewährt ihnen einen Anteil am Leben, wie man Spiel und Scherz dem Ernste beigesellt.

Weg also mit dieser Verdoppelung des nicht Zusammengehörigen, mit dieser Verflechtung der Lust und der Tugend, einer Verkehrtheit, mit der man nur

den verworfensten Gesellen schmeichelt! Siehe da diesen
ausgemachten Wollüstling, der sich immer wieder ent-
lädt und in Trunkenheit taumelt: er weiß, daß er ein
lustvolles Leben führt, und darum glaubt er, dies Leben
sei auch ein tugendhaftes; hört er doch von anderen,
die Lust sei untrennbar von der Tugend, und darum
gibt er seine Laster für Weisheit aus und bekennt sich
offen zur Schamlosigkeit. Es ist also nicht Epikur,
von dem sie den Antrieb zu ihrer Schwelgerei erhalten
haben; nein, ihren Lastern ergeben, verbergen sie ihre
Genußsucht in den Falten seines Philosophenmantels
und drängen sich dahin, wo, wie sie hören, das Lob
der Lust erklingt. Und dabei beachten sie nicht
— und das ist wahrhaftig meine Überzeugung —, wie
nüchtern und trocken sich die Lust in der Auffassung
Epikurs darstellt, sondern der bloße Name macht, daß
sie herbeieilen, um für ihre Lustbegierden einen Schirm
und Schleier zu finden. So geht ihnen denn auch das
einzige Gute verloren, was sie in ihrer Schlechtigkeit
noch hatten, die Scheu vor der Sünde. Denn
sie loben nun das, wovor sie vorher immerhin noch
erröteten; ja sie rühmen sich nun ihres Lasters; und
so darf jene verschwindende Scheu [8]) überhaupt nicht
wagen, sich wieder zur Geltung zu bringen, nachdem
das schimpfliche Lotterleben einmal einen ehrbaren
Titel bekommen hat. Darin liegt der Grund des verderblichen Einflusses jener Anpreisung der Lust: was
sittlich aufklärend und belehrend wirkt, das entzieht
sich zunächst den Blicken; was aber die Sitten ver-
dirbt, das liegt offen zu Tage.

13. Ich selbst bin trotz des vermutlichen Wider-
spruchs meiner philosophischen Zunftgenossen [9]) der
Meinung, daß des Epikur Lehre sittlich tadelfrei und
richtig ist und, wenn man ihr näher tritt, sogar nicht
frei von einer gewissen Härte; denn jene Lust wird im

Grunde auf ein äußerst bescheidenes Maß zurückgeführt, und die Forderung, die wir an die Tugend stellen, stellt er an die Lust: sie soll der Natur gehorchen; der Natur aber genügt ein äußerst bescheidenes Maß von Üppigkeit. Wie steht es also? Jener, der seine Faulenzerei und den Wechsel von Küche und Bordell Glück nennt, sucht nach einem ehrenwerten Gewährsmann für eine schlechte Sache, und ist er, angelockt durch den verführerischen Namen, an Ort und Stelle angelangt, dann ergibt er sich der Lust, und zwar nicht der, von welcher er dort hört, sondern der, die er selber mitgebracht hat, und hat er sich einmal eingeredet, seine Laster stünden mit der Lehre in leidlicher Übereinstimmung, so fröhnt er ihnen ohne Scheu und wirft sich der Schwelgerei in die Arme nicht mehr im Verborgenen, sondern fortab erhobenen Hauptes. Daher behaupte ich nicht, wie die meisten der Unseren, Epikurs Schule sei eine Lehrerin der Laster; vielmehr lautet meine Behauptung so: man spricht übel von ihr, sie ist verrufen und zwar mit Unrecht. Wie kann das einer wissen, wenn er nicht in ihr eigentliches Heiligtum Zutritt erhalten hat? Ihre Außenseite ist es eben, die unwillkürlich Anlaß zu solchem Grunde gibt und zu schlimmen Erwartungen verleitet. Es steht damit, wie mit einem Helden, der sich in Weiberkleidung gehüllt hat. Du bist deiner Ehrbarkeit sicher, deine Mannbarkeit ist unangetastet, dein Körper frei von jeder schimpflichen Berührung; aber in der Hand führst du die Pauke [10]). Möge man also eine ehrbare Aufschrift und äußere Bezeichnung wählen, die schon durch sich selbst der Seele eine Anregung gibt! Diejenige Bezeichnung, die sich für diese Schule eingebürgert hat, schmeichelt dem Körper und hat geradezu eingeladen zu den Lastern, die sich alsbald eingefunden haben [11]). Wer zur Sache der Tugend hält, der legt auch

Proben ab von seiner edlen Anlage; wer aber der
Lust nachgeht, der zeigt sich entnervt, geknickt, der
Männlichkeit bar nnd in Gefahr, der Schande zu verfallen, wenn ihm nicht einer klaren Aufschluß gegeben
hat über die unterschiedlichen Arten der Lust, um
ihn zu der Erkenntnis zu bringen, welche von ihnen
sich innerhalb des natürlichen Bedürfnisses halten,
und welche von ihnen blindlings dahin stürmen und
sich ins Grenzenlose verlieren und um so unersättlicher
sind, je mehr sie gesättigt werden. Wohlan denn, man
lasse der Tugend den Vortritt, und jeder Schritt wird
gesichert sein. Ein Übermaß von Lust ist schädlich:
bei der Tugend braucht man nicht zu fürchten, daß
ein Übermaß bei ihr eintrete, denn in ihr selbst liegt
ja das Maß. Das ist kein Gut, was mit seiner eigenen
Größe zu ringen hat. Wer von Natur ein vernunft-
begabtes Wesen ist, was kann dem Besseres dargeboten
werden als die Vernunft? Und wenn du Gefallen
findest an jener Verdoppelung von Tugend und Lust
und nur in diesem Geleite den Weg zum glücklichen
Leben zurücklegen willst, gut, so gehe die Tugend
voran, die Lust sei nur ihr Begleiter und schwebe wie
ein Schatten um den Körper. Die Tugend, diese erhabenste Herrscherin, zur Magd der Lust zu machen,
dazu kann nur der sich verstehen, dem für wirkliche
Größe jede Auffassung fehlt.

14. Voran gehe die Tugend, sie sei die Banner-
trägerin; an Lust wird es uns trotzdem nicht fehlen;
doch werden wir sie zu beherrschen und zu mäßigen
wissen; durch Bitten wird man uns etwas abgewinnen
können, durch Zwang niemals. Dagegen bringen sich
diejenigen, die der Lust den Vorrang einräumen, um
beides; denn die Tugend geht ihnen verloren, und was
die Lust betrifft, so sind sie nicht Herren derselben,
sondern ihre Sklaven, indem sie entweder durch den

Mangel daran gequält oder durch die Überfülle erstickt werden, erbarmungswert, wenn sie sich von ihr verlassen sehen, erbarmungswerter, wenn sie von ihr überschüttet werden, ähnlich denen, die den Gefahren des Syrtenmeeres preisgegeben sind und die bald auf dem Trockenen sitzen bleiben, bald wieder in wogender Flut dahingeschaukelt werden. Das ist die Folge des Übermaßes an Zügellosigkeit und der (blinden) Vernarrtheit in wer weiß was; denn wessen Streben statt auf Gutes auf Schlechtes gerichtet ist, für den ist es gefährlich, seinen Wunsch zu erreichen. Wie wir auf wilde Tiere mit Mühe und Gefahr Jagd machen und selbst, wenn es gelungen ist sie einzufangen, ihr Besitz doch kein unbedenklicher ist — denn oft zerfleischen sie ihre Herren —, so steht es auch mit den starken Aufregungen der Lust: sie schlagen zum großen Unheil aus, und, in unsere Gewalt gebracht, bewältigen sie uns selbst. Je zahlreicher und größer sie sind, um so tiefer sinkt der, den die Menge den Glücklichen nennt, und um so größer ist die Zahl derer, deren Sklave er ist.

Ich möchte bei diesem Bild noch etwas länger verweilen: Wie der Jäger, der das Lager des Wildes aufspürt und nicht geringen Wert darauf legt[13])

mit der Schlinge zu fangen das Wild

und

mit Hunden zu sperren den weit sich dehnenden Bergwald,

um seiner Spur zu folgen, Wichtigeres im Stich läßt und sich vielen Obliegenheiten entzieht, so läßt der, welcher der Lust nachjagt, alles andere liegen, und die Freiheit ist das erste, was er preisgibt und seinem Bauche opfert: weit entfernt, sich die Lust zu erkaufen, verkauft er vielmehr sich selbst der Lust.

15. „Aber was steht denn“, heißt es zur Erwiderung darauf, „dem im Wege, daß Tugend und

Lust sich zur Einheit verschmelzen und so das höchste
Gut geschaffen wird, dergestalt, daß zwischen Sittlichkeit und Lust kein Unterschied mehr besteht?" Darum,
weil, was ein Teil des Sittlichen ist, notwendig auch
sittlich sein muß, und weil das höchste Gut sich nicht
mehr im Vollbesitz seiner Reinheit fühlen wird, wenn
es etwas in sich bemerkt, was von dem Besseren ab-
sticht. Auch die Freude, die der Tugend entquillt,
so gut sie auch ist, ist doch kein Teil des unbedingt
Guten, ebensowenig wie Fröhlichkeit und Ruhe, mögen
die Ursachen, aus denen sie stammen, auch noch so
schön sein; denn sie gehören zwar zu den Gütern, sind
aber nur Folgen des höchsten Gutes, nicht eigentliche
Bestandteile desselben. Wer aber Tugend und Lust
zur Gemeinschaft verbindet und zwar nicht einmal
mit gleichem Rang für beide, der schwächt durch die
Gebrechlichkeit des einen Gutes alle Lebenskraft des
anderen ab und macht die Freiheit, sie, die nur dann
unüberwindlich ist, wenn sie nichts Wertvolleres über
sich kennt, zur Sklaverei. Denn fortan bedarf sie der
Gunst des Schicksals, und das ist die schwerste Knechtschaft. So kommt es denn zu einem Leben voll Angst,
Mißtrauen, Zagen, Furcht vor dem Zufall und vor
zeitlichen Wechselfällen. Du gibst der Tugend kein
wuchtiges, unerschütterliches Fundament, sondern weisest
ihr einen wandelbaren Standort an; was aber wäre so
wandelbar als die Erwartung von Zufälligkeiten und
die schwankende Beschaffenheit des Körpers und der
den Körper beeinflussenden Dinge? Wie kann man
da der Gottheit gehorsam bleiben und alles, was da
kommen mag, mit edler Fassung über sich ergehen
lassen ohne Klage über das Schicksal, vielmehr bereit,
alles Schlimme zum Besten auszulegen, wenn man schon
die leiseste Regung von Lust und von Schmerz über
sich Herr werden läßt? Ja, selbst dem Vaterlande

kann man kein Beschützer oder Retter sein, sowenig wie ein Verteidiger seiner Freunde, wenn unsere Neigung nun einmal den Lüsten zugewendet ist. Es muß also das höchste Gut sich zu jenem Punkte erheben, von dem es durch keine Gewalt herabgezogen werden kann, zu dem weder Schmerz noch Hoffnung noch Furcht noch sonst irgend etwas Zutritt hat, was dem guten Rechte des höchsten Gutes Eintrag tun könnte. Diese Höhe kann aber nur die Tugend erklimmen. Ihren Schritt muß man einhalten, um jenem Gipfelpunkt siegreich beizukommen. Sie wird heldenhaft standhalten und was auch kommen mag ertragen, nicht nur geduldig, sondern auch willig, und wird sich immer dessen bewußt sein, daß jede zeitliche Schwierigkeit in dem Gesetz der Natur begründet ist; sie wird wie ein braver Soldat sich ihre Wunden gefallen lassen, wird ihre Narben zählen und, von Geschossen durchbohrt, sterbend noch denjenigen lieben, für den sie fällt, ihren Feldherrn; es wird ihr der alte Spruch vorschweben: folge der Gottheit! Wer aber klagt und jammert und seufzt, der wird gewaltsam gezwungen, dem Befehle, nachzukommen und trotz allen Widerstrebens zum Gehorsam genötigt. Welche Torheit aber ist es, sich zwingen zu lassen, statt folgsam zu sein. Wahrhaftig, ebenso wie es Einfältigkeit und Verkennung der eigenen Lebensbedingungen ist, wenn man sich darüber grämt, daß man auf etwas verzichten muß oder einen Stein des Anstoßes wegzuräumen hat, nicht minder auch, wenn man sich verwundert oder unwillig ist über Dinge, von denen die Guten ebensowenig verschont bleiben wie die Bösen, als da sind Krankheiten, Todesfälle, Gebrechlichkeit und was sonst dem menschlichen Leben in die Quere kommt. Was nach dem unabänderlichen Weltenplan an Leiden uns auferlegt ist, das müssen wir guten Mutes auf

uns nehmen. Wie durch Fahneneid sind wir verpflichtet,
uns mit dem Los der Sterblichkeit abzufinden und uns
nicht irre machen zu lassen durch das, was zu meiden
nicht in unserer Macht steht. Wir leben in einer Mon-
archie: der Gottheit zu gehorchen ist Freiheit.

16. In der Tugend aber ist das Glück begründet.
Diese Tugend aber, welche Ratschläge wird sie dir
erteilen? Du sollst nichts für ein Gut oder für ein
Übel halten, für dessen Vorkommen weder Tugend
noch Bösartigkeit in Frage kommt; sodann mußt du
unerschütterlich deinen Platz behaupten, sowohl im
Kampf gegen das Schlechte, wie in der Verteidigung
des Guten, um, soweit es möglich ist, dich zu einem
Ebenbild Gottes zu machen. Was verspricht sie dir für die
Mühen dieses Feldzuges? Einen erhabenen und fast
göttlichen Lohn: Du wirst zu nichts gezwungen sein,
wirst niemandes Hilfe bedürfen, wirst frei sein, sicher
und ungeschädigt; nichts wirst du vergebens in Angriff nehmen, in nichts gehindert werden; alles wird
dir nach Wunsch gehen, nichts gegen deine Annahme
und deinen Willen. „Also wie? Reicht die Tugend
aus zum glücklichen Leben?“ In ihrer Vollendung
und Göttlichkeit — warum sollte sie nicht ausreichen,
ja ihre Gaben sogar im Überfluß bieten? Denn was
könnte dem fehlen, der jedes Wunsches bar ist? Was
braucht der von außen her, der alles, dessen er bedarf,
in sich selbst gesammelt hält? Wer dagegen erst zur
Tugend hinanstrebt, der bedarf, wenn er auch schon
weit fortgeschritten ist, doch noch einiger Gunst des
Schicksals; denn noch hat er mit menschlicher Unzulänglichkeit zu ringen, bis er jeden Knoten löst und
jede Fessel der Sterblichkeit sprengt. Worin besteht
also der Unterschied? Darin, daß die einen fest an
das Irdische gebunden, die anderen an ihren Beruf gefesselt oder auch mit Geschäften überhäuft sind, während

der, der zum Höheren fortschreitet und sich aufwärts bewegt, nur eine lose Kette noch an sich trägt, noch nicht der vollen Freiheit teilhaftig, aber doch beinahe so gut wie ein Freier.

17. Wenn also einer von denen, die gegen die Philosophie losbelfern, in gewohnter Weise sagt[13]: „Warum bist du im Worte tapferer als im Leben? Warum sprichst du einem Höheren nach dem Munde, warum hältst du Geld für ein dir unentbehrliches Hilfsmittel, warum erregst du dich über Verluste, warum vergießt du Tränen bei der Nachricht von dem Tode der Gattin oder eines Freundes, und warum kümmerst du dich um das Gerede der Leute und fühlst dich durch ihre bösen Zungen verletzt? Warum ist dein Landgut besser gepflegt, als es der natürliche Bedarf erfordert? Warum hältst du dich mit deiner Mahlzeit nicht an deine eigene Vorschrift? Warum hast du so zierliches Hausgeräte? Warum trinkt man bei dir Wein, der älter ist als du selbst? Warum wendet man Sorge auf das Landschaftsbild?[14]) Warum pflanzt man Bäume, die weiter sonst nichts hergeben als Schatten? Warum trägt deine Frau das ganze Vermögen eines reichen Hauses als Schmuck an den Ohren? Warum werden deine Sklaven in kostbare Kleider gesteckt? Warum wird bei dir eine Kunst daraus gemacht, die Gäste zu bedienen, warum wird das Silbergeschirr nicht nach Zufall und Belieben, sondern mit Sachkenntnis aufgestellt, warum gibt es einen besonderen Vorschneider des Fleisches?“ Beliebt dir's, so kannst du in diesem Tone noch fortfahren: „Warum hast du Besitzungen jenseit des Meeres? Warum mehr als du kennst? Warum bist du zu deiner Schande entweder so unachtsam, daß du deine Handvoll Sklaven nicht kennst, oder so verschwenderisch, daß du mehr hast, als daß dein Gedächtnis ausreichte, dir ihre Namen zu merken?“ —

Ich werde weiterhin deine Schmähungen noch verstärken und mir mehr Vorwürfe machen, als du es für möglich hältst. Für den Augenblick beschränke ich mich auf folgendes: Ich bin kein Weiser, und — um deinem Übelwollen noch mehr Nahrung zu geben — ich werde es auch nicht werden. Verlange also nicht von mir, daß ich den Besten gleich sei, sondern nur, daß ich besser sei als die Schlechten. Es ist mir genug, wenn ich Tag für Tag meine Fehler um etwas herabmindere und mir über meine Verirrungen Vorhalt tue. Ich bin nicht zu voller Gesundheit gelangt, und ich werde es auch nicht; es sind mehr Linderungsmittel als Heilmittel für mein Podagra, mit dem ich mir zu schaffen mache, zufrieden, wenn es sich seltener einstellt und und weniger Plage macht. Indes mit eurem Gehwerk verglichen, ihr Schwächlinge, bin ich ein Läufer. Das sage ich nicht in meinem Namen — denn ich fühle mich noch mitten im Gewoge aller Fehler —, sondern im Namen eines derer, die bereits etwas vor sich gebracht haben.

18. „So sprichst du," heißt es darauf, „aber dein Leben nimmt sich ganz anders aus." Das ist der Vorwurf, ihr bösartigen und gerade den besten Männern aufsässigsten Gesellen, der dem Platon, der dem Epikur, der dem Zenon gemacht worden ist. Alle diese Männer wollten ja keine Auskunft geben darüber, wie sie selbst lebten, sondern wie zu leben ihnen selbst von nöten wäre. Von der Tugend rede ich, nicht von mir, und wenn ich die Laster schmähe, so schmähe ich an erster Stelle die meinigen. Sobald ich die Kraft dazu erlangt habe, werde ich leben, wie es sich gehört. Und eure in Gift getauchte Bosheit soll mich nicht abschrecken von dem unbedingt Guten; selbst das Gift, mit dem ihr andere bespritzt, euch selbst aber tötet, soll mich nicht abhalten, ohne Unterlaß ein Leben zu

preisen, nicht wie ich es führe, sondern wie es nach meiner festen Überzeugung geführt werden muß, soll mich nicht abhalten, die Tugend anzubeten und in weitestem Abstand mich mühselig ihr nachzuschleppen. Soll ich denn etwa erwarten, daß von der Böswilligkeit irgend etwas verschont bleibe, von ihr, der weder ein Rutilius[15]) noch ein Cato heilig war? Was hat es denn auf sich, wenn diesen Leuten, denen der Zyniker Demetrius[16]) nicht arm genug ist, irgend jemand zu reich vorkommt? Von einem Mann strengster Selbstzucht, der gegen alle Bedürfnisse der Natur den Kampf besteht, und der um so ärmer ist als die übrigen Zyniker, weil, während diese sich nur den Besitz versagt haben, er auch schon das Verlangen danach sich versagte — von einem solchen Manne wagen sie zu behaupten, er sei nicht dürftig genug! Denn du weißt: er ist nicht nur ein Lehrer der Tugend, sondern auch der Armut.

19. Diodorus[17]), ein Epikureischer Philosoph, der sich kurzweg entschloß, seinem Leben mit eigener Hand ein Ende zu machen, hat, so behauptet man, nicht nach den Grundsätzen Epikurs gehandelt, wenn er sich die Kehle abschnitt: die einen erklären diese Tat für Wahnsinn, die anderen für Unbesonnenheit. Er indes hat, im Gefühl seines Glückes und mit seinem Gewissen völlig im reinen, sich beim Scheiden aus dem Leben selbst ein Zeugnis ausgestellt: er pries die Ruhe seines im Hafen angelangten und vor Anker gegangenen Lebens und bekräftigte, dies durch die Worte, die ihr mit Unbehagen vernahmet, als ob ihr dem Beispiele folgen solltet[18]):

Ja, ich habe gelebt, vollendend, was mir beschieden.

Ihr redet hin und her über des einen Leben und über des anderen Tod, und bei Nennung großer und rühmlich bekannter Männer belfert ihr wie kleine Hunde, denen unbekannte Menschen in den Weg kommen; denn

für euch ist es vorteilhaft, daß niemand als gut gilt,
weil die Tugend anderer sich wie ein Vorwurf aus-
nimmt für alle Schurken. Voll Neid vergleicht ihr
Glanzvolles mit eurem Schmutz und habt kein Einsehen dafür, welchen Schaden ihr von diesem Wagnis
zu gewärtigen habt. Denn wenn diejenigen, die es
mit der Tugend halten, habsüchtig, wollüstig, ehrgeizig
sind, was seid denn dann ihr, denen schon der Name
Tugend ein Greuel ist? Ihr behauptet, niemand handle
so, wie er sich in Worten gibt, niemand lebe nach dem
Muster, das er im Munde führt. Was Wunder? Reden
sie doch von Heldentaten, von Dingen, die noch nie
dagewesen und die über alle Stürme des Menschenlebens
hinausgehen; denn sie suchen sich loszureißen von den
Marterpfählen, an die ein jeder von euch sich selbst
eigenhändig festnagelt; kommt es aber zur Todesstrafe,
so hängt jeder nur an einem einzigen Marterpfahl[19]);
diejenigen dagegen, welche auf sich selbst acht haben,
sind nicht an einem Pfahl angenagelt, sondern an so
vielen, als sie Leidenschaften in sich bergen. Sie
sind Lästerer und haben eine starke Ader für
Schmähungen gegen andere. Ich möchte glauben, sie
würden das unterlassen, wenn nicht manche noch vom
Galgen herab die Zuschauer mit ihrem Auswurf be-
sudelten.

20. „Die Philosophen leisten nicht, was sie in
Worten lehren." Aber sie leisten eben dadurch, daß
sie lehren, daß sie edle Ziele geistig erfassen. Denn
wenn sie gründlich genau ihren Worten gemäß handelten,
was gäbe es Beglückteres als sie? Vor der Hand liegt
kein Grund vor, gute Worte und aus gutem Herzen
kommende treffliche Gedanken zu verachten. Die Beschäftigung mit heilsamen Studien bleibt löblich auch
ohne den tatsächlichen Erfolg. Was Wunder, wenn
diejenigen, die steile Höhen in Angriff genommen haben,

nicht bis zum Gipfel hinauf gelangen? Aber wenn
du das Herz auf dem rechten Flecke hast, so versage
denen, die Großes versuchen, auch wenn sie stürzen,
nicht deine Achtung! Es zeugt von edler Sinnesart,
wenn man, nicht sowohl die eigene Kraft dabei in
Rechnung ziehend als die unserer Menschennatur überhaupt, sich an hohe Aufgaben wagt und sich im Geist
höhere Ziele setzt, als wie sie auch hervorragend be-
gabte Männer erreichen können. Nimm an, es stelle
sich einer die Aufgabe: „Beim Anblicke des Todes
soll meine Miene keine andere sein als bei dem einer
Komödie [20]). Keine Anstrengungen, sie mögen so groß
sein wie sie wollen, werde ich scheuen; denn ich mache
den Geist zur Stütze des Körpers. Reichtümer werde
ich verachten, gleichviel ob sie mir gehören oder einem
anderen, weder trauriger gestimmt, wenn sie anderswo
lagern, noch fröhlicher, wenn sie mich selbst umstrahlen.
Mit dem Glück habe ich nichts zu schaffen, mag es
nun kommen oder weichen. Alle Länder will ich als
eigenen Besitz betrachten, den meinigen als den aller.
Mein Leben soll geleitet sein von dem Bewußtsein, daß
ich für andere geboren bin, und ich werde der Mutter
Natur dafür dankbar sein; denn wie konnte sie besser
für mich sorgen? Mich, den einen, hat sie allen geschenkt, mir, dem einen alle. Was ich auch habe,
ich werde es weder knauserig behüten noch verschwenderisch ausstreuen. Alles soll mir nur als gütiges
Geschenk, nicht als eigentlicher Besitz gelten. Meine
Wohltaten werde ich nicht nach Zahl oder Gewicht
schätzen, nein, nur nach dem Wert des Empfängers.
Was ein Würdiger empfängt, ist in meinen Augen
immer noch zu wenig. Nicht beliebige Meinung, sondern
nur feste Überzeugung soll all mein Handeln leiten.
Was ich auf Grund meiner vollen Überzeugung tue,
das gilt mir so viel, als geschähe es unter den Augen

des ganzen Volkes. Der Zweck des Essens soll mir kein anderer sein als Befriedigung des natürlichen Bedürfnisses, nicht Füllung und Entleerung des Bauches. Gegen Freunde will ich gefällig und entgegenkommend, gegen Feinde mild und verträglich sein. Zum Gewähren will ich bereit sein, noch ehe man mich bittet, und anständigen Bitten werde ich halbwegs entgegenkommen. Mein Vaterland, des bin ich gewiß, ist die Welt, und seine Vorsteher sind die Götter; sie stehen über mir und umgeben mich als Richter über meine Taten und Worte. Und wenn entweder die Natur mein Leben zurückfordert oder die eigene wohlüberlegte Entscheidung ihm entsagt, dann werde ich scheiden mit dem Zeugnis, daß ich ein gutes Gewissen geliebt und Edles erstrebt habe, daß durch mich keines Menschen Freiheit gemindert, am wenigsten meine eigene gemindert worden sei." — Wer sich solche Ziele setzt, solches will und in Angriff nimmt, der wandelt den Weg, der zu den Göttern führt; ja, wenn er auch nicht ans Ziel gelangt[21),

so war's doch ein großes Beginnen.

Ihr aber, ihr Lästerer, die ihr die Tugend haßt und den, der sie hochhält, euer Treiben ist nicht ohne Beispiel. Scheuen ja doch auch kranke Augen das Sonnenlicht, und wenden sich doch auch Nachttiere von dem hellen Tageslicht ab: schon bei der ersten Dämmerung werden sie stutzig und suchen allerseits ihre Schlupfwinkel auf und verbergen sich lichtscheu in den engsten Öffnungen. Nur zu! Macht eurem Ärger Luft und übt eure unselige Zunge im Schmähen der Guten, schnappt nach ihnen und beißt sie: weit eher werdet ihr euch die Zähne ausbeißen, als euer Absehen damit erreichen.

21. „Warum", sagt man, „bleibt jener dort bei all seiner Philosophie im Leben doch ein reicher Mann? Warum nennt er den Reichtum verächtlich und bleibt

doch in seinem Besitz? Warum erklärt er das Leben
für verachtenswert und lebt doch? Warum die Gesundheit für verachtenswert und hütet sie doch auf das
sorgsamste und wünscht sich die beste? Auch Verbannung erklärt er für ein leeres Wort und sagt:
was ist es denn für ein Unglück, eine Gegend mit der
anderen zu vertauschen? Gleichwohl zieht er es, wenn
möglich, vor, im Vaterlande seine alten Tage hinzubringen. Zwischen längerer und kürzerer Frist, sagt
er, sei kein Unterschied; gleichwohl dehnt er, wenn
nichts hindert, seine Lebenszeit aus und freut sich noch
in hohem Greisenalter friedlich seines Lebens?" Allerdings, erwidere ich, erklärt er diese Dinge für verachtenswert, aber nicht, man solle auf ihren Besitz
überhaupt verzichten, sondern man solle nur nicht ängstlich an ihrem Besitze festhalten; er weist sie nicht
von sich ab, aber muß er sich von ihnen trennen, so
läßt er sie ohne Kümmernis ziehen. Was vor allem
den Reichtum anlangt, wo wird ihn das Schicksal sicherer
verwahrt wissen als da, von wo es ihn wieder zurück-
erhalten wird, ohne jede Klage dessen, der ihn zurückgibt? Als Marcus Cato den Curius und Coruncarius[22]
pries und jenes Zeitalter, in dem eine Handvoll Silber-
blechgeräte ein Verbrechen war, gegen das der Censor
einschreiten müßte, war er selbst im Besitze von vierzig
Millionen Sestertien. Das war ohne Zweifel weniger,
als Crassus, aber mehr als Cato Censorius besaß. Vergleicht man, so war er seinem Urgroßvater weiter voraus
als Crassus ihm, und hätten sich ihm noch größere
Schätze geboten, er hätte sie nicht zurückgewiesen.
Denn der Weise hält sich nicht irgendwelcher Glücks-
gaben für unwert; er liebt den Reichtum nicht, aber
gegebenen Falles gibt er ihm den Vorzug; er schließt
ihn nicht in sein Herz, wohl aber in sein Haus ein;
er weist den Besitz nicht zurück, sondern hält ihn

zusammen und sieht es nicht ungern, daß seiner Tugend reichere Mittel zu Gebote stehen.

22. Wie kann aber ein Zweifel darüber bestehen, daß dem Weisen der Reichtum mehr Gelegenheit bietet, seinen Geist vielseitig zu entfalten, als die Armut? Besteht doch im Falle der Armut die Tugendbetätigung wesentlich nur darin, sich nicht beugen und drücken zu lassen, während der Reichtum einen weiten Spielraum bietet für Bewährung von Mäßigkeit, Freigebigkeit, Achtsamkeit, ordnendem Überblick und Großzügigkeit. Der Weise wird sich nicht verächtlich vorkommen, auch wenn er noch so klein von Natur ist; gleichwohl würde er es gern sehen, wenn er hohen Wuchses wäre. Auch körperlich schwach und eines Auges verlustig wird er sich gesund fühlen; gleichwohl würde es ihm lieber sein, wenn er körperlich kräftiger wäre, dabei immer sich dessen bewußt, daß er in sich noch etwas Stärkeres hat. Mangelhafte Gesundheit wird er zu tragen wissen, sich aber feste Gesundheit wünschen. Es gibt so manches, was zwar für den Kern der Sache wenig in Betracht kommt und uns ohne Vernichtung des Hauptgutes entzogen werden kann, was aber gleichwohl seinen Beitrag liefert zur andauernden Fröhlichkeit, die aus der Tugend entspringt. Der Reichtum regt den Weisen an und heitert ihn auf, ähnlich wie den Seereisenden ein günstiger, die Segel schwellender Wind, oder wie ein heiterer Tag und sonniger Platz im Winter und bei Frost.

Welcher Weise ferner — ich rede von den unsrigen (den Stoikern), denen die Tugend als einziges Gut gilt — stellt in Abrede, daß die Dinge, die wir als gleichgültig bezeichnen, gleichwohl einen gewissen Wert haben und eine Abstufung dieser Werte zeigen? Manche von ihnen schätzt man bis zu einem gewissen Grade, auf einige legt man hohen Wert. Laß dich also nicht irre machen: der Reichtum gehört zu den geschätzten Dingen. Du entgegnest: „Nun, was spöttelst du denn dann über mich, wenn er in deinen Augen ebensoviel gilt wie in den meinen?" Willst du wissen, inwiefern dies nicht der Fall ist? Wenn der Reichtum mir entschwindet, so nimmt er mir nichts weg außer sich selbst; du aber wirst in solchem Falle außer dir sein und dir selbst wie verloren vorkommen, wenn er dich verlassen hat; bei mir gilt der Reichtum bis zu einem gewissen Grade, bei dir gilt er alles; kurz, ich bin Herr des Reichtums, du sein Sklave.

23. Laß also ab davon, den Philosophen das Geld zu verbieten. Niemand hat die Weisheit zur Armut verdammt. Der Philosoph mag reiche Schätze besitzen, aber Schätze, die niemandem abgepreßt und nicht mit fremdem Blut befleckt sind, Schätze, die ohne Unrecht gegen irgend jemand, ohne schmutzige Zugriffe erworben, Schätze, deren Abgang sich ebenso vollzieht wie ihr Zugang und über die niemand Ach und Weh ruft außer dem boshaften Neider. Häufe sie auf, so viel du willst, sie machen dir keine Schande; sie haben vieles an sich, was jeder gern sein nennen möchte, aber nichts, was irgend einem ein Recht geben könnte, es sein zu nennen. Er, der Weise, wird die Gunst des Glückes nicht von sich weisen und wird sich des ehrbar erworbenen Erbgutes weder rühmen noch schämen. Indes kann er doch auch Grund finden, sich zu rühmen, wenn er sein Haus öffnet und der gesamten Bürgerschaft Zutritt gewährt und sagen kann: „Was ein jeder als das Seine erkennt, das kann er mitnehmen". Welch hochstehender Mann, welches Muster eines Reichen, wenn er nach dieser Aufforderung um keinen Groschen ärmer ist! Das soll soviel heißen wie: wenn er allem Volk die Durchsuchung gestattet, wenn niemand bei ihm etwas fand, was er mit Beschlag belagen könnte, so

kann er kühn und vor aller Augen seines Reichtums
sich freuen. Der Weise läßt keinen Denar über seine
Schwelle kommen, an dem ein Makel haftet, wird aber
anderseits auch reiche Schätze als Gabe des Glückes
und Frucht seiner Tugend nicht zurückweisen und ihnen
die Tür verschließen. Denn warum sollte er ihnen denn
nicht eine gute Unterkunft gönnen? Laßt sie nur
kommen, sie sollen gute Aufnahme finden. Er wird
mit ihnen weder prahlen noch sie verstecken — das
eine würde von Albernheit, das andere von Furcht und
Engherzigkeit zeugen, als hielte er eine große Kostbarkeit ängstlich unter seinem Gewand an die Brust
gedrückt —; auch wird er sie, wie gesagt, nicht aus
dem Hause hinauswerfen. Denn was sollte er denn
zu seiner Rechtfertigung sagen? Etwa „Ihr seid mir
nichts nütze" oder „Ich verstehe mich nicht auf Verwendung des Reichtums"? Wie er wohl imstande sein
wird, einen Weg zu Fuß zurückzulegen, aber doch es
vorziehen würde einen Wagen zu benutzen, so wird
er zwar imstande sein sich der Vernunft zu fügen,
aber doch den Wunsch haben, reich zu sein. Er wird
also den Besitz reicher Mittel nicht abweisen, sie aber
als unzuverlässige und flüchtige Gaben ansehen und
es nicht dazu kommen lassen, daß sie irgend einem
anderen oder ihm selbst beschwerlich werden. Er wird
seine Hand auftun — was spitzt ihr die Ohren? was
schielt ihr nach dem Goldregen?[23]) — er wird seine
Hand auftun für rechtschaffene Leute oder für solche,
die er dazu machen kann; er wird seine Habe austeilen
mit gewissenhafter Auswahl der Würdigsten, immer
in dem vollen Bewußtsein, daß er Rechenschaft ablegen muß über Ausgaben so gut wie über Einnahmen,
wird sie nie austeilen ohne berechtigte und billigens-
werte Gründe — denn wenn ein Geschenk an den
Unrechten kommt, so ist das eine Art schimpflicher

Bankerott —, er wird offene, aber nicht durchlöcherte
Taschen haben, aus denen viel herausgeht, aber nichts
herausfällt.

24. Es ist ein Irrtum, zu glauben, das Schenken
sei eine leichte Sache: die Sache hat vielmehr ihre
großen Schwierigkeiten, wenn anders die Gabe auf Grund
reiflicher Überlegung erfolgen und nicht nach Zufall
oder plötzlicher Laune verschleudert werden soll. Die
einen verpflichte ich mir im voraus zu Dank, den
anderen vergelte ich, was ich empfangen; dem einen
helfe ich aus, weil er es nicht verdient von der Armut
erniedrigt und, wenn einmal von ihr befallen, in ihr
festgehalten zu werden; manchen wiederum werde ich
nichts geben trotz bestehenden Mangels, weil, wenn ich
gebe, der Mangel doch gleich wieder da sein wird;
manchen werde ich's anbieten, einigen sogar aufdrängen.
Nachlässigkeit in dieser Beziehung ist mir unmöglich:
niemals führe ich sorgfältiger Buch, als wenn es sich
um Geschenke handelt. „Wie?", bemerkst du, „schenkst
du denn in Erwartung von Entgelt?" Nein, aber ich
will auch nicht völlig darauf verzichten. Mein Geschenk
soll von der Art sein, daß es zwar nicht zurückgefordert
werden darf, aber eine Vergeltung möglich macht.
Mit einer Wohltat soll es so bestellt sein, wie mit einem
tiefvergrabenen Schatz: man darf ihn nicht eher aus-
graben, als bis die Not dazu zwingt. Ferner, das Haus
des Reichen selbst, wieviel Anlaß zum Wohltun bietet
es! Denn wer sollte die Freigebigkeit nur auf die
Vollbürger beschränken? Den Menschen als solchen
mich nützlich zu erweisen befiehlt mir die Natur:
ob sie Sklaven sind oder Freie, freigeboren oder frei-
gelassen, ob sie ihre Freiheit auf dem Rechtsweg erworben haben oder durch das Wohlwollen von Freunden —
was kommt darauf an? Überall, wo es Menschen gibt,
hat auch die Wohltätigkeit ihre Stätte. Es kann das

Geld auch innerhalb des Hauses verwendet werden und zu einer Schule der Freigebigkeit werden, die ihren Namen nicht daher hat, daß die Freien auf sie Anspruch haben, sondern daher, daß sie ihren Ursprung in einer freien Seele hat. Sie wird in der Hand des Weisen niemals an Schurken und Unwürdige verschwendet, noch ist sie jemals auf ihren verschlungenen Wegen so ermattet, daß sie nicht, so oft sie auf einen Würdigen trifft, wieder wie ein frischer Quell sprudelte.

Fasset also nicht falsch auf, was die der Weisheit Beflissenen so ehrenwert, tapfer und mutig kundtun, und vor allem vergesset nicht: etwas anderes ist, wer sich der Weisheit befleißigt, etwas anderes, wer bereits im Besitz der Weisheit ist. Jener wird dir sagen: „Meine Worte klingen sehr schön, aber noch stecke ich tief im Schlamm; du darfst mich nicht allzustreng beim Worte nehmen: nach Kräften fördere ich mich, bilde ich mich und strebe hinauf zu einem hohen Ideal; erst wenn ich so weit fortgeschritten bin, als ich mir vorgenommen, erst dann verlange, daß mein Tun meinen Worten entspricht! Wer aber bereits auf der Höhe menschlicher Tugendhaftigkeit steht, der wird sich anders zu dir stellen und sagen: „Erstens bist du nicht der Mann danach, dir zu erlauben, über Bessere ein Urteil zu fällen; ich habe bereits — und das ist ein Beweis, daß ich nicht fehlgehe — die Erfahrung gemacht, daß ich den bösen Menschen mißfalle. Um dir jedoch Rede zu stehen, der ich mich keinem Menschen gegenüber entziehe, so vernimm, was ich verspreche und welchen Wert ich jedem Dinge beilege. Der Reichtum, behaupte ich, ist kein Gut; denn wäre er das, so würde er die Menschen gut machen. Tatsächlich aber findet er sich auch bei Schurken, und darum darf man ihn nicht ein Gut nennen. Und so spreche ich ihm denn diesen Namen ab. Gleichwohl gebe ich zu, daß man ihn haben darf, daß er nützlich ist und großen Vorteil für das Leben mit sich führt.

25. Wir sind also beiderseits darüber einverstanden, daß man sich des Reichtums nicht zu schämen brauche. So vernehmt denn nun, warum ich ihn gleichwohl nicht zu den Gütern rechne, und wie verschieden von den euern die Vorteile sind, die ich ihm abgewinne. Stelle dir vor, ich wäre Herr des glänzendsten Hauses, umgeben von lauter Gold- und Silbergeschirr: ich werde mir nichts einbilden auf diese Herrlichkeiten, die zwar rings um mich sind, aber nicht in mir. Bringe mich dagegen auf die Pfahlbrücke[24]) und reihe mich in die Schar der Bettler ein: ich werde deshalb nicht verächtlicher von mir denken, wenn ich meinen Platz unter denen habe, die ihre Hand nach einem Pfennig ausstrecken. Was macht es denn aus, ob ich keinen Bissen Brot mehr habe, wenn ich die Möglichkeit habe zu sterben? Wie steht es nun also? Ich ziehe jenes glänzende Haus der Brücke vor. Denke dir mich umgeben von glänzendem Gerät und in prachtstrotzender Zimmereinrichtung: ich werde mir nicht glücklicher vorkommen, wenn ich einen schmiegsamen Mantel trage, wenn meine Gäste auf Purpurdecken ruhen. Weise mir eine andere Matratze an: ich werde nicht unglücklicher sein, wenn mein müder Hals auf einem Bündel Heu ruht, oder wenn ich auf einem Cirkuskissen sitze, dessen Füllung durch die zersprungenen Nähte der alten Leinwand hervórquillt. Wie steht es nun? Lieber will ich in feiner Kleidung und geschmückt[25]) Zeugnis ablegen von meiner inneren Welt als mit nackten oder halb bedeckten Schulterblättern. Gesetzt, alle Tage verliefen mir nach Wunsch, ein Freudentag reihe sich an den anderen: das soll mir kein Grund zur Selbstzufriedenheit sein. Laß dagegen diese Gunst der Zeit ins Gegenteil umschlagen, laß mein Gemüt von Verlust, Trauer, Bitternissen aller Art er-

schüttert werden, laß keine Stunde vergehen ohne irgendwelche Klage: ich werde doch allem Übel zum Trotz
mich nicht unglücklich nennen, werde deshalb nicht
einen einzigen Tag verwünschen; denn ich habe mich
vorgesehen, daß mir kein Tag zum Unglückstag werde.
Wie steht es also? Lieber ist es mir, wenn ich in der
Lage bin, meine Freude zu mäßigen, als wenn ich in
die Lage komme, den Schmerz dämpfen zu müssen.“

So wird dir auch der große Sokrates sagen: „Mache
mich zum Sieger über alle Nationen, laß mich auf dem
prachtstrotzenden Bacchuswagen im Triumph vom Sonnen-
aufgang bis nach Theben fahren, laß die Könige der
Erde mich als ihren obersten Richter anerkennen: ich
werde mich gerade dann am meisten als Mensch fühlen,
wenn man mich allerseits als Gottheit begrüßt. Neben
dieser erhabenen Höhe denke dir alsbald eine jähe Um-
wandlung: Man setzt mich auf einen nicht mir gehörigen
Tragsessel, um den Triumphzug eines stolzen und rohen
Siegers zu verherrlichen: ich werde mich nicht erniedrigt fühlen, wenn ich hinter dem fremden Sieger-
wagen hergetragen werde, verglichen mit meinem früheren
Standort. Wie steht es nun? Ich werde gleichwohl
lieber Sieger als Gefangener sein. Das ganze Reich
des Schicksals ist in meinen Augen nichtig; aber, habe
ich die Wahl, so entscheide ich mich für das Günstigere.
Was mich auch trifft, es soll mir recht sein; aber lieber
wünsche ich mir doch das Leichtere und Angenehme
und für den Betreffenden weniger Beschwerliche. Denn
glaube ja nicht, es gebe irgendeine Tugend, die keine
Anstrengung erfordere; aber die eine bedarf des Sporns,
die andere des Zügels. Wie der Körper bei abschüssigen
Stellen zurückgehalten, bei Erklimmung steiler Höhen
angetrieben werden muß, so haben gewisse Tugenden
eine abschüssige, andere eine ansteigende Bahn. Kein
Zweifel: alle Tugenden, die im Kampfe liegen mit den

Härten des Schicksals und die Macht desselben zu brechen wissen, als da sind Geduld, Tapferkeit, Beharrungskraft, müssen aufwärts klimmen, müssen sich stemmen und im Widerstand abmühen; und ist es nicht anderseits ebenso ersichtlich, daß Freigebigkeit, Mäßigung und Mildherzigkeit ihre Richtung nach abwärts haben? Bei diesen letzteren zügeln wir unseren Seelendrang, um Überstürzung zu verhüten; bei den ersteren muntern wir ihn auf und spornen ihn auf das schärfste an. Bei Armut also kommen jene kampfeslustigen, mehr der Tapferkeit huldigenden Tugenden in Betracht, bei Reichtum jene bedachtsameren, die den Schritt verlangsamen und den eigenen Drang hemmen. Was nun mein Verhältnis zu diesen beiden betrifft, so wünsche ich mir lieber diejenigen, die einer ruhigen Ausübung bedürfen, als diejenigen, deren Bewährung Blut und Schweiß fordert. Also — spricht der Weise — steht die Sache nicht so, daß ich anders lebe als rede, sondern ihr versteht es nur anders; nur der Schall der Worte trifft euer Ohr: nach ihrer Bedeutung fragt ihr nicht.“

26. „Welcher Unterschied also besteht zwischen mir, dem Toren, und dir, dem Weisen, wenn wir beide doch Wert auf Besitz legen?“ Ein sehr erheblicher: bei dem Weisen ist der Reichtum nichts weiter als Sklave, bei dem Toren macht er sich zum Herrn. Der Weise gestattet dem Reichtum nichts, euch gestattet der Reichtum alles. Ihr gebärdet euch, als hätte euch irgend jemand den ewigen Besitz desselben zugesagt: ihr gewöhnt euch an ihn und verwachst mit ihm. Der Weise dagegen denkt gerade dann am angelegentlichsten an die Armut, wenn er sozusagen im Reichtum schwimmt. Niemals traut der Feldherr dem Frieden in dem Maße, daß er sich nicht bereit hielte für den Krieg, der, wenn er auch nicht zum Ausbruch kommt, doch angekündigt ist. Euch macht ein schöner Palast

übermütig, als könnte er nicht durch Brand oder Einsturz vernichtet werden; euch raubt die Fülle des Besitzes jede Besinnung, als wäre er jeder Gefahr überhoben und viel zu groß, um dem Schicksal die Macht zu geben, damit aufzuräumen. Dem Müßiggang hingegeben, spielt ihr mit euerm Reichtum, ohne an die Gefahr zu denken, in der eben dieser Reichtum schwebt, ähnlich den Barbaren, die, von Feinden belagert und meist unkundig der Kraft der Maschinen, müßig der Arbeit der Belagerer zuschauen ohne jede Ahnung von dem Zweck dessen, was in der Ferne vorbereitet wird. Ebenso steht es mit euch: ihr duselt dahin in eurer Umgebung, ohne an die Unfälle zu denken, die euch bedrohen und bald kostbare Beute davontragen werden. Wie anders beim Weisen: wer ihm seinen Reichtum raubt, der muß ihm doch all das Seinige lassen; lebt er doch der Gegenwart froh und um die Zukunft unbekümmert. „Nichts“, sagt der große Sokrates oder wer sonst gegen menschliche Zufälle so gewappnet und selbstherrlich ist, „nichts habe ich mir fester zum Grundsatz gemacht, als meine Lebensführung nicht nach euren Vorurteilen zu gestalten. Laßt eure gewohnten Reden von allen Seiten mich umtönen: ich sehe darin keine Schmähungen, sondern nur das Geschrei von Kindern, die sich in elender Lage befinden“. So spricht der Mann, der der Weisheit teilhaftig geworden, den reines und schuldloses Gemüt zum Tadel gegen andere treibt, nicht, weil er sie haßt, sondern weil er sie bessern will. Er wird dem noch folgendes zufügen: „Was eure Meinung über mich anlangt, so bekümmert sie mich nicht um meinetwillen, sondern um euretwillen; denn seinen Haß und seine Feindschaft gegen die Tugend durch Schreien kundzugeben, heißt jeder vernünftigen Hoffnung den Abschied geben. Ihr tut mir kein Leid an, sowenig wie den Göttern die, die ihre Altäre umstürzen. Aber der böse Vorsatz und die schlimme Absicht leuchtet doch durch auch da, wo sie nicht schaden kann. So lasse ich mir eure Irreden gefallen, wie Jupiter, der große, allmächtige, die Albernheiten der Dichter über sich ergehen läßt, von denen der eine ihm Flügel andichtet, der andere Hörner, der eine ihn als Ehebrecher und Nachtschwärmer einführt, der andere als grimmigen Gegner der Götter oder auch als Feind der Menschen, der eine als Räuber von freigeborenen und noch dazu ihm verwandten Jünglingen, der andere als Vatermörder und als Eroberer des nicht ihm, sondern seinem Vater gehörigen Reiches: Frechheiten, die nichts. anderes zur Folge hatten, als daß den Menschen die Scham vor der Sünde abhanden kam, wenn sie den Göttern derartiges zutrauten. Allein obschon mir diese Lästerungen nichts anhaben, so richte ich doch um euretwillen an euch die Mahnung: habet Achtung vor der Tugend, glaubet denen, die als bewährte Jünger derselben laut bekennen, es sei etwas Großes und von Tag zu Tag als solches sich in immer größerem Maße Offenbarendes, dem sie nachstrebten. Ehret sie selbst gleich den Göttern und ihre Lehrer gleich den Priestern, und so oft dieser heilige Name erklingt, verfallet in ehrfurchtsvolles Schweigen. Dieser Spruch (favete linguis) [26]) hat nichts zu tun mit „Gunst" (favor), sondern gebietet Schweigen, damit die Opferhandlung dem heiligen Brauche gemäß vollzogen werden könne ohne Unterbrechung durch irgend welches ungehörige Wort. Und viel mehr noch ist e u c h das Gebot von nutzen, in voller Sammlung und mit Unterdrückung jedes Lautes zuzuhören, sobald von diesem Orakel der Tugend ein Spruch verkündet wird. Wenn einer, die Klapper schwingend, dem gebieterischen Brauche gemäß Lügen verkündet, wenn irgend einer, der sich auf Tätowieren der Arme

versteht, seine Arme und Schultern mit hoch erhobener
Hand blutig ritzt, wenn irgend ein altes Weib auf
den Knien über den Weg kriechend ein Geheul an-
schlägt, oder ein Greis, mit Leinwand angetan, ein
Lorbeerbüschel und am hellen Tage eine Leuchte vor
sich hertragend den Ruf erschallen läßt, irgend ein
Gott sei voll Zornes [27]), da lauft ihr zusammen und
horchet auf, und einer des anderen Betroffenheit ver-
stärkend versichert ihr, das sei ein Gottbegeisterter".

27. Horchet auf! Sokrates ist es, der euch von
jenem Kerker aus, den er durch seinen Eintritt
reinigte und dem er einen Rang verlieh, der den einer
jeden Kurie überbietet — er ist es, der euch zuruft:
„Was ist das für ein Wahnsinn, was ist das für ein
Göttern wie Menschen feindseliges Gebaren, die Tugenden
in Verruf zu bringen und das Heilige mit Lästerreden
in den Staub zu ziehen? Bringt ihr es über euch, so
preiset die Guten; wo nicht, so laßt sie zur Seite!
Findet ihr Gefallen daran, euere widerwärtige Frech-
heit zu üben, so macht euch unter euch einer über
den anderen her; denn wenn ihr euren Wahnwitz
gegen den Himmel richtet, so begeht ihr zwar keinen
Gottesfrevel, aber es ist verlorene Mühe. Ich habe
vor Zeiten dem Aristophanes Stoff geboten zu allerlei
Witzen; die ganze Schar der Komiker hat ihre giftige
Lauge über mich ausgegossen: zu strahlendem Glanze
wird meine Tugend gebracht durch eben die Angriffe,
die auf ihre Verunglimpfung berechnet waren; denn
es ist vorteilhaft für die Tugend, der Welt vorgeführt
und geprüft zu werden, und niemand erkennt besser
ihren Wert als diejenigen, die durch Angriffe auf sie
ihre Kraft zu fühlen bekommen haben: die Härte des
Kiesels ist niemandem besser bekannt als denen, die
auf ihn schlagen. Ich darf mich vergleichen einem
einsamen Fels in seichtem Meeresgrund, den die Wogen,

von allen Seiten andringend, unaufhörlich peitschen, ohne ihn doch von der Stelle zu rücken oder durch den im Laufe so vieler Menschenalter oft wiederholten Anprall zum Abbröckeln zu bringen. Springet nur heran, umstürmt mich mit euren Angriffen: meine Beharrungskraft soll Siegerin über euch bleiben. Was fest und unüberwindlich ist, an dem probiert alles, was dagegen anstürmt, seine Kraft nur zum eigenen Unheil: suchet euch also einen weichen und fügsamen Stoff, in dem euere Pfeile haften können. Ihr aber habt Zeit genug, anderer Fehler aufzuspüren und über irgend einen abzusprechen mit den Worten: „Was fängt dieser Philosoph mit seiner viel zu geräumigen Wohnung an? Warum schwelgt er· in viel zu üppigen Mahlzeiten?“ Die Hitzbläschen an anderen spürt ihr aus, ihr, die ihr selbst mit Geschwüren geradezu übersät seid. Das ist gerade, als wollte einer, den gräßliche Krätze zum Gerippe macht, sich lustig machen über die kleinen Tüppelchen und Warzen, von denen auch die schönsten Körper nicht frei sind. Werft dem Platon vor, daß er um Geld gebeten, dem Aristoteles, daß er Geld angenommen, dem Demokrit, daß er sich nichts daraus gemacht hat, dem Epikur, daß er es verbrauchte, macht mir selbst den Umgang mit Alcibiades und Phädrus zum Vorwurf, ihr, für die es kein größeres Glück geben könnte, als zunächst einmal unsere Fehler nachzuahmen! Warum achtet ihr nicht lieber auf eure eigenen Fehler, deren Stiche ihr allerseits fühlt als teils mehr äußerlich störend, teils tief in den Eingeweiden brennend? Mag eure Selbsterkenntnis noch so unzureichend sein, es steht mit den menschlichen Dingen doch nicht so, daß euch Muße genug bliebe, um eure Zunge sich in Schmähungen ergehen zu lassen gegen Männer, die euch weit überlegen sind.

28. Das seht ihr nicht ein und nehmt eine Miene an, die wenig zu eurer Lage paßt, ähnlich der jener zahlreichen Zuschauer im Zirkus oder im Theater, in deren Haus sich ein Todesfall ereignet hat, ohne daß sie noch eine Ahnung davon haben. Ich aber, von der Höhe herabschauend, sehe die Stürme, die entweder gegen euch im Anzug sind, um bald genug das Gewölk zu durchbrechen, oder schon unmittelbar über euch stehen, bereit, euch das Eurige zu rauben. Und wie denn? Treibt nicht auch jetzt schon, wenn ihr es auch noch nicht recht spürt, ein Wirbelwind eure Seelen im Kreise herum und reißt sie mit sich, sie, die das Nämliche bald fliehen, bald zu erhaschen suchen, bald himmelhoch gehoben, bald in die unterste Tiefe hinabgestoßen?

Von der Muſse.
An Serenus.

Einleitung.

Soll der Weise seine Kräfte dem Staat widmen durch unmittelbare Beteiligung an den Geschäften desselben, oder soll er in zurückgezogener Lebensstellung sich beschränken auf die denkende Betrachtung der Dinge? Dies war eine im Altertum viel verhandelte Frage, die namentlich für das Verhältnis der stoischen und der epikueischen Schule zueinander von großer Bedeutung war. Während die Epikureer grundsätzlich der politischen Tätigkeit entsagten und nur für gewisse Notlagen einen Eingriff in das Staatsgetriebe für zulässig erklärten, huldigten die Stoiker der entgegengesetzten Ansicht: sie stellten als Regel die Mitwirkung an den staatlichen Geschäften auf und ließen als Entschuldigung nur gelten entweder einen heillosen Zustand des Staates oder wenigstens eine gewisse Eigenart des Weisen, die ihn berufener erscheinen ließ durch Lehre, als durch unmittelbare Selbstbeteiligung zu wirken, wobei doch oberster Gesichtspunkt immer die praktische Förderung des Wohles der Menschheit bleibt.

Dies sind Fragen, die, wie ähnlich auch im dritten Kapitel der Abhandlung über die Gemütsruhe, in unserer kleinen Schrift in ansprechender und besonnener Weise erörtert werden. Was Seneca selbst betrifft, so merkt man durch, daß er sich am liebsten wohl ganz der betrachtenden Lebensweise zuwenden würde, aber doch Stoiker genug ist, um immer der Pflichten eingedenk zu bleiben, deren Erfüllung das Wohl der Menschen von ihm fordert.

Die Abhandlung ist erst von Lipsius, dem hochverdienten niederländischen Philologen, in seiner wertvollen Ausgabe des Seneca als Fragment einer besonderen Abhandlung über die Muße des Weisen erkannt worden. Von ihm wurde sie wie in den Handschriften, so in den ältesten Ausgaben mit der Abhandlung „Vom glücklichen Leben“ in fortlaufendem Zusammenhang gegeben, was mit dem tatsächlichen Inhalt beider durchaus nicht in Einklang steht. Daher auch die Verschiedenheit der Kapitelzählung in den älteren

und neueren Ausgaben, der wir durch Einfügung der umklammerten
Zahlen Rechnung getragen haben. Es scheint zwischen dieser und
der vorigen Abhandlung ein Blatt ausgefallen zu sein, das den
Schluß der letzteren nebst dem Anfang der vorliegenden Abhandlung enthielt.

Inhaltsübersicht.

Zurückgezogenheit ist für die Tugendhaftigkeit des Menschen
zuträglicher als das Gewühl des Geschäftslebens mit seinen an-
steckenden Fehlern. c. 1.

Diese Ansicht, meint Seneca, läßt sich mit seiner Stellung
als Stoiker immerhin vereinigen und zwar so: In jüngeren Jahren
gilt es, sich rege am Staatsleben zu beteiligen; im Alter mag man
sich zurückziehen zu einem beschaulichen Leben. Unterschied
des stoischen und Epikureischen Standpunktes. c. 2, 3.

Der Mensch lebt in zwei Gemeinschaften: 1. in der Gemeinschaft des Weltalls, 2. in der Gemeinschaft des kleinen bürgerlichen
Gemeinwesens. Der ersteren dient man am besten in der Zurückgezogenheit durch Beschäftigung mit den großen Welträtseln. c. 4.

Die Lehre der Stoiker fordert ein naturgemäßes Leben.
Naturgemäß aber ist sowohl das Verlangen nach Befriedigung
unseres Wissensdranges wie die des Triebes zum Handeln. Der
Weise wird beiden Trieben zu genügen suchen. Übrigens bleibt
die betrachtende Auffassung der Dinge nie ohne eine Beziehung
auch auf das Handeln. Der Weise kann aus der Zurückgezogenheit
nützlicher auf das Ganze wirken als die größten Feldherren und
Staatsmänner. c. 5, 6.

Man unterscheidet dreierlei Lebensweisen, deren eine im Dienste
der Lust, die zweite im Dienste der Forschung, die dritte im unmittelbaren Dienste des Staates steht. Diese drei bilden aber keine
schroffen Gegensätze zueinander, zeigen vielmehr mannigfache
Übergänge ineinander und gegenseitige Berührungen. Der
Weise findet keinen Staat, der seinen Ansprüchen hinreichend
entspräche. Er verdient also keinen Vorwurf, wenn er sich von
ihm zurückzieht. c. 7, 8.

---

1. [28] . . . . Massengeselligkeit ist durch die
Wucht der Einstimmigkeit für uns eine Schule der
Fehler. Mögen wir auch sonst nichts für unser Seelen-
heil tun, die Abgeschiedenheit ist doch an und für sich
schon von Nutzen: wir werden uns bessern, wenn wir

vereinzelt sind. Können wir uns doch beschränken auf den Umgang mit den trefflichsten Männern und uns ein Muster auserwählen, nach dem wir uns in unserer Lebensführung richten, eine Möglichkeit, die uns nur durch die Abgeschiedenheit vom Geschäftsleben gewährt wird. Nur dann kann man sich das zu eigen machen, was einmal unseren Beifall gefunden hat, wenn sich niemand dazwischen schiebt, der unser noch nicht zum festen Grundsatz gewordenes Urteil unter Beihilfe des großen Haufens in andere Bahnen lenkt; dann kann das Leben in gleichmäßigem und einheitlichem Zuge fortschreiten, das wir gemeinhin durch die sich widersprechendsten Vorsätze in Zwiespalt mit sich bringen; denn unter den sonstigen Übeln ist dies das schlimmste, daß wir mit den Fehlern selbst wechseln. So entgeht uns selbst der immerhin verhältnißmäßige Vorteil, bei einem uns schon vertraut gewordenen Übel zu bleiben. Bald gefällt uns dies, bald wieder jenes, weil unser Urteil nicht nur verkehrt, sondern auch jedem Windzug preisgegeben ist: den Wogen gleich schwanken wir hin und her und greifen bald nach diesem, bald wieder nach jenem; was wir gesucht, geben wir auf, und das Aufgegebene suchen wir wieder; es ist ein beständiger Wechsel von Begierde und Reue. Denn wir hängen ganz ab von dem Urteil anderer, und das Beste in unseren Augen ist das, was recht zahlreiche Bewerber und Lobredner hat, nicht das, was lobwürdig und erstrebenswert ist, wie denn unser Urteil über Tauglichkeit und Untauglichkeit des Weges sich nicht bestimmt nach dessen tatsächlicher Beschaffenheit, sondern nach der Menge der Fußspuren, von denen keine nach rückwärts weisen [1]).

Du wirst mir erwidern: „Was fällt dir ein, Seneca? Du trennst dich von deiner Partei? Behauptet ihr Stoiker doch sonst aufs bestimmteste: ‚Bis zum letzten

Lebenshauch werden wir tätig sein, werden nicht ablassen, für das Gemeinwohl zu arbeiten, den Einzelnen
beizustehen, selbst den Feinden hilfreich zu sein mit
lindernder[2]) Hand. Wir sind's, die keinem Alter die
Arbeit ersparen und die, nach dem Worte des rede-
gewaltigen Dichters[3]),

    „drücken des Greisen Haupt mit dem Helm".

Wir sind's, bei denen es vor dem Tode nichts gibt,
was nach Müßiggang aussieht, ja bei denen, wenn irgend
möglich, sogar der Tod selbst jeden Gedanken an Müßiggang abweist'. Was kommst du uns mit den Lehren
Epikurs mitten unter den Grundsätzen Zenons? Warum
gehst du nicht frisch und frank, wenn dir deine Partei
nicht mehr behagt, zu den Gegnern über, statt an ihr
zum Verräter zu werden?"

    Darauf erwidere ich dir zunächst: „Forderst du
etwa mehr von mir, als daß ich mich meinen Führern
und Vorgängern ähnlich erweise? Wie steht's denn
damit? Ich halte den Weg ein, auf den sie mich nicht
etwa nur hingewiesen haben, sondern auf dem sie selbst
meine Führer gewesen sind."

    2. [29]. Jetzt will ich dir beweisen, daß ich den
Lehren der Stoiker nicht untreu werde; sind sie doch
auch selbst nicht ihnen untreu geworden; und doch
wäre ich durchaus entschuldigt, wenn ich auch nicht
ihren Lehren folgte, sondern ihrem Beispiel. Ich will
meine Behauptung nach zwei Seiten hin durchführen:
erstens werde ich zeigen, daß man schon von früher
Jugend an sich ganz der Betrachtung der Wahrheit
widmen, die leitenden Grundsätze für das Leben erforschen und sie für seine Person ausüben kann; sodann
daß man gleichsam als ausgedienter Soldat, in vor-
gerücktesten Jahren, mit bestem Rechte dies tun und
es auf andere, fähige[4]) Geister übertragen könne nach
Art der Vestalischen Jungfrauen, die nach Maßgabe

ihres Alters in ihren Dienstleistungen wechseln, indem sie zuerst die heiligen Bräuche vollziehen lernen, um dann, wenn sie dies erlernt haben, selbst als Lehrerinnen dafür zu wirken.

3. [30]. Ich will beweisen, daß die Stoiker gerade so denken; nicht, als hätte ich es mir zum Gesetz gemacht, mir nichts zu erlauben, was gegen ein Wort des Zenon oder Chrysippus verstößt, sondern weil die Sache selbst mir erlaubt, ihrer Meinung beizutreten; wäre doch, wer stets nur der Ansicht eines Einzigen folgt, kein Senator, sondern ein bloßer Parteimann. Wäre doch alle Weisheit schon in unserer Gewalt, läge die Wahrheit doch offen zu Tage, und hätten wir doch nicht nötig, irgendeinen unserer Lehrsätze zu ändern! Tatsächlich aber steht es so, daß wir die Wahrheit suchen nicht anders als unsere Lehrmeister.

Es sind vor allem zwei Schulen, die miteinander in Streit liegen, die der Epikureer und Stoiker; aber beide empfehlen die Muße, wenn auch in verschiedenem Sinn. Epikur sagt: „Der Weise wird sich von der staatsmännischen Tätigkeit fernhalten, es müßte denn irgendwelche Zwangslage eintreten." Zenon sagt: „Der Weise wird in den Staatsdienst eintreten, es müßte denn irgendein Hindernis vorliegen". Der eine fordert grundsätzlich die Muße, der andere nach Lage der Sache. Sachlage aber ist hier ein sehr weiter Begriff. Ist der Staat zu verdorben, um ihm noch aufzuhelfen, ist er eine Beute der Schurken, dann wird sich der Weise nicht vergeblich ins Zeug werfen und sich nutzlos opfern; besitzt er nicht Ansehen oder Kraft genug und wird er auf die öffentliche Tätigkeit verzichten müssen, wenn seine Gesundheit ihn hindert, so wird er den für ihn nach seiner sicheren Überzeugung ungangbaren Weg nicht einschlagen, sowenig wie er ein leckes Schiff den Wogen anvertrauen würde, oder sowenig wie ein Leibesschwächling sich in die Liste für den Kriegsdienst eintragen lassen würde. Und so kann denn auch der, welcher noch völlig freie Hand über sein künftiges Leben hat, vor Bestehen irgendwelchen Sturmes sich einen sicheren Standpunkt wählen, kann sich von vornherein den edlen Geistesbestrebungen widmen und sich der unverkürzten Muße hingeben, ein begeisterter Pfleger der Tugenden, die auch im ruhigsten Dasein geübt werden können. Denn was vom Menschen verlangt wird, ist dies, daß er den Mitmenschen nütze, womöglich recht vielen, wo nicht, wenigen, wo nicht, den nächststehenden, und wo auch dies nicht möglich, sich selbst. Denn wenn er sich den anderen nützlich erweist, fördert er das allgemeine Wohl. Wie jeder, der durch eigene Schuld herabsinkt, nicht nur sich selbst schadet, sondern auch allen denen, welchen er als gebesserter Mensch hätte nützen können, so macht sich jeder, der sich selbst in Zucht hält, eben dadurch auch um andere verdient, daß er auf künftigen Nutzen für jene anderen bedacht ist.

4. [31]. Lassen wir zwei Gemeinwesen uns vor die Seele treten, das eine groß und wahrhaft allgemein, das Götter und Menschen umfaßt, wo unser Blick nicht an diesem oder jenem Eckchen haftet, sondern wo uns zum Ausmaß des Ganzen die Sonne dient, das andere, an das uns der Zufall unserer Geburt gebunden hat; das mag entweder Athen oder Karthago oder sonst welche Stadt sein, die nicht der gesamten Menschheit, sondern nur einem bestimmten Teil gehört. Einige wenden ihre Tätigkeit zur nämlichen Zeit beiden Gemeinwesen zu, dem größeren wie dem kleineren, einige nur dem kleineren, einige nur dem größeren. Diesem größeren Gemeinwesen können wir auch im Ruhestand dienen, ja vielleicht im Ruhestand noch besser, beschäftigt mit den Fragen: Was ist das Wesen der

Tugend? Gibt es nur eine oder mehrere? Ist es die Natur oder Erziehungskunst, die die Menschen tugendhaft macht? Ist es nur ein einziges Ganzes, das Meere und Länder samt allem, was in Meer und Land enthalten ist, umfaßt, oder hat die Gottheit viele Weltkörper dieser Art umhergestreut? Ist die Materie, aus der alles Erzeugte hervorgeht, durchweg stetig und gehaltvoll, oder ist sie gespalten und wechselt Leeres mit Festem? Wie steht's mit der Gottheit? Schaut sie tatenlos ihrem Werke zu, oder legt sie selbst Hand an? Ist sie nur von außen rings um das Ganze herumgespannt, oder durchdringt sie auch das ganze Innere? Ist die Welt unvergänglich, oder gehört sie zu dem Hinfälligen und zeitlich Begrenzten? Wer derartige Betrachtungen anstellt, was leistet er der Gottheit? Dies, daß seine erhabenen Werke eines Zeugen nicht entbehren.

5. Ein uns ganz geläufiger Lehrsatz besagt, es sei das höchste Gut, naturgemäß zu leben: Die Natur hat uns zu beidem geschaffen, zum Betrachten wie zum Handeln. [32]. Jetzt soll das erstere Gegenstand unserer beweisenden Erörterung sein. Wie steht's damit? Liegt der Beweis nicht zu Tage? Frage sich nur ein jeder, welcher lebhafte Drang in ihm liegt, Unbekanntes kennenzulernen, wie ihn jede sagenhafte Kunde aufregt. Manche wagen sich hinaus aufs Meer und nehmen die Beschwerden einer wenn auch noch so weiten Reise auf sich, einzig um den Lohn, etwas Verborgenes und weit Entferntes kennenzulernen[5]). Dieser Drang ist es auch, der die Volksmassen zu Schaustellungen versammelt, der mit zwingender Gewalt dazu treibt, das Verschlossene auszuspähen, das Geheime auszuforschen, Altertümer aus der Verborgenheit hervorzuziehen, sich Kunde zu verschaffen von den Sitten barbarischer Völker. Die Natur hat uns einen

wissbegierigen Geist gegeben; und, ihrer Kunst und
Schönheit sich bewußt, hat sie als Erzeugerin uns zu
Zuschauern des großartigen Weltschauspiels gemacht;
denn sie hätte sich um den Lohn ihrer Schaffensmühe
gebracht, wenn sie so Großes, so Herrliches, so fein-
sinnig Geordnetes, so Prachtvolles, so vielseitig Schönes
einer leblosen Einöde dargeboten hätte. Um dich zu
überzeugen von ihrer Absicht, eingehend betrachtet
und nicht bloß eines flüchtigen Blickes gewürdigt zu
werden, achte darauf, welchen Platz sie uns angewiesen
hat: in ihre Mitte hat sie uns gestellt und uns ringsum einen freien Umblick über alles gewährt; nicht
nur die aufrechte Stellung hat sie dem Menschen ver-
liehen, sondern, um ihn tauglich zum Uberschauen zu
machen, auf daß er den Lauf der Gestirne von ihrem
Aufgang bis zu ihrem Untergang verfolgen und seinen
Blick den Umschwung des Ganzen begleiten lassen
könne, hat sie ihm auch ein nach oben gerichtetes
Haupt gegeben und es auf einen biegsamen Hals gesetzt. Indem sie ihn ferner des Tages durch je sechs
und des Nachts wieder durch je sechs Sternbilder
hindurchführt[6]), hat sie Sorge getragen, keinen ihrer
Teile seiner Betrachtung zu entziehen, um durch das,
was sie seinem Auge dargeboten, auch das Verlangen
rege zu machen nach der Kenntnis des Übrigen. Denn
wir sehen einesteils nicht alles, anderseits sehen wir
es nicht in seiner natürlichen Größe; aber unser Scharf-
blick erschließt uns den Weg zur Erforschung und
legt den Grund zur Erkenntnis der Wahrheit, dergestalt,
daß die Forschung von dem Augenscheinlichen über-
geht zu dem Dunkelen und etwas findet, das älter ist
als die Welt: von wannen diese Gestirne ausgegangen,
wie es mit dem Weltall bestellt gewesen sei, bevor
es sich in seine Teile sonderte, welcher Plan zur
Scheidung des Verkehrten[7]) und Verworrenen geführt

habe; wer den Dingen ihre Stellen angewiesen habe, ob das Schwere durch seine eigene Natur herabgesunken sei, das Leichte im Fluge emporgestiegen sei, oder ob außer dem Eigentrieb und dem Gewicht der Körper irgendwelche höhere Kraft allem Einzelnen das Gesetz gegeben habe; ob etwas Wahres ist an dem besonders eindrucksvollen Beweis für die göttliche Anlage des menschlichen Geistes, dem zufolge ein Teil und gleichsam gewisse Funken der Sternenwelt auf die Erde übergesprungen und an einer ihnen nicht zugehörigen Stelle hängen geblieben seien. Unser Denkvermögen durchbricht die Bollwerke des Himmels und begnügt sich nicht, das zu wissen, was sich dem Auge darbietet. „Ich forsche", sagt er, „nach dem, was jenseits der Welt liegt, ob es eine unendliche Öde sei, oder ob es auch seinerseits seine Grenzen habe; ich forsche nach der Beschaffenheit dessen, was außerhalb dieser unserer Welt liegt: ist es ein formloses Durcheinander, nach jeder Seite hin sich gleich weit erstreckend, oder hat es eine gewisse Regelung erfahren; hängt es mit dieser unserer Welt zusammen, oder ist es weit von ihr getrennt und schwebt da in leerem Raum; sind es unteilbare Körperchen, durch die alles zustande kommt, was entstanden ist und sein wird, oder ist seine Masse in sich zusammenhängend und als Ganzes veränderlich? Sind die Elemente einander widerstreitend, oder stehen sie nicht miteinander im Kampf, sondern vereinigen sie ihre Wirkung nur aus verschiedenen Richtungen?" Ist es dem Menschen aufgegeben, seine Geisteskraft an der Lösung dieser Fragen zu erproben, so erwäge, wie kurz die ihm dazu vergönnte Zeit ist, auch wenn er diese Zeit ganz dafür in Anspruch nimmt und sich von ihr nicht das geringste Teilchen durch Nachgiebigkeit entreißen oder durch Unachtsamkeit entgehen läßt. Mag der Mensch auch

noch so sehr mit seinen Stunden geizen, mag er es
auch bis an die Grenzen menschlicher Lebensdauer
bringen, mag auch das Schicksal ihn vor jeder Störung
dessen, wozu er von Natur bestimmt ist, bewahren,
er ist gleichwohl eben als Mensch für die Erkenntnis
des Unsterblichen allzusehr Sterblicher. So lebe ich
denn der Natur gemäß, wenn ich mich ganz dieser
Erkenntnis hingegeben habe, wenn ich ihr Bewunderer
und Verehrer bin. Die Natur aber hat mich für beide
Aufgaben bestimmt, für das tätige Leben und für die
denkende Betrachtung. Beides vollziehe ich; denn auch
die denkende Betrachtung ist nicht ohne Tätigkeit.

6. „Aber", wendest du ein, „es kommt darauf an,
ob du dich dieser Tätigkeit widmest aus reiner Lust
an ihr, ohne etwas anderes dabei zu fordern als eben
die Betrachtung ohne Unterbrechung und ohne Aufhören; denn sie ist reizvoll und hat etwas Verführerisches." Darauf erwidere ich dir: Ebenso kommt es
beim bürgerlichen Geschäftsleben auf dein inneres Verhältnis zur Sache an, ob du nämlich in beständiger
Hast und Unruhe bist und dir keinen Augenblick Zeit
gönnst, um dich von den menschlichen Angelegenheiten
den göttlichen Dingen zuzuwenden. Wie es durchaus
nicht zu billigen ist, sich nur auf die äußeren Dinge
zu stürzen ohne eine Spur von Liebe zur Tugend und
ohne Interesse für Pflege des Geistes, und ganz auf-
zugehen in weltlichen Bemühungen — denn beides
muß gemischt und miteinander verbunden werden —,
so ist die tatenlos an die Muße verschwendete Tugend
ein unvollkommenes und brach liegendes Gut; denn sie
läßt niemals eine Probe sehen von dem, was sie er-
kennend in sich aufgenommen hat. Wer möchte leugnen,
daß die Tugend ihre Fortschritte durch Taten bewähren muß und sich nicht darauf beschränken darf,
bloß mit dem Geiste zu erfassen, was zu tun sei, sondern

endlich einmal auch Hand anlegen und das Wohlüberlegte zur Tat werden lassen muß? Allerdings, wenn
es nicht an dem Weisen selbst liegt, daß er mit dem
Handeln zurückhält, wenn es nicht an dem zum Handeln
geneigten Mann fehlt, sondern an einem befriedigenden
Feld der Tätigkeit, wirst du ihm dann wohl erlauben,
sich ganz auf sich selbst zu beschränken? Welche
Gesinnung treibt wohl den Weisen zur Hingabe an die
Muße? Er weiß, daß er auch dann eine Tätigkeit
entfalten wird, die der Nachwelt von Nutzen ist.
Was mich wenigstens betrifft, so behaupte ich, daß
sowohl Zeno wie Chrysipp höhere Aufgaben erfüllt
haben, als wenn sie Armeen angeführt, Ehrenstellen
bekleidet, Gesetze gegeben hätten: haben sie doch Gesetze gegeben nicht für einen einzelnen Staat, sondern
für das gesamte Menschengeschlecht. Warum sollte
also für einen durch innere Tüchtigkeit hervorragenden
Mann eine derartige Muße nicht angemessen sein, die
ihm dazu verhilft, künftigen Jahrhunderten Ordnungs-
regeln zu geben und seine Stimme nicht vor wenigen
ertönen zu lassen sondern vor der Völkerversammlung
der ganzen Menschenwelt, der gegenwärtigen wie der
zukünftigen? Schließlich frage ich, ob Kleanthes und
Chysipp und Zeno nicht nach ihren Lehren gelebt
haben. Du wirst zweifellos antworten, sie hätten dem
entsprechend gelebt, was sie als Lebensregel verkündet
hatten; und doch hat sich keiner von ihnen mit Staats-
verwaltung abgegeben. Du erwiderst: „Sie waren
nicht in der Lage und in der angesehenen Stellung,
die gemeinhin die Vorbedingung bildet für Zulassung zum
öffentlichen Staatsdienst." Aber nichtsdestoweniger
haben diese Männer kein träges Leben geführt: ihnen
ist es gelungen, den Weg zu zeigen, wie die eigene
Ruhe den Menschen mehr Nutzen bringen kann als
das Hin- und Herrennen und die Abhetzung der anderen.

So ist es denn gekommen, daß diese Männer, wenn sie
auch keine staatsmännische Tätigkeit entfalten, gleichwohl den Eindruck machten, viel zuwege gebracht
zu haben.

7. Zudem unterscheidet man drei Arten der
Lebensführung[8]) und streitet gemeinhin darüber, welches
die beste sei: die eine hält es mit der Lust, die andere
mit der denkenden Betrachtung, die dritte mit der ge-
schäftlichen Tätigkeit. Zunächst wollen wir unter
Beiseitelassung jeder Streitsucht und Entfernung jedes
Haßgefühles, mit dem wir unversöhnlich den Bekennern
der gegnerischen Lebensauffassungen entgegenzutreten
pflegen, uns vor Augen halten, wie dies alles unter
verschiedenen Beziehungen doch auf das Nämliche
hinausläuft: weder verzichtet der, welcher der Lust
huldigt, etwa ganz auf die denkende Betrachtung, noch
der, der es mit der denkenden Betrachtung hält, auf
die Lust; wie denn auch der, dessen Leben der Geschäftstätigkeit gewidmet ist, keineswegs völlig auf die denkende Betrachtung verzichtet. „Indes", erwiderst du,
„ist doch ein sehr erheblicher Unterschied, ob etwas
das eigentliche Ziel oder nur eine Begleiterscheinung
des anderen ist." Allerdings mag das einen großen
Unterschied ausmachen; gleichwohl kann aber das eine
nicht ohne das andere sein: weder ist der denkende
Betrachter ohne Tätigkeit, noch der Geschäftsmann
ohne denkende Betrachtung; ja auch jener dritte, in
dessen Verurteilung wir übereinstimmen, huldigt nicht
der völlig untätigen Lust, sondern derjenigen, deren
er sich durch vernünftige Überlegung auf die Dauer
zu versichern weiß. So hält es denn selbst jene der
Lust huldigende Philosophenschule mit der Tätigkeit.
Warum sollte sie dies auch nicht? Sagt doch Epikur
selbst, er werde ab und zu die Lust meiden, ja sogar
dem Schmerz den Vorzug geben, nämlich dann, wenn

entweder der Lust die Reue zu folgen droht oder man
sich durch einen geringeren Schmerz einen schwereren
erspart. Worauf zielen alle diese Bemerkungen ab?
Sie sollen den Beweis liefern, daß die denkende Betrachtung den Beifall aller hat; für die einen ist sie
das eigentliche Ziel, für uns (Stoiker) ist sie eine
Station, nicht der Hafen.

8. Dazu achte noch darauf, daß man nach dem
Grundsatz des Chrysippus in Muße leben darf, nicht
etwa nur in dem Sinn, daß man sie nicht abzuweisen
brauche, sondern in dem, daß man sie sich selber er-
kiest. Wir Stoiker sind weit entfernt, zu behaupten,
der Weise werde sich jedem beliebigen Staatswesen
widmen. Was aber macht es für einen Unterschied,
auf welche Art und Weise der Weise zur Muße gelangt,
ob deshalb, weil sich für ihn kein Staatswesen findet,
oder deshalb, weil er selbst sich nicht in das Staatswesen findet, es müßte denn allenthalben sich ein wirkliches Gemeinwesen finden? Ein solches aber wird
uns bei scharfen Anforderungen immer fehlen. Ich
frage, welchem Staatwesen sich der Weise widmen soll,
dem der Athener, wo ein Sokrates verurteilt wird,
aus dem ein Aristoteles entfliehen muß [9]), um sich der
Verurteilung zu entziehen, wo die Gehässigkeit aller
Tugend den Garaus macht? Du wirst nicht zugeben,
daß der Weise sich einem solchen Staatswesen widmen
werde. Wird sich also der Weise etwa in den Dienst
des Karthagerstaates stellen wollen, wo ewiger Aufruhr
herrscht und der Freiheitssinn jedem Ehrenmann gefährlich wird, wo Recht und Sittlichkeit nichts gilt,
wo gegen Feinde unmenschliche Grausamkeit und gegen
die eigenen Bürger Feindseligkeit herrscht? Auch
diesen Staat wird er meiden. Wollte ich sie alle,
einen nach dem anderen, durchgehen, ich werde keinen
finden, der sich den Weisen oder den der Weise sich

gefallen lassen könnte. Findet sich nun nirgends jener
Staat, der unserem Geiste vorschwebt, so tritt der Fall
ein, daß die Muße für alle notwendig wird, weil sich
nirgends dasjenige findet, das vor der Muße den Vorzug
erhalten könnte. Wenn einer behauptet, es sei das
beste, zu Schiff zu gehen, dann aber die Warnung
hinzufügt, man dürfe sich nicht auf ein Meer begeben,
wo Schiffbrüche an der Tagesordnung und plötzliche
Stürme die Regel sind, die dem Steuermann das Spiel
gänzlich verderben, dann, glaube ich, verwehrt er
mir die Anker zu lichten, wenngleich er die Seefahrt
preist.

Von der Gemütsruhe.
An Serenus.

Einleitung.

Was die Römer als Gemüts- oder Seelenruhe (tranquillitas animi) bezeichneten, dafür hatte die ausgebildete Schulsprache der Griechen, vor allem die der Stoa, den Ausdruck Ataraxia (Unerschütterlichkeit). Derjenige aber, der in einer uns leider verloren gegangenen Schrift diesen Begriff als den für die ethische Ausbildung des Menschen wichtigsten in die Philosophie einführte, nämlich D e m o k r i t, bediente sich dafür eines Wortes von lebhafterer Färbung: er bezeichnete den Seelenzustand, der die unerläßliche Bedingung für ein glückliches Leben ist, als Wohlgemutheit, als Frohsinn; denn das ist die Bedeutung des griechischen Wortes E u t h y m i a, das er für die Sache wählte. Weder die Platonische noch die Aristotelische Ethik bedient sich dieses Ausdruckes, der, für uns wenigstens, als ethischer Terminus erst bei Plutarch wiederkehrt. Dieser hat bekanntlich eine bemerkenswerte Abhandlung über das Thema hinterlassen, in der er sich ausdrücklich auf Demokrit beruft, dessen Schrift jedenfalls, wie die etwas geheimnisvollen einleitenden Worte bei Plutarch anzudeuten scheinen, mit der seinigen in irgendwelchem näheren Zusammenhang steht.

Auch Seneca kennt noch die Schrift des Demokrit, legt nicht geringen Wert auf sie und beruft sich wiederholt auf sie. Kein Wunder. Ist doch mit dieser Schrift die Richtung bezeichnet, in der sich weiterhin die ganze ethische Lehre der Griechen bewegte. Die Seelenruhe ist die Bedingung für Erlangung dessen, wonach im tiefsten Grunde jedes Menschenherz sich sehnt: nach Erlangung der Glückseligkeit, der Eudämonie, wie es die Griechen nannten. Diese Seelenruhe aber ist nichts Geringeres als der Sieg des Menschen über seine Leidenschaften und Begierden. Die erfolgreiche Bekämpfung dieser Feinde unseres Seelenfriedens ist also der Preis, den man zahlen muß, um des höchsten Gutes, um der Eudämonie teilhaftig zu werden. Damit erhob sich die griechische Philosophie

zu jener Höhe der Anschauung, welche die Glückseligkeit nicht
von äußeren Gütern, nicht von den Launen des Schicksals abhängig
macht, sondern von der inneren Gestaltung unseres Seelenlebens.

Die Übereinstimmung in Anerkennung der Glückseligkeit
als obersten Zieles alles Strebens und der Seelenruhe als Bedingung
desselben schließt aber eine große Mannigfaltigkeit der Standpunkte
im einzelnen nicht aus. Wie groß ist z. B. der Spielraum zwischen
der Forderung einer gewissen Selbstbeherrschung und der einer
völligen Ertötung aller Leidenschaften, wie sie die Stoiker strengster
Observanz aufstellten. Daher der vielfältige Widerstreit der Schulen.
Seneca bekennt sich zwar zur Stoa, gehört aber nicht zu den streng
orthodoxen Stoikern. Die Abhandlungen über den Zorn könnten
ihn allerdings als solchen erscheinen lassen; denn da fordert
er mit einer Art blinder Strenge die völlige Ausrottung dieses
Affektes. Aber was ihm vom Zorne gilt, findet nicht ohne weiteres
auch auf alle anderen Leidenschaften Anwendung. Die vorliegende
Abhandlung läßt eine wesentlich mildere Auffassungsweise erkennen; sie zeigt ein wohltuendes Verständnis für die Mannigfaltigkeit des vielbewegten Menschenlebens. Sie ist reich an be-
achtenswerten Winken für die rechte Lebensgestaltung, reich auch
an Schilderungen, die uns Leben und Treiben, Denken und Trachten
der zeitgenössischen Römerwelt in fast greifbarer Anschaulichkeit
vorführen.

Die Schrift ist gerichtet an den Annaeus Serenus, einen Offizier
der Neronischen Leibwache, der mit ihm eng befreundet war (Tacit.
Annal. XIII, 13) und der nach einer bei Plinius sich findenden
Notiz ein trauriges und von Seneca (Brief 63) tief beklagtes Ende
gefunden hat, indem er nebst allen, die an der Mahlzeit teilnahmen,
durch den Genuß von Schwämmen vergiftet ward.

Daß der einleitende Brief des Serenus nichts ist als eine
naheliegende literarische Fiction, ist längst erkannt.

Inhaltsübersicht.

Brief des Serenus an Seneca. Schilderung seiner seelischen
Leiden, die ihn nicht zur Ruhe und zu innerem Gleichgewicht
kommen lassen. Bitte um Rat und Beistand. c. 1.

Seneca läßt sich auf eine Prüfung der Ursachen ein, die zu
dem Unbehagen und der Selbstquälerei seines Freundes geführt
haben; er findet sie in Wankelmut und Veränderungssucht, sowie
in einer gewissen Schlaffheit, die keines festen und sicheren Entschlusses fähig sei; Mangel an Selbstzucht einerseits, Neid über

die Erfolge von Nebenbuhlern andererseits ließen ihn zu keiner sicheren Haltung gelangen. c. 2.

Seneca beruft sich zunächst auf gewisse Ansichten des Philosophen Athenodoros, der entweder ein dem Geschäften gewidmetes, oder ein zurückgezogenes, dabei aber gleichwohl dem Ganzen dienliches Leben empfiehlt. Ihm selbst scheint ein Wechsel zwischen beiden Lebensarten, im Anschluß je an die äußeren Umstände, als das Empfehlenswertere. Auch in gefährlichster Lage des Staates kann ein besonnener Mann viel nützen, wie Sokrates zur Zeit der dreißig Tyrannen. Erst bei völliger Verzweiflung an der Lage des Staates möge man sich den Rückzug in die Muße erlauben. c. 3.

Bei unseren Unternehmungen müssen wir auf dreierlei besonders achten: 1. auf das Maß unserer eigenen Kraft, 2. auf die Beschaffenheit der Geschäfte, 3. auf die Eigenart der Menschen, mit denen wir zu tun haben; dies alles muß in richtigem Verhältnis zueinander stehen. c. 4—6.

Einen nicht zu unterschätzenden Einfluß auf unsere Seelenruhe übt die Freundschaft aus, wobei allerdings die richtige Wahl große Vorsicht erfordert. c. 7.

Übermäßiger Reichtum ist eine größere Gefahr für unseren Seelenfrieden als Armut. Das beste ist die Mittelstraße. Auch in günstigster Lage empfiehlt sich Sparsamkeit und Genügsamkeit. Selbst Ausgaben für Bücher und Anlegen von Bibliotheken soll man meiden, wenn sie nicht der Befriedigung des Wissensdranges sondern dem Prunk und der Eitelkeit dienen. c. 8, 9.

Großes Gewicht ist zu legen auf gute Gewohnheit, die uns über manches an sich Unangenehme hinweghilft. Sehr schädlich ist der Neid gegen Höhere einerseits, der Hochmut gegen Unterstellte anderseits. c. 10.

Gegen die Macht des Schicksals müssen wir uns wappnen durch Erlernung völligen Gefaßtseins auch auf das Schwerste, sowie durch möglichste Einschränkung unserer Hoffnungen und Wünsche. Beispiele aus der Geschichte. c. 11.

Zerstreuende Vielgeschäftigkeit ist zu meiden und jeder Klatsch- und Verleumdungssucht der Riegel vorzuschieben. Vor allem ist aber stets Sorge zu tragen, daß uns nichts völlig überraschend betäube. c. 12, 13.

Starrer Eigensinn und wankelmütiger Leichtsinn sind gleich gefährlich. Man mache die eigene Seele zum Quell aller Freuden und lasse sich durch keine äußeren Verluste außer Fassung bringen. c. 14.

Man hüte sich vor allem auch vor einer pessimistischen Weltansicht. Es ist besser, dem Demokrit zu folgen als dem Heraklit, mit dem ersteren zu lachen, als mit dem letzteren zu weinen. Denn die Menschen sind im ganzen doch nicht so schlecht als sie wohl scheinen. Das beste aber ist, die Mittelstraße zu wählen. — Eine Quelle vieler Sorge und Störung ist die ängstliche Durchführung einer nur äußerlich angenommenen Rolle im Leben. Die Maske kann unversehens leicht fallen. Unsere Geselligkeit sei heiter und unbefangen und wechsele rechtzeitig mit der Einsamkeit. Ein Leben ohne Geselligkeit und ohne ab und zu auch bis zur Ausgelassenheit sich steigernden Frohmut ist keines höheren Schwunges fähig. c. 15.

[Brief des Serenus an Seneca].

1. [Serenus]: Bei innerer Selbstschau, mein Seneca, machten sich mir gewisse Gebrechen bemerkbar, teils sichtlich und offen daliegend, wie mit Händen zu greifen, teils verborgener und versteckter Art, und noch andere, nicht anhaltender Art, sondern stoßweise wiederkehrend, und diese, darf ich sagen, sind die allerlästigsten, gleich streifenden Feinden, die nur die Gunst des Augenblicks zu einem Anfall benutzen, so daß man weder gerüstet sein kann wie im Kriege, noch sorglos wie im Frieden. Und gerade dies ist der Zustand, auf dem ich mich überwiegend ertappe — denn warum sollte ich dir nicht als meinem Arzt die Wahrheit gestehen? — Weder unbedingt frei fühle ich mich von den Fehlern, die ich fürchtete und haßte, noch auch anderseits völlig in ihrer Gewalt. Ich befinde mich also, wenn auch nicht gerade in der schlimmsten, so doch in einer höchst kläglichen und verdrießlichen Lage: ich bin weder krank noch gesund. Und komme mir nicht mit dem Einwand, zu jeder Vortrefflichkeit bilde ein schwacher Ansatz den Anfang, erst die Zeit bringe dauernden und festen Halt. Ich verkenne nicht, daß auch, was auf die äußere Herrlichkeit hinarbeitet,

wie z. B. auf Ehrenämter, auf den Ruhm der Beredsamkeit, sowie auf alles, was von der Zustimmung
anderer abhängt, nur durch geduldiges Ausharren sich
durchsetzt — nicht nur, was uns wahre Kraft schafft,
sondern auch jene Künste, die, um Gefallen zu erwecken,
einer gewissen Schminke bedürfen, erfordern manches
Jahr, bis die Länge der Zeit der Farbe allmählich
Festigkeit und Dauer verleiht[1]), — allein ich fürchte,
daß die Gewohnheit, diese Begründerin einer gewissen
Beständigkeit im Verlauf der Dinge, diesen Fehler sich
bei mir noch tiefer einwurzeln läßt: langer Umgang
macht uns dem Bösen wie dem Guten befreundet. Das
eigentliche Wesen dieser zwiespaltigen, weder entschieden zum Rechten noch zum Verkehrten sich
neigenden Gemütsschwäche kann ich dir nicht mit
e i n e m Schlagwort klarmachen, sondern nur durch
eine Reihe von Einzelheiten; ich will dir m e i n e Zustände schildern; du magst den Namen für die Krankheit finden.

Ich bin großer Freund der Sparsamkeit, ich gesteh'
es. Mein Lager soll nicht durch prunkhafte Ausstattung Neid erregen, ich mag nichts wissen von einem
Gewand, das man aus einem schmucken Kasten hervor-
holt und dem man durch aufgelegte Gewichte und
tausenderlei Druckmittel einen erzwungenen Glanz
gegeben hat; nein ich lobe mir ein einfaches Haus-
kleid, das weder zum Aufbewahren noch zum Anlegen
besondere Sorge erfordert. Meine Mahlzeit soll keiner
Dienerschaft bedürfen, weder zur Zubereitung noch
zum Aufwarten und Zuschauen; sie soll nicht schon
viele Tage vorher bestellt und vieler geschäftiger
Hände Werk sein, sondern wohlfeil und leicht be-
schaffbar, nicht aus fernen Bezugsquellen mit vielen
Kosten bereitet, sondern überall erhältlich, weder dem
Vermögen noch dem Körper schädlich, nicht von der

Art, daß sie den Eingangsweg auch zum Ausgangs-
weg hat.

Zum Diener wünsche ich mir einen schlichten Natur-
burschen, zudem wuchtiges Silbergeschirr, wie es mein
das Landleben liebender Vater hatte, ohne aufgeprägten
Künstlernamen, einen Tisch, der nicht durch reiche
Maserung die Augen auf sich zieht und durch häufigen
Besitzwechsel unter Prachtliebhabern stadtbekannt ist,
sondern dem schlichten Gebrauche dienend, ohne eines
Gastes besonderes Wohlgefallen zu erwecken oder seinen
Neid zu erregen.

Doch so sehr ich mich dadurch befriedigt fühle,
so werde ich doch an mir selbst wieder irre, wenn
ich den Blick werfe auf die stattlichen Einrichtungen
mancher großen Herren zur Ausbildung von Sklaven-
knaben, auf die tadellose Kleidung der Dienerschaft
mit den Goldstickereien, prächtiger als bei Prozessionen,
und auf die Schar strahlender Sklaven, ferner auf ein
Haus, dessen Fußboden schon eine Kostbarkeit ist,
das in allen Winkeln von Reichtum strotzt, ja dessen
Dach sogar durch seinen Glanz die Blicke auf sich
lenkt; dazu der Volkshaufe, der das durch die ver-
schwenderische Pracht dem Ruin geweihte Erbgut um-
lagert und sich zur Begleitung aufdrängt. Dazu die
Bewässerungsanlagen, die mit ihrem spiegelklaren
Wasser den Speisesaal umrahmen! Was bedarf es
weiterer Worte darüber sowie über die Mahlzeiten
selbst, die dem Glanz dieser Aufmachungen entsprechen?
Wenn ich so aus einer vermoderten Häuslichkeit komme,
dann hat der Glanz dieser Prachtentfaltung etwas
Verführerisches für mich und umgaukelt mich von
allen Seiten, dann flimmert's mir vor den Augen, und
eher noch kann ich mich innerlich fassen als den
Blick erheben. So trete ich also den Rückzug an,
nicht schlechter geworden, wohl aber betrübter, und

bewege mich inmitten meiner armseligen Umgebung nicht mehr so selbstbewußt; ich fühle leise Gewissensbisse, und es beschleicht mich der Zweifel, ob jenes nicht vorzuziehen sei; nichts davon macht mich zu einem anderen Menschen, aber alles dies rüttelt doch an mir.

Ich entschließe mich, den Anweisungen meiner Lehrer zu folgen und mich mitten in den Strudel der Staatsgeschäfte zu stürzen. Dazu verleitet mich nicht etwa das Verlangen nach Ehrenstellen, nach dem Konsulat, nach Purpur oder Rutenbündeln, sondern der Wunsch, meinen Freunden, meinen Verwandten und allen meinen Mitbürgern, ja der ganzen Menschheit mich dienlicher und nützlicher zu machen. Festen Entschlusses und besonnen folge ich dem Zeno, dem Kleanthes, dem Chrysippus[2]), von denen indes doch keiner selbst sich auf Staatsgeschäfte einließ, obschon jeder von ihnen dazu mahnte. Hat irgendetwas mein Gemüt, das keine starken Stöße verträgt, erschüttert, begegnet mir, wie das im Leben so häufig der Fall ist, irgend etwas, was mir wider den Mann geht, oder will eine Sache nicht recht von der Stelle rücken, oder fordern irgendwelche Lappalien einen unverhältnismäßigen Zeitaufwand, dann wende ich mich der Muße zu, und dabei geht es mir wie den Tieren, selbst wenn sie ermüdet sind: der Schritt nach der Heimstätte ist schneller; ich schließe mich behaglich in meine vier Wände ein: „Niemand soll mir fortab einen Tag rauben, denn er kann mir nichts geben, was an Wert dem entspräche: der Geist vertiefe sich ganz in sich selbst, widme sich ganz dem eigenen Dienste, treibe nichts, was sich nicht auf ihn bezieht, nichts, was vor den Richter gehört; alles Verlangen sei nur auf die Ruhe gerichtet, die von Sorgen für Staat oder einzelne Bürger nichts weiß."

Aber wenn dann wieder eine kräftigere Lektüre den Mut aufgerichtet und leuchtende Beispiele anstachelnd gewirkt haben, dann regt sich wieder der Trieb nach dem Forum: dem einen möchte ich meine Stimme leihen, dem anderen meine Dienste, um, wenn es auch nichts nützt, doch wenigstens den Versuch zu machen, ihm zu nützen; auch den Übermut mancher im Glück sich Überhebenden möchte ich dort vor aller Öffentlichkeit demütigen.

Was die Studien anlangt, so meine ich, es sei wahrlich besser, die Dinge selbst scharf ins Auge zu fassen und um ihrer willen zu reden, die Worte aber aus der Sache hervorwachsen zu lassen, dergestalt, daß der frei gestaltete Vortrag den Anforderungen der Sache folgt. „Wozu bedarf es denn schriftlich ausgearbeiteter Reden? Was hat es denn auf sich mit deinem Streben, die Nachwelt nicht über dich schweigen zu lassen! Zum Sterben bist du geboren, ein stilles Leichenbegängnis erfordert weniger Umständlichkeiten. Daher bringe, um Zeit zu gewinnen, zum eigenen Nutzen, nicht zum tönenden Nachruhm, in einfacher Schreibart etwas zu Papier; wer für das Erfordernis des Tages schreibt, der erspart sich unnötige Mühe.“

Hat sich dann aber der Geist durch erhebende Gedanken wieder aufgerichtet, dann ist er ehrgeizig auf die Fassung der Worte bedacht, und seinem höheren Fluge entspricht auch das Verlangen nach eindrucksvollem Ausdruck und nach einer der Würde der Sache angemessenen Darstellung. Dann setze ich mich über Vorschrift und beschränkende Regel hinweg, überlasse mich einem höheren Schwung und rede gleichsam eine höhere Sprache.

Ich will nicht weiter ins Einzelne eingehen. Diese Unbeständigkeit einer an sich guten Sinnesweise werde ich in keiner Lebenslage los; ja ich fürchte, daß ich allmählich ganz vom Wege abkomme, oder, was noch besorgniserregender ist, daß ich einem Schwebenden gleiche, der herabfallen muß, oder daß es vielleicht noch schlimmer steht als es meinem Blicke erkennbar ist. Denn was uns selbst betrifft, das sehen wir immer mit parteiischem Auge an, und Voreingenommenheit schadet immer dem Urteil. Ich glaube, viele hätten zur Weisheit gelangen können, wenn sie nicht geglaubt hätten, sie hätten sie schon erreicht, und wenn sie sich nicht manche Fehler selbst verhehlt hätten, manche auch mit offenen Augen übersehen hätten. Denn man glaube ja nicht, es sei mehr fremde Schmeichelei als unsere eigene, die uns zugrunde richte. Wer wagt es, sich selbst die Wahrheit zu sagen? Wer hätte nicht mitten im umgebenden Gedränge von Lobhudlern und Schmeichlern sich selbst doch am meisten geschmeichelt? Ich bitte dich also: wenn du ein Mittel hast, diesen meinen schwankenden Zustand zum Stillstand zu bringen, so halte mich für wert, dir meine Ruhe verdanken zu dürfen. Ich weiß: diese meine Gemütsschwankungen sind nicht gefährlicher Art und arten nicht ins Stürmische aus. Soll ich durch ein der Sachlage wirklich entsprechendes Bild das, worüber ich klage, dir zum Ausdruck bringen: es ist nicht ein Sturm, der mich schüttelt, sondern die Seekrankheit. Wie es auch immer damit stehen mag, befreie mich von dem Übel und leiste mir Hilfe, der ich, das Land vor Augen, Not leide.

2. [Seneca]: Glaube mir, mein Serenus, lange schon suche ich selbst im stillen mir die Frage zu beantworten, womit ich einen Gemütszustand wie den deinigen etwa vergleichen könnte, und ich finde kein passenderes Seitenstück dazu, als den Zustand derer, die nach überstandener langer und schwerer Krank-

heit ab und zu von kleinen Störungen und leichten
Anfällen heimgesucht werden und, selbst wenn sie
auch die Rückstände der eigentlichen Krankheit bereits
überwunden haben, sich doch noch von Argwohn beunruhigt fühlen und, schon genesen, sich doch noch
von den Ärzten den Puls fühlen lassen und in jeder
Steigerung ihrer Körperwärme Anlaß zu allerhand
Quengeleien finden. Bei ihnen, mein Serenus, steht
es nicht etwa so, daß der Körper nicht völlig gesund
wäre, nein! er hat sich nur noch nicht hinreichend
an die Gesundheit gewöhnt: so zeigt auch das ruhige
Meer noch eine gewisse zitternde Bewegung, wenn
der Sturm sich gelegt hat. Es bedarf also bei dir
nicht jener kräftigeren Mittel, über die wir bereits
hinaus sind; du brauchst nicht dir selbst schroff entgegenzutreten, brauchst nicht in Zorn gegen dich aus-
zubrechen, brauchst nicht die derbsten, die strengsten
Seiten hervorzukehren, sondern mußt, was allerdings
erst zuletzt kommt, dir selbst vertrauen und glauben,
daß du auf dem rechten Wege seiest, unbeirrt durch
die nach allen möglichen Seiten hinweisenden Spuren
zahlreicher anderer, darunter auch solcher, die überhaupt
wie blind umhertappen. Das, wonach du sehnlichstes
Verlangen trägst, ist aber etwas Großes, Erhabenes,
nahezu Göttliches, nämlich Unerschütterlichkeit. Diese
Bestandesfestigkeit der Seele nennen die Griechen Eu-
thymia (Wohlgemutheit), über die es eine vortreffliche
Schrift des Demokrit[3]) gibt. Ich nenne sie Gemütsruhe, denn es ist nicht nötig, die Worte formgetreu
nachzuahmen und zu übertragen; die Sache selbst,
um die es sich handelt, muß mit einem passenden
Ausdruck bezeichnet werden, der die griechische Be-
nennung der Bedeutung nach wiedergibt, nicht der
äußeren Form nach.

Unsere Frage geht also dahin, wie man der Seele zu einem gleichmäßigen und heilsamen Gange verhelfen kann, dergestalt, daß sie in bestem Einvernehmen mit sich stehe und ihre Freude an sich selbst habe und diese Freude nicht unterbreche, sondern immer im Zustand friedlicher Ruhe verharre, sich weder überhebend noch sich herabwürdigend: das wird das Wesen der Gemütsruhe ausmachen. Wie man dazu gelangen könne, will ich im allgemeinen untersuchen: Du wirst dir aus dieser allgemeinen Anweisung herausnehmen, was du für dich gut findest. Doch muß das Übel im ganzen ans Licht gezogen werden; jeder kann sich dann seinen Teil daraus entnehmen. Zugleich wirst du daraus ersehen, wieviel geringere Not du mit deiner Selbstquälerei hast als die, welche gefesselt durch den Glanz einer hohen Stellung und belästigt durch die Verpflichtungen eines hohen Titels, mehr durch ein gewisses schamhaftes Ehrgefühl als durch wirkliche Neigung in ihrer Gleisnerei festgehalten werden.

Alle sind sie in der nämlichen Lage, sowohl die vom Leichtsinn Besessenen wie die vom Überdruß und von beständiger Veränderungssucht Geplagten, denen immer das besser gefällt, was sie aufgegeben haben, nicht minder die Faulenzer und Tagediebe. Ihnen reihen sich noch die an, die, wie die schwer Einschlafenden, sich hin und herwälzen und sich bald auf die eine, bald auf die andere Seite werfen, bis sie endlich vor Müdigkeit Ruhe finden; der beständige Wechsel ihrer Lebensweise führt dann dahin, daß sie endlich bei derjenigen stehen bleiben, bei der nicht etwa der Widerwille gegen Veränderung, sondern das Alter sie festhält, das nicht mehr die Regsamkeit zu Neuerungen hat; dazu gesellen sich noch die, deren geringe Beweglichkeit nicht etwa auf Charakterfestigkeit zurückzuführen ist, sondern auf Schlendrian: sie leben nicht eigentlich, wie sie wollen, sondern wie sie einmal angefangen haben. Daneben gibt es noch unzählige Spielarten; aber die Wirkung des Fehlers kommt auf dasselbe hinaus, auf das Mißfallen an sich selbst. Dies Mißvergnügen hat seinen Grund in der Ungebärdigkeit des Seelenzustandes und in den begehrlichen Trieben, die entweder nicht entschieden genug oder erfolglos sind: es fehlt entweder an dem der Höhe der Wünsche entsprechenden Wagemut oder an der Gunst des Schicksals zur Erreichung derselben; man stellt seine Rechnung immer ganz und gar auf die Zukunft — eine ewige Unrast, ein beständiges Schwanken, wie es unausbleiblich ist in solchen Schwebezuständen! Immer sind es nur die eigenen Wünsche, wodurch diese Leute sich bestimmen lassen; ja, das Unehrbare und schwer zu Erreichende wird für sie ein Gegenstand der Selbstbelehrung und des Zwanges; und erweist sich alle Mühe als erfolglos, so quält sie das Unwürdige ihrer vergeblichen Anstrengungen, und es schmerzt sie, nicht etwa, daß sie Verwerfliches, sondern daß sie es vergebens gewollt haben. Da werden sie denn von Reue gepackt über ihr Beginnen und von Angst vor einem neuen Anfang, und es stellt sich jener schwankende Gemütszustand ein, der keinen Ausweg findet, weil sie ihre Begierden weder zu beherrschen noch ihnen nachzugeben vermögen; daher denn auch die Hemmung des einer festen Entscheidung unfähigen Lebens und das Einrosten der inmitten vereitelter Wünsche erstarrenden Geisteskraft.

Das alles wird noch drückender, wenn sie aus Haß gegen das ihnen zu so großem Unheil ausschlagende Geschäftsleben ihre Zuflucht zur Muße nehmen, zu weltfremden Studien, die sich nicht vertragen mit einer von vornherein auf staatsmännische Tätigkeit angelegten Sinnesart, der es aufs Handeln ankommt und der die

Unruhe natürliches Bedürfnis ist; hat sie doch in sich zu wenig, was ihr Trost gewähren könnte. Werden einem so Gearteten die erfrischenden Anregungen entzogen, die das Geschäftsleben mit all seinem bunten Hin und Her ihm gewährt, so kann er sich mit dem Haus, mit der Einsamkeit, mit seinen vier Wänden nicht zufrieden geben: es macht ihm Unbehagen, sich sich selbst überlassen zu sehen. Daher denn jener Widerwille, jenes Mißfallen an sich selbst, jenes Hin- und Herschwanken des nirgends einen festen Halt findenden Gemütes; daher jenes trübselige und krankhafte Sichhinschleppen in der Muße; schämt er sich vollends, die Ursachen seines Unbehagens einzugestehen, treibt ihn also die sittliche Scheu, die Qualen sich ganz nur in seinem Inneren abspielen zu lassen, dann erwürgen sich die so in die Enge getriebenen Leidenschaften, vergebens nach einem Ausweg suchend, einander selbst. Daher die Trübseligkeit, die Mattigkeit, das tausendfältige Hin- und Herschwanken der ihrer Selbstgewißheit völlig verlustig gegangenen Seele, die, wenn sich Hoffnungen auftun, gleich oben hinaus will, sind sie fehlgeschlagen, dann in Verzagtheit und Trauer versinkt; daher die Stimmung, die sie dazu bringt, ihre Muße zu verwünschen und zu jammern, daß sie nichts mehr zu tun haben, daher der grimmige Neid über das Emporkommen anderer. Denn die Scheelsucht wird genährt durch den unseligen Müßiggang: man wünscht allen den Sturz, weil man sich selbst nicht in die Höhe bringen konnte; aus diesem Widerwillen gegen die Fortschritte anderer und der Verzweiflung am eigenen Fortkommen entspringt dann der Ingrimm gegen das Schicksal, der über den Zeitgeist jammert, sich zu verstecken sucht und über seine eigene Strafe hinbrütet, in Scham und Verdruß über sich selbst. Denn von Natur ist der menschliche Geist voll Regsamkeit und Bewegungsbedürfnis. Jede Gelegenheit sich zu regen und aus sich selbst herauszutreten ist ihm willkommen, am willkommensten den durchtriebensten Geistern, die ihre Freude daran finden, sich von einem Geschäft ins andere zu stürzen. Wie gewisse Geschwüre es an sich haben, nach an sich ihnen schädlichen Betastungen zu verlangen, und es begrüßen, wenn eine Hand sie ihnen gewährt, und wie die häßliche Krätze[4]) am Körper ein wahres Entzücken empfindet, wenn man sie durch Reiben reizt, ebenso, möchte ich behaupten, sind den Geistern, an denen Leidenschaften wie böse Geschwüre ausbrechen, Mühe und Plackereien ein Genuß. Gibt es ja doch mancherlei, was auch unserem Körper Lust und Schmerz zugleich bereitet, zum Beispiel, sich im Liegen umzudrehen und sich auf die noch nicht müde Seite zu legen und wechselnd bald diese, bald jene Lage zu wählen, wie Achilles bei Homer[5]), der sich bald auf die Brust, bald auf den Rücken legt und sich selbst die verschiedensten Lagen gibt nach Art des Kranken, der es nicht in e i n e r Lage aushält und jede Veränderung wie eine Erlösung begrüßt.

Auch Reisen unternimmt man dahin und dorthin[6]), durchwandert auch das Küstengelände, und bald zu Wasser bald zu Lande versucht sich der dem Gegenwärtigen immer abholde Veränderungsdrang. „Jetzt ist Kampanien die Losung." Doch nicht lange, so hat man die Überkultur satt. „Urwüchsiges Gelände laßt uns beschauen, durchwandern wir denn die Bergwaldungen Bruttiums und Lukaniens." Doch inmitten dieser Einöden darf es auch nicht an einer erfreulichen Entschädigung fehlen, an einem Ort, wo verwöhnte Augen sich wieder erholen können von dem schaurigen Blick auf grauenhaft wilde Länderstrecken. „Auf denn, nach Tarent mit seinem gefeierten Hafen, mit seinem

milden Winter, eine Gegend, die selbst für die große
Masse der Bevölkerung reichlichen Ertrag lieferte."
Gar zu lange schon hat das Ohr auf das Beifall-
klatschen und das Jubelgetöse verzichten müssen; es
regt sich wieder die Lust, auch Menschenblut (im
Zirkus) fließen zu sehen: „Laßt uns also den Kurs
wieder auf Rom richten." Eine Reise folgt auf die
andere, ein Schauspiel auf das andere, wie Lukrez sagt[7]):
So sucht jeder die Flucht vor sich selbst.

Aber was hilft es, wenn er sich nicht selber entfliehen kann? Er folgt sich selbst und ist sein eigener
lästigster Begleiter[8]). Es ist also — darüber müssen
wir uns klar sein, nicht des Ortes Schuld, sondern
unsere eigene, unter der wir leiden: wir ermangeln
der Kraft, alles zu erdulden, weder mit Mühsal noch
mit Lust, weder mit uns noch mit irgend einer Sache
können wir auf die Dauer uns abfinden. Manche hat
das in den Tod getrieben, daß sie, ihren Vorsatz häufig
ändernd, doch immer wieder auf das Nämliche zurück-
kamen und zu nichts Neuem mehr kommen konnten:
sie wurden des Lebens und der Welt überdrüssig, und
es drängte sich ihnen auf die Lippe die Frage der
heillosen Genußmenschen: „Ach, wie lange noch immer
wieder dasselbe?"

3. Du fragst, wie man meiner Ansicht nach diesem
Lebensüberdruß abhelfen könne. Das beste wäre, wie
Athenodorus[9]) sagt, wenn man sich dem tätigen Leben,
den Aufgaben des Staates und den bürgerlichen Pflichten
widmete. Denn wie manche in der Sonnenhitze mit
Kraftübungen und Ertüchtigung des Körpers den ganzen
Tag hinbringen, wie z. B. für die Athleten es weitaus
das zweckmäßigste ist, fast ihre ganze Zeit auf Kräf-
tigung ihrer Arme und ihres Körpers als auf ihre
ausschließliche Lebensaufgabe zu verwenden, so ist es
für euch, die ihr euch die Angelegenheiten des öffent-

lichen Lebens zum Kampffeld für euere Geisteskraft
erwählt habt, weitaus das beste, bei dieser einzigen[10])
Aufgabe es bewenden zu lassen. Denn hat man sich
einmal vorgenommen, sich seinen Mitbürgern und Mitmenschen nützlich zu erweisen, so ist es die beste
Schulung und zugleich Forderung, wenn man sich
mitten in den Strudel des Geschäftslebens hineinstürzt
und nach Kräften dem Gemeinwesen wie dem Einzelnen
dient. „Aber bei dem wahnwitzigen Ehrgeiz der Menschen,
sagt man, und bei der Menge der Verleumder, die Recht
in Unrecht verdrehen, entbehrt die schlichte Ehrlichkeit des nötigen Schutzes, und immer hat man mehr
mit Hemmung als mit Erfolg zu rechnen; darum muß
man sich vom Forum und von der Öffentlichkeit zurückziehen; aber wirkliche Geistesgröße hat auch im Privatleben Raum genug, sich zu entfalten. Steht es doch
mit den Menschen nicht wie mit den Löwen und wilden
Tieren, deren Ungestüm durch Käfige unschädlich
gemacht wird: ihre Wirksamkeit ist gerade in der
Zurückgezogenheit am größten. Wer aber in solcher
Verborgenheit lebt, der muß bei aller Abgeschiedenheit
seines der Muße gewidmeten Lebens stets von dem
Willen beseelt sein, den Einzelnen wie der Menschheit
überhaupt durch sein Talent, sein Wort, seinen Rat
zu nützen; erweist sich doch auch dem Staate nicht
etwa bloß der nützlich, der Amtskandidaten dem Volke
vorstellt, der Angeklagte verteidigt und über Krieg
und Frieden sein Urteil abgibt, sondern auch, wer die
Jugend zum Guten aufrüttelt, wer bei dem großen
Mangel an tüchtigen Lehrern die Seelen der Tugend
zugänglich macht, wer dem Rennen des Menschen nach
Geld und Genuß sich nach Kräften entgegenstemmt
und, wenn nichts anderes, es doch wenigstens aufhält —
der wirkt bei aller Zurückgezogenheit doch für das
öffentliche Wohl. Oder leistet etwa derjenige mehr,

der als Richter zwischen Fremden und Bürgern oder
als städtischer Prätor den Parteien in feierlichem Tone[11]
das Urteil verkündigt, als der, welcher Auskunft darüber
gibt, was die Gerechtigkeit sei, was die Frömmigkeit, was
die Geduld, was die Tapferkeit, was die Todesverachtung,
was die Göttererkenntnis, eine wie hohe Stellung unter
allen Gütern, die umsonst zu haben sind, ein gutes
Gewissen einnehme?[12] Wenn du also deine Zeit auf
Studien verwendest, die du der Geschäftstätigkeit ent-
ziehst, so bedeutet das nicht, daß du abtrünnig geworden
bist oder ein Amt ausgeschlagen hast; leistet doch
auch nicht nur der Kriegsdienste, der in Reihe und
Glied steht und den rechten oder linken Flügel verteidigt, sondern auch der, welcher die Tore beschützt
und einen zwar weniger gefahrvollen, aber doch nicht
müßigen Posten inne hat, der des Wachtdienstes wartet
und die Aufsicht über das Zeughaus führt, Dienstleistungen, die zwar kein Blut kosten, aber doch als
Kriegsjahre angerechnet werden. Hältst du es mit den
wissenschaftlichen Studien, dann bist du vor jedem
Lebensüberdruß sicher, und du wirst dir nicht aus
Überdruß am Tageslicht die Nacht herbeiwünschen;
weder dir selbst wirst du zur Last, noch anderen entbehrlich sein; du wirst einen zahlreichen Freundeskreis
gewinnen, dem gerade die Besten sich anzuschließen
Verlangen tragen. Denn niemals bleibt Vortrefflichkeit
verborgen, mag sie auch noch so wenig an die Öffentlichkeit gekommen sein; sie läßt es nicht an Erkennungs-
zeichen fehlen: jeder feinere Geist wird sie an ihren
Spuren zu erkennen wissen. Denn wenn wir allem
Verkehr entsagen und der ganzen Menschenwelt den
Rücken kehren und uns um nichts kümmern als um
uns selbst, so wird sich als Folge dieser Vereinsamung,
die jedes ernsten Strebens bar ist, die Verlegenheit
einstellen, daß man nicht weiß, womit man sich be-

schäftigen soll. Wir werden also darauf verfallen, hier ein Gebäude zu errichten, dort eines niederzureißen, hier das Meer durch Aufschüttungen weiter hinauszurücken, dort das Wasser trotz aller Geländeschwierigkeiten künstlich herbeizuleiten und mit der Zeit, auf deren Verwendung uns die Natur angewiesen hat, ein verwerfliches Spiel zu treiben: die einen gehen geizig mit ihr um, die anderen verschwenderisch; die einen verwenden sie so, daß sie Rechenschaft darüber ablegen, die anderen so, daß jede Spur davon verflogen ist — die denkbar schimpflichste Verwendungsweise! Oft hat ein hochbetagter Greis keinen anderen Beweis für die Länge seines Lebens als die Summe seiner Jahre."

4. Was mich betrifft, mein lieber Serenus, so will es mir scheinen, als hätte Athenodoros zu viel Gewicht auf die Zeitumstände gelegt und den Rückzug zu schnell angetreten [13]). Ich will zwar nicht leugnen, daß man ab und zu den Rückzug antreten müsse, aber bedächtigen Schrittes und ohne Preisgeben der Feldzeichen, unter Wahrung der soldatischen Ehre; diejenigen haben mehr Achtung und Sicherheit seitens ihrer Feinde zu erwarten, die mit den Waffen in der Hand sich zu Verhandlungen einfinden. Folgendes Verhalten dürfte meines Erachtens der Mannhaftigkeit und dem, der sich ihrer befleißigt, ziemen: Wenn das Schicksal die Übermacht hat und uns die Möglichkeit zur Fortsetzung unserer Tätigkeit abschneidet, so darf man nicht sofort den Rücken wenden und wehrlos fliehend einen Schlupfwinkel suchen, als gäbe es irgend einen Ort, wohin uns das Schicksal nicht verfolgen könnte, sondern man ziehe seiner Wirksamkeit zunächst engere Grenzen und suche mit Auswahl etwas ausfindig zu machen, wodurch man sich dem Staate nützlich erweisen kann. Der Kriegsdienst ist einem verschlossen, nun, so bewerbe man sich um Ehrenstellen; man muß

als Privatmann leben, gut, so versuche man es als
Redner; ist einem das Reden verboten, so stelle man
sich als stummer Anwalt in den Dienst seiner Mitbürger; ist schon das bloße Betreten des Forums gefährlich für einen, so übernehme er in den Häusern,
im Theater, bei Gastmahlen die Rolle des guten Ge-
sellschafters, des treuen Freundes, des maßvollen Gastes;
ist ihm der Kreis der bürgerlichen Tätigkeit verschlossen,
so zeige er sich wirksam als Mensch. Darum haben
wir [14]) mit edler Beherztheit uns nicht in die Mauern
einer einzelnen Stadt eingeschlossen, sondern die ganze
Welt zu unserem Verkehrsfeld gemacht und uns zum
Weltbürgertum bekannt, um so der Tüchtigkeit einen
weiteren Spielraum zu schaffen. Ist dir der Gerichts-
hof und die Rednerbühne oder die Volksversammlung
verschlossen, so schaue rückwärts auf die weiten Länderstrecken, auf die zahlreichen Völkerschaften; niemals
wird das dir verschlossene Gebiet so umfangreich sein,
daß nicht noch ein größeres für dich übrig bliebe.
Doch wer weiß, vielleicht trifft dich selbst die ganze
Schuld; denn du willst nicht anders denn als Konsul
oder als Prytane oder als Keryx [15]) oder als Sufet dem
Staate dienen. Wie? Willst du etwa auch Kriegsdienst tun nur als Feldherr oder als Tribun? Mögen
auch andere im Vorderglied stehen und mag das Los
dich in das dritte Glied (zu den Triariern) gestellt
haben, du mußt auch da mit Wort, Mahnung, Beispiel,
Mut dich als Soldat bewähren. Auch nach Verlust
seiner Hände hat jener Krieger [16]) Mittel und Wege
gefunden, um der Sache der Seinen zu nützen: er harrt
aus auf seinem Platz und hilft durch seinen Zuruf.
Dem ähnlich mußt du handeln: wenn das Schicksal
dir den ersten Platz im Staate versagt, so wanke und
weiche doch nicht von der Stelle: hilf durch Zuruf,
und hat man dir den Mund gestopft, so wanke und

weiche doch nicht: hilf durch Schweigen. Niemals ist das Bemühen eines tüchtigen Bürgers nutzlos: dadurch, daß man ihn hört oder sieht, durch Blick, Wink, stummes Beharren, ja durch seinen Gang schon macht er sich nützlich. Wie manches Heilkraut, ohne daß man es kostet oder berührt, durch den bloßen Geruch schon wirkt, so spendet die Tugend schon aus der Ferne und aus der Verborgenheit ihren Segen. Wer in ihrem Dienste steht, mag er nun frei umherwandeln und ganz nach seinem Belieben über sich verfügen oder in seinen Entschließungen von anderen abhängig sein und nicht mit vollen Segeln fahren, mag er in stiller Zurückgezogenheit weilen und in engbegrenztem Kreis oder öffentlich wirken, gleichviel in welcher Lage er ist: er macht sich überall nützlich. Kannst du wirklich glauben, das Beispiel eines der edelen Muße sich hingebenden Mannes gewähre keinen erheblichen Nutzen? Gewiß nicht. Darum ist es weitaus das beste, die Geschäfte zeitweise mit der Muße zu vertauschen, wenn das tätige Leben durch zufällige Hindernisse oder durch die Lage des Staates gehemmt wird; denn niemals ist alles dermaßen abgesperrt, daß für keine edle Handlung mehr Raum wäre.

5. Kannst du einen Staat finden, der in einem elenderen Zustande gewesen wäre als der der Athener zu jener Zeit, als die dreißig Tyrannen ihr Unwesen mit ihm trieben? Dreizehnhundert Bürger, darunter die besten, hatten sie umgebracht, und das war ihnen noch nicht genug, sondern die Grausamkeit reizte sich selbst nur noch mehr auf. In dem Staate, in dem es einen Areopag gab, dies hochheilige Gericht, in dem es einen Senat (Ratsversammlung) gab und ein Volk, dem Senate ähnlich, versammelte sich Tag für Tag das verwünschte Henkerkollegium, und das unselige Rathaus war nicht geräumig genug für die Tyrannen.

Konnte ein Staat zur Ruhe kommen, in dem es so viele
Tyrannen gab als ausreichend gewesen wären für die
Trabantenschar? Ja, auch jede Hoffnung auf Wieder-
erlangung der Freiheit war den Geängstigten versagt, und kein Ausweg aus so überwältigendem Unheil
tat sich ihnen auf: denn woher sollten dem unglücklichen Staate so viele Harmodios [17]) erstehen? Doch
inmitten dieses Elendes gab es einen Sokrates, der die
trauernden Väter tröstet und die am Staate Ver-
zweifelnden aufzurichten suchte und den Reichen, die
für ihr Vermögen zitterten, das Gewissen schärfte
ob der zu späten Reue über ihre heillose Habsucht
und ein glänzendes Muster war für jeden, der gewillt
war ihm nachzueifern, da er, den Gewaltherren zum
Trotz sich, frei unter ihnen bewegte. Über ihn jedoch
hat Athen selbt im Kerker den Tod ergehen lassen:
die Freiheit wollte sich die Freiheit dessen nicht gefallen lassen, der unbehelligt der Schar der Tyrannen
getrotzt hatte. Daraus magst du dir die Lehre entnehmen, erstens, daß ein Weiser auch in einem schwer
darniederliegenden Gemeinwesen Gelegenheit findet, sich
hervorzutun, nicht minder aber auch die, daß in einem
blühenden und glücklichen Staate Geld, Neid und
tausend andere Untugenden ohne Waffen die Herrschaft führen. Je nach der Lage des Staates also, je
nach der Gunst oder Ungunst des Schicksals werden
wir entweder uns recken oder uns ducken, auf alle
Fälle aber uns immer in Bewegung halten und nicht
unter dem lähmenden Einfluß der Furcht in Starrheit
verfallen. Nein, der nur ist mir ein Mann, der rings
von Waffen umstarrt und von klirrenden Ketten, seiner
Mannhaftigkeit keinen Abbruch tun läßt und sie den
Blicken entzieht; denn sich retten heißt nicht sich
begraben. Curius Dentatus hatte gewiß recht [18]), wenn
er sagte, er wolle lieber tot sein als wie ein Toter

leben; es gibt kein schlimmeres Unheil, als aus der
Zahl der Lebenden auszutreten, ehe man stirbt. Allein,
wirft einen der Zufall in eine der Wirksamkeit abholde Zeit des staatlichen Lebens, dann muß man darauf
bedacht sein, sich mehr der Muße und den Wissenschaften zu widmen und muß ähnlich wie auf einer
gefahrvollen Seefahrt alsbald im Hafen Zuflucht suchen
und nicht warten, bis die Umstände die Trennung er-
zwingen, sondern selbst sich von ihnen trennen.

6. Das erste, was wir tun müssen, ist, uns selbst
genau zu prüfen, sodann die Geschäfte, denen wir uns
widmen wollen, und drittens die Leute, für die oder
mit denen wir uns zu tun machen.

Vor allem ist es nötig, unsere eigenen Kräfte
genau abzuschätzen; denn gewöhnlich überschätzen
wir unsere Kraft: der eine kommt zu Fall durch das
blinde Vertrauen auf seine Beredsamkeit, der andere
überschätzt sein ererbtes Vermögen und gerät darüber
in Schulden, ein dritter mutet in rastlosem Diensteifer
seinem schwächlichen Körper zu viel zu. (Es ist zu
erwägen, ob deine Natur geeigneter ist für das Geschäftsleben oder für ruhige Studien und für die Be-
schaulichkeit, und du mußt dich dem zuwenden, wohin
die Eigenart deiner Begabung dich zieht — Isokrates
führte den Ephorus [19]) eigenhändig vom Forum weg,
weil er von ihm mehr erwartete, wenn er sich der
Geschichtschreibung zuwendete — denn der Geistes-
zwang wirkt meist lähmend, alle Mühe ist umsonst,
wenn die Natur widerstrebt [20]).) Bei manchen ist die
Schüchternheit ein Hemmnis für den Staatsdienst, der
eine feste Stärke erfordert; andere macht ihr Starr-
sinn ungeeignet für den Hof; wieder andere können
ihren Zorn nicht bemeistern, und jede Verstimmung
reißt sie zu unbesonnenen Äußerungen hin; der oder
jener Witzling versteht sich nicht genug zu beherrschen

und kann gefährliche Späße und Einfälle nicht bei sich behalten. Für alle diese taugt die Ruhe mehr als das Geschäftsleben; eine stürmische und leidenschaftliche Natur tut gut, den Reizungen einer für sie bedrohlichen Freiheit auszuweichen.

Ferner sind die Gegenstände, denen wir uns berufsmäßig widmen wollen, ihrerseits genau zu prüfen und unsere Kräfte mit den Anforderungen zu vergleichen, die diese Gegenstände an uns machen werden. Denn immer muß der Handelnde mehr Kraft haben als das Behandelte: die Last, die größer ist als die Kraft des Tragenden, muß uns notwendig zu Boden drücken. Auch gibt es manche Geschäfte, die nicht sowohl groß als reich an Nachwuchs sind und viele weitere Geschäfte nach sich ziehen. Auch die muß man meiden, die eine ganz neue und verwickelte Art von Beschäftigung zur Folge haben; auch darf man sich nicht an Dinge machen, die einem nicht den freien Rückzug gestatten. An diejenigen muß man Hand anlegen, deren Abschluß man erreichen oder wenigstens erhoffen kann; was im weiteren Verlauf immer Weiteres nach sich zieht und über das vorgesteckte Ziel hinausführt, davon soll man die Hand lassen.

7. Was die Menschen anlangt, mit denen man es zu tun hat, so ist eine Auswahl ganz unerläßlich. Man frage sich: Sind sie es wert, daß wir einen Teil unserer Zeit an sie wenden? Kommt, was wir an Zeit dadurch verlieren, ihnen wirklich auch zugute? Gibt es doch manche, die unsere Freundlichkeiten gegen sie uns als einen Schuldposten an sie anrechnen. Athenodorus sagte, er werde sich nicht einmal zur Tafel einfinden bei einem, der sich ihm dafür nicht als Schuldner fühle. Du sagst dir wohl selbst, daß er noch viel weniger sich bei solchen als Gast einfinden würde, die mit einer Einladung zur Tafel einen Freundschaftsdienst

in gleichwertiger Münze bezahlt zu haben meinen, die
die Trachten ihrer Speisen als Ehrengeschenke anrechnen, als ob sie mit solchen Prunkleistungen anderen
eine Ehrung erwiesen. Nimm ihnen Zeugen und Zuschauer, und mit der Freude an ihrer vereinsamten
Garküche wird es vorbei sein.

Nichts aber macht uns mehr Freude als treue und
herzliche Freundschaft. Was für ein Segen ist es,
treue Seelen um dich zu haben, denen du jedes Geheimnis sicher anvertrauen kannst, deren Mitwissen
du weniger zu fürchten brauchst als dein eigenes,
deren Äußerungen deinen Kummer lindern, deren Urteil
deine Pläne fördern, deren Heiterkeit deinen Trübsinn
verscheuchen kann, deren Gegenwart schon ein Genuß
für dich ist. Die Wahl allerdings darf nur auf solche
fallen, die frei sind von schlimmen Leidenschaften; denn
die Laster sind lauernde Feinde und übertragen sich
auf die Nächststehenden und haben eine unheilvoll
ansteckende Wirkung. Wie man also in Zeiten der
Pest Sorge tragen muß, nicht mit schon erkrankten
und schwer ringenden Personen in Berührung zu kommen,
um nicht die Gefahr auf uns zu übertragen, die uns
schon durch den bloßen Anhauch bedroht, so müssen
wir uns bei der Wahl unserer Freunde strengste
Charakterprüfung zur Regel machen, um nur solche
zu wählen, die noch möglichst unverdorben sind. Es
ist der Anfang der Krankheit, wenn man Gesundes
mit Krankem mischt.

Damit will ich nicht sagen, du dürftest dich an
niemanden anschließen als an den Weisen und dürftest
es nur mit ihm halten; denn wo findest du ihn? Ihn,
den wir schon so viele Jahrhunderte lang suchen?
Als Bester gelte, der am wenigsten schlimm ist! Du
würdest wohl kaum die Möglichkeit einer glücklicheren
Wahl haben, wenn du unter Männern wie Platon und

Xenophon und den Vertretern der weitverzweigten geistigen Nachkommenschaft des Sokrates die Guten auswählen dürftest, oder wenn dir das Cato-Zeitalter für die Wahl zur Verfügung stände, das eine Fülle von Männern hervorbrachte, die es wert waren, Catos Zeitgenossen zu sein (daneben aber auch zahlreiche Schurken, schlimmer als sonst irgendwann, und Anstifter von unerhörten Greueltaten; denn nach beiden Seiten hin bedürfte es starker Vertretung, um des Cato Bedeutung kenntlich zu machen; es mußte einerseits Ehrenmänner geben, die für ihn volles Verständnis hatten, wie Schurken, an denen er seine Kraft zu erproben hatte); jetzt aber, bei dem großen Mangel an braven Männern, wird die Wahl weniger krittlich sein. Vor allem aber meide man die Schwarzseher und Klagesüchtigen, denen nichts gut genug ist, um nicht darüber ein Klagelied anzustimmen. Mag einer auch ein treuer und wohlwollender Gesell sein, er ist doch ein Feind unserer Ruhe durch seine ewige Aufregung und sein beständiges Seufzen.

8. Gehen wir nun zu den Vermögensverhältnissen über, dieser stärksten Quelle menschlicher Kümmernisse. Denn vergleiche alles, wodurch wir sonst geängstigt werden — Todesfälle, Krankheiten, Befürchtungen, Wünsche, Überstehen von Schmerzen und Anstrengungen — mit den Widerwärtigkeiten, die uns unser Geld bereitet, so fällt das letztere weitaus am schwersten ins Gewicht. Darum mache man sich klar, daß Besitzlosigkeit ein viel leichterer Schmerz ist als Besitzverlust, und man wird einsehen, daß die Armut ein um so geringerer Anlaß zu qualvoller Pein ist, je weniger bei ihr ein Verlust überhaupt in Frage kommt. Denn du irrst, wenn du glaubst, die Reichen erwiesen sich mutiger im Ertragen von Verlusten: die größten wie die kleinsten Körper sind gleich empfindlich gegen

Wunden. Sehr treffend sagt Bion [21]), es sei für die
Kahlköpfigen ebenso ärgerlich, wenn ihnen Haare aus-
gerissen würden, als für die Vollhaarigen. Ebenso,
glaube mir, steht es mit den Armen und Reichen, sie
leiden die nämliche Pein: beide hängen an ihrem Geld
und können sich nicht ohne Empfindlichkeit davon trennen.
Erträglicher indes, wie gesagt, und leichter ist es,
etwas nicht zu erwerben, als es zu verlieren; daher
die freudigere Stimmung derer, denen das Glück
niemals gelächelt hat, als derer, denen es den Rücken
wendet. Diese Einsicht ging dem Diogenes auf, diesem
gewaltigen Geist, und dies hatte die Wirkung, daß
ihm nichts entrissen werden konnte. Nenne es Armut,
Mangel, Dürftigkeit oder welchen schimpflichen Namen
du diesem Sicherheitszustande geben willst: ich werde
erst dann ihn, den Diogenes, für nicht glücklich halten,
wenn du mir einen anderen aufweisen kannst, dem
nichts verloren gehen kann. Ich müßte mich doch sehr
täuschen, wenn es nicht eine Stellung gleich der eines
Königs wäre, unter Geizigen, Betrügern, Räubern und
Banditen der Einzige zu sein, der gegen den Schaden
gefeit ist. Zweifelt einer an Diogenes' Glück, so kann
er diesen Zweifel auch auf die Verhältnisse der unsterblichen Götter übertragen und fragen, ob sie nicht
des Glückes entbehrten, da sie weder Landgüter noch
Gärten noch großen Bodenbesitz für fremde Pflanzer
haben, noch riesigen Wucherzins auf dem Forum. Schämst
du dich nicht, du Anbeter des Reichtums? Blicke
doch hin auf das Weltall: aller Habe bar wirst du
die Götter sehen; sie geben uns alles, aber haben
nichts. Hältst du den für arm oder für ähnlich den
unsterblichen Göttern, der auf alle Gaben des Zufalles
verzichtet? Hältst du den Demetrius Pompejanus [22])
etwa für glücklicher, der sich nicht schämte, reicher
zu sein als Pompejus? Täglich ließ er sich Bericht

erstatten über die Zahl seiner Sklaven, wie der Feldherr über seine Soldaten, er, für den zwei Stellvertreter und eine geräumigere Zelle schon längst Reichtum genug gewesen wäre. Dem Diogenes dagegen konnte sein einziger Sklave entlaufen, ohne daß er es für der Mühe wert hielt, ihn zurückzuholen, als man ihn ihm zeigte. „Es wäre doch schimpflich,“ sagte er, „wenn Manes [23]) ohne Diogenes leben könnte, aber Diogenes nicht ohne Manes.“ Damit wollte er wohl sagen: „Treibe du nur dein Geschäft, o Schicksal; beim Diogenes hast du nichts mehr zu suchen. Für mich (mir zuliebe) ist der Sklave entlaufen, oder ist vielmehr frei davon gegangen.“ Die Dienerschaft forderte Kleidung und Unterhalt, man hat so viele Bäuche gieriger Bestien zu befriedigen, hat Kleider für sie zu kaufen, ihre diebischen Hände zu überwachen und sich mit ihren Tränen und Verwünschungen beim Verrichten ihres Dienstes abzufinden. Wieviel glücklicher ist doch der, welcher niemandem etwas schuldet außer dem, dem er am leichtesten eine abschlägige Antwort erteilen kann, nämlich sich selbst! Doch da wir nicht die Kraft eines Diogenes besitzen, sollten wir unser Vermögen wenigstens einschränken, um weniger den Schlägen des Schicksals ausgesetzt zu sein. Brauchbarer für den Kriegsdienst sind solche Körper, deren Glieder sich leicht der für sie bestimmten Waffenrüstung einfügen, als solche, die ein Übermaß haben und deren Größe sie allenthalben den Wunden preisgibt: das beste Vermögensmaß ist das, welches einerseits nicht etwa schon als Armut zu gelten hat, andererseits doch auch nicht allzuweit von der Armut entfernt ist.

9. Wir werden uns aber mit diesem Maße befreunden, wenn wir uns nur erst mit der Sparsamkeit auf guten Fuß gesetzt haben, ohne die auch aller Reichtum nicht hinreicht und kein Landbesitz [24]) sich weit genug für

uns ausdehnt, zumal die Abhilfe doch so nahe liegt
und die Armut sich in Reichtum umwandeln kann,
wenn man nur die Genügsamkeit zu Hilfe zieht. Gewöhnen wir uns, uns jeden Prunkes zu entschlagen
und als maßgebend den Nutzen der Dinge anzusehen,
nicht den äußeren Schmuck. Die Speise stille den
Hunger, der Trank den Durst, der Geschlechtstrieb
halte sich innerhalb der ziemenden Grenzen. Lernen
wir, mit unseren eigenen Gliedmaßen auszukommen
und in Kleidung und Lebensweise uns nicht nach der
neuesten Mode zu richten, sondern nach der ehrbaren
Sitte der Alten; lernen wir, die Enthaltsamkeit zu
steigern, die Genußsucht in Schranken zu halten, die
Ruhmbegierde zu mäßigen, den Jähzorn zu lindern,
mit der Armut uns auf freundlichen Fuß zu stellen,
die Genügsamkeit in Ehren zu halten, auch wenn
sich so mancher bisher ihrer schämte[25]), den natürlichen Bedürfnissen durch leicht zu beschaffende Mittel
Befriedigung zu gewähren, ungezügelte Hoffnungen
und die Sucht des Plänemachens für ferne Zukunft
gleichsam in Fesseln zu halten und es dahin zu bringen,
daß wir den Reichtum mehr von uns selbst als vom
Glücke erwarten. Bei der großen Mannigfaltigkeit
schwerer Schicksalsschläge kann es nicht ausbleiben,
daß, wenn man die großen Segel ausspannt, der Sturm
nicht gewaltige Verheerungen anrichte; man muß die
Segel einreffen, um dem Schicksal kein sicheres Ziel
für seine Angriffe zu bieten. So kommt es, daß Ver-
bannungen und Bedrängnisse zum Heile ausschlugen
und durch leichteres Ungemach schweres geheilt ward.
Schenkt die Seele vernünftigem Rate kein Gehör, und
will sie sich durch leichtere Mittel nicht heilen lassen,
warum sollte es ihr dazu nicht zuträglich sein, wenn
Armut, Schande, völliger Vermögenszusammenbruch
den Betreffenden heimsucht, wenn Unheil gegen Unheil

ausgespielt wird? Gewöhnen wir uns also, unsere Mahlzeiten zu halten ohne eine Schar von Gästen, uns mit weniger Dienstpersonal zu begnügen, bei Anschaffung unserer Kleidung nur auf deren eigentlichen Zweck zu sehen und uns in unseren Wohnungsverhältnissen zu beschränken! Nicht nur im freien Lauf und im Wettkampf des Zirkus gilt es, an rechter Stelle einzulenken, sondern auch in dieser Lebensbahn.

Auch was die wissenschaftlichen Studien anlangt, so hat der Aufwand dafür, an sich gewiß lobwürdig, doch nur so lange Sinn und Verstand, als er Maß hält. Wozu die unzähligen Bücher und Bibliotheken, von denen der Besitzer in seinem ganzen Leben kaum die Kataloge durchgelesen hat? Es belastet die Masse den Lernenden, ohne ihn zu belehren, und es ist weit vernünftiger, dich an wenige Schriftsteller zu halten, als irrend umherzuschweifen von einem zum anderen. Vierzigtausend Bücher sind in Alexandria verbrannt[26]). Mag ein anderer diese Bibliothek als schönstes Denkmal königlicher Freigebigkeit preisen, wie T. Livius, der sagt, es sei dies ein hervorragendes Werk des guten Geschmackes und der umsichtigen Fürsorge der Könige gewesen: es war dies weder guter Geschmack, noch umsichtige Fürsorge, sondern ein wissenschaftlicher Prunk, ja man kann nicht einmal sagen, ein „wissenschaftlicher“, denn sie hatten es dabei nicht abgelegt auf wissenschaftliche Studien, sondern auf eine Schaustellung, wie so viele Ignoranten, die ihre Nase niemals auch nur in ein Elementarbuch gesteckt haben, die Bücher nicht als Hilfsmittel der Wissenschaft, sondern als Schaustücke für ihre Mahlzeiten ansehen. Man schaffe sich also Bücher an, soviel als zu unserem Bedarf hinreichen, aber nicht zur Schaustellung. „Es ist doch besser,“ erwiderst du, „wenn sich der Aufwand auf Bücher, als auf korinthische Gefäße und Gemälde wendet." Was zu viel ist, ist überall vom Übel. Was kannst du denn zur Entschuldigung eines Menschen vorbringen, der erpicht ist auf Schränke von Zitrusholz und Elfenbein, der die einzelnen Bände unbekannter oder nichtswürdiger Schriftsteller zusammensucht und inmitten dieser unermeßlichen Bücherhaufen gähnt und sein eigentliches Vergnügen nur an den Vorsatzblättern seiner Bücherrollen und an ihren Titeln hat? Es sind just die größten Faulpelze, bei denen du die ganze Redner- und Geschichtsliteratur finden kannst, aufgeschichtet auf Regale bis ans Dach hinauf. Findet man doch bereits in Badeanstalten und Thermen Bibliotheken in nettester Aufmachung als unentbehrliche Zierde des Hauses. Ich würde ja nichts dagegen haben, wenn diese Erscheinung auf übertriebenen Eifer für die Wissenschaft zurückzuführen wäre; tatsächlich aber werden diese gesammelten Werke der gefeiertsten Geister, geziert mit ihren Bildnissen, nur zum Schein und zum Schmuck der Wände angeschafft.

10. Aber nimm an, du seiest in eine schwierige Lebenslage geraten und das Schicksal habe dir, sei es im häuslichen oder im öffentlichen Leben, wider alles Vermuten eine Schlinge umgeworfen, die du weder lösen noch zerreißen kannst, so denke an die Gefesselten: anfangs wird es ihnen schwer, sich mit ihrer Last und den hemmenden Fußketten zurecht zu finden; haben sie aber einmal den Vorsatz gefaßt, statt darüber in Wut zu geraten, sich in ihr Schicksal zu fügen, so lehrt sie die Not, das Unvermeidliche tapfer, die Gewohnheit, es leicht zu tragen. In keiner Lebenslage wird es dir an Aufmunterungen, Erholungen und Aufheiterungen fehlen, wenn du es über dich gewinnst, das Schlimme lieber für erträglich zu halten, als es dir verhaßt zu machen. Die Natur, die wohl wußte, welchen harten Prüfungen sie uns durch unsere Geburt

aussetzte, hat sich kein größeres Verdienst um uns erworben, als dies, daß sie zur Linderung unseres Ungemachs die Gewohnheit[27]) erfand, die uns bald auch mit dem Schwersten vertraut macht. Niemand würde es aushalten, wenn das Unglück bei weiterer Fortdauer immer dieselbe Kraft hätte wie beim ersten Schlag. Wir alle sind an das Schicksal gekettet, die einen mit goldener und gefügiger Kette, die anderen mit eng anschließender und rostiger; doch was kommt darauf an? Wir alle, ohne Unterschied, leben in einer Art Gefangenschaft, und angebunden sind auch die, die uns angebunden haben, du müsstest denn die Kette an der Linken für leichter halten[28]). Den einen fesseln Ehrenstellen, den anderen Reichtum; einige leiden unter ihrer vornehmen Geburt, andere unter dem Gegenteil; manche müssen sich fremde Herrschsucht gefallen lassen, manche hinwiederum sind Opfer der eigenen; manche sind durch Verbannung an den nämlichen Ort gebunden, manche durch ihre priesterliche Würde[29]): das ganze Leben ist im Grunde nichts anderes als Knechtschaft. Darum gilt es, sich an seine Lage zu gewöhnen, sowenig als möglich über sie zu klagen und keine Erleichterung, die es etwa bietet, unbenutzt zu lassen. Nichts ist so bitter, daß ein gefaßtes Herz nicht noch Trost fände. Oft hat die für ein Haus zu Gebot stehende Bodenfläche durch das Geschick des Baumeisters sich für den Bedarf einer starken Bewohnerschaft ausreichend erwiesen und seine Raumverteilung hat die, wenn auch noch so enge Fläche[30]) bewohnbar gemacht. Begegnen wir den Schwierigkeiten mit kühlem Verstande: auch das Harte kann erweicht und das Enge erweitert und die Last minder drückend gemacht werden, wenn man sich nur auf die Kunst des Tragens versteht.

Zudem darf man die Begierden nicht ins Ungemessene ausschweifen lassen, sondern ihnen nur einen

geringen Spielraum gewähren; denn ganz einschließen
lassen sie sich doch nicht. Halten wir uns also, unter
Verzicht auf das Unmögliche oder schwer Erreichbare,
an das Naheliegende und unserer Hoffnung Entgegen-
kommende, doch immer in dem Bewußtsein, daß alles
gleich nichtig ist, äußerlich zwar mancherlei Gestalt
annehmend, innerlich aber durchweg hohl. Hüten wir
uns auch vor dem Neid gegen Höherstehende. Was
hoch emporragt, birgt des Absturzes Gefahr in sich.
Diejenigen dagegen, die ein minder freundliches Geschick
in eine bedenkliche Mittelstellung gebracht hat, werden
sicherer fahren, wenn sie ihre an sich zum Stolz auf-
fordernde Stellung jedes Scheines von Anmaßung ent-
kleiden und ihr Los möglichst dem Durchschnittslos
angleichen. Es gibt zwar viele, die an ihre hohe Stellung
unablöslich gekettet sind, von der sie nur durch jähen
Sturz herabkommen können; aber sie gestehen selbst
ganz offen, daß sie nichts drückender empfinden als
dies, daß sie sich gezwungen sehen andere zu bedrücken
und nicht in Freiheit, sondern gebunden zu sein. Mögen
sie durch Gerechtigkeit, durch Milde, durch Menschlichkeit, durch Freigebigkeit und Wohltätigkeit einer
freundlichen Wendung ihres Schicksals gehörig vor-
arbeiten, und möge die Hoffnung darauf das Bedenkliche
ihrer schwankenden Lage mindern. Nichts aber wird
uns sicherer schützen vor diesem wogenden Seelenzustand, als wenn wir seinem Anschwellen immer eine
feste Grenze setzen und uns durch Beispiele davor
warnen lassen, nicht dem Schicksal die Entscheidung
über das Ablassen anheimzugeben, sondern aus eigenem
Entschlusse schon lange zuvor haltzumachen. So
wird denn eine oder die andere Begierde die Seele
anstacheln; aber die Beschränkung auf ein gewisses
Maß wird sie vor Übergriffen ins Grenzenlose und
Unsichere bewahren.

11. Diese meine Ausführungen beziehen sich auf mehr oder minder unvollkommene, der geistigen Reife entbehrende Durchschnittsmenschen, nicht auf den Weisen. Dieser braucht nicht ängstlich Schritt für Schritt zu wandeln; sein Selbstvertrauen ist so stark, daß er ohne Bedenken sich dem Schicksal widersetzen und ihm keinen Fußbreit Landes einräumen wird. Auch hat er nicht den mindesten Grund, es zu fürchten, da er nicht nur Sklaven, reichen Besitz und würdevolle Stellung, sondern auch seinen Körper, seine Augen, seine Hand und was dem Menschen den Wert seines Lebens erhöhen mag, ja sich selbst unter die Dinge rechnet, auf die kein Verlaß ist, und lebt, als wäre er sich selbst nur geliehen und müsse sich ohne Murren wieder zurückgeben, wenn man ihn zurückfordere. Er fühlt sich aber keineswegs dadurch erniedrigt, daß er weiß, er gehöre sich nicht selbst, sondern er wird alles so gewissenhaft, so umsichtig tun, wie ein gottesfürchtiger und frommer Mann zu hüten pflegt, was seiner Treue anvertraut ist. Wenn aber der Befehl an ihn herantritt, es wieder zurückzugeben, wird er mit dem Schicksal nicht hadern, sondern sagen: „Dank sei dir für das, was ich besaß und hatte. Ich habe zwar das Deinige nur gegen schweren Zins mir zugute kommen lassen; doch weil du es so befiehlst, so gebe ich es hin, trete es dankbar und willig ab. Soll ich auch jetzt noch etwas von dir behalten, so will ich es bewahren; bist du anderen Sinnes, so gebe ich dir alles Silber, verarbeitetes und geprägtes, mein Haus, mein Gesinde zurück, überantworte es dir." Und fordert die Natur zurück, was sie uns früher gegeben, so werden wir auch zu dieser sagen: „Nimm ihn zurück, den Geist, den du gegeben, nimm ihn zurück als ein veredeltes Gut; ich sträube und weigere mich nicht; willig stelle ich dir zur Verfügung, was du mir gabst,

ohne daß ich es merkte; nimm es hin!" Zurückzu-
kehren, woher man gekommen ist, was hat es denn
damit auf sich? Der führt kein wünschenswertes Leben,
der nicht gut zu sterben weiß. Daher muß man vor
allem dem Tode keine so hohe Bedeutung beimessen,
sondern den Odem zu einer verächtlichen Nebensache
machen. Den Gladiatoren, sagt Cicero [31]), verzeihen
wir es nicht, wenn sie unter allen Umständen ihr Leben
zu erhalten bedacht sind; dagegen kargen wir ihnen
gegenüber nicht mit unserer Gunst, wenn sie sich als
Verächter des Lebens erweisen. So, wisse, steht es
auch mit uns. Gar oft nämlich ist die Angst vor dem
Tode die Ursache des Todes. Das Schicksal, dem dies ein
ergötzliches Schauspiel ist, sagt: „Wozu soll ich dich
aufsparen, du heilloses und feiges Geschöpf? Nur um
so kräftiger wird man mit Hieb und Stich gegen dich
losgehen, weil du den Mut nicht hast, deine Kehle
darzubieten. Anders du da! Du wirst länger leben
und leichter sterben, der du das Schwert nicht mit
widerstrebendem Nacken und vorgestreckten Händen
auf dich niederfahren siehst, sondern mutig stirbst".
Wer den Tod fürchtet, wird nie einer des lebenden
Menschen würdigen Tat fähig sein. Aber wer sich
dessen bewußt ist, daß gleich bei seiner Empfängnis
auch die endgültige Bestimmung über ihn getroffen sei,
der wird der Vorschrift gemäß leben und mit derselben
Geisteskraft zugleich auch das erreichen, daß ihn
nichts von allem, was da kommen mag, unvorbereitet
trifft; denn immer sieht er, was möglicherweise eintreten kann, gewissermaßen als wirklich eintretend,
voraus und lindert dadurch das Ungestüm alles hereinbrechenden Unheils, das den in vollem Maße darauf
Vorbereiteten keine Überraschung bringt, während es
den sich gesichert Wähnenden und nur an Glück
Denkenden als schwere Prüfung erscheint. Laß es

Krankheit sein oder Gefangenschaft, Einsturz, Brand: nichts von dem allen kommt völlig überraschend; ich wußte schon, an welche sturmbewegte Gemeinschaft die Natur mich angeschlossen habe. Wie oft habe ich in meiner unmittelbaren Nachbarschaft Jammergeschrei vernommen, wie oft sind an meiner Schwelle vorüber kindliche Leichen unter Fackel- und Kerzenlicht zu Grabe getragen werden [32]); oft hat sich seitwärts das Gedonner eines einstürzenden Gebäudes vernehmen lassen; viele von denen, die das Forum, die Kurie, das Interesse der Unterhaltung mir nahe gebracht hatte, raffte die Nacht hinweg und das mörderische Halseisen riß die in trauter Freundschaft ineinandergeschlungenen Hände auseinander [33]): soll ich mich wundern, daß auch über mich ab und zu Gefahren hereinbrechen, die rings um mich herum immer ihr Wesen getrieben haben? Es gibt nicht wenige Menschen, die, wenn sie eine Seefahrt antreten, an den Sturm nicht denken. Handelt es sich um ein treffendes Wort, so berufe ich mich darauf, gleichviel, wie man über den Urheber denkt. Publilius [34]), der an hinreißender Kraft manchen geistvollen Vertreter der Tragödie und Komödie hinter sich läßt, hat, wenn er sich über seinen gewöhnlichen Bretterwitz und seine auf die oberste Gallerie berechnete Spaßmacherei erhebt, so manches Schlagwort geprägt, kräftiger als die Tragödie und weit hinaus über das Maß der Volksbühne. So unter anderen auch dies:

Was einen trifft, des mag sich jedermann versehn.

Wenn einer sich von dieser Wahrheit ganz durchdringen läßt und alles Leid, das ungezählt sich täglich über andere häuft, so ansieht, als hätte es freie Bahn auch zu ihm selbst, dann wird er sich längst mit Schutzwaffen versehen haben, ehe der Angriff erfolgt. Es ist zu spät, wenn man die Seele erst nach der

Gefahr zum Bestehen der Gefahr anhält. „Das hätte ich nicht für möglich gehalten" und „Hättest du denn jemals an ein solches Vorkommnis geglaubt?" Ja, warum denn nicht? Wo ist der Reichtum, dem nicht Armut, Hunger und der Bettelstab unversehens folgen könnte? Welche Stellung, auch noch so würdevoll, schützt davor, daß dem Prachtgewand, dem Augurenschmuck und dem Patrizierschuh [35]) sich auch erniedrigende Schmach beiegeselle und Ausstoßung aus dem Senat und tausenderlei Beschimpfungen und völlige Mißachtung? Wo ist das Königtum, das sicher wäre vor Einsturz, vor Zerschmetterung, vor Gebieter und Henker? Und da wird nicht lange gefackelt; eine einzige Stunde liegt zwischen dem Königsthron und der Kniebeugung vor fremdem Herrscher. Laß dir also gesagt sein, daß jede Lage dem Wechsel preisgegeben ist, und daß, was irgend einen trifft, auch dich treffen kann. Du bist reich. Etwa reicher als Pompejus [36])? Als Gaius (Caligula), von früher her mit ihm verwandt, neuerdings sein Gastfreund, diesem den Kaiserpalast geöffnet hatte, um ihn aus seinem eigenen Hause auszuschließen, gab man ihm weder Brot noch Wein. Viele Flüsse waren in seinem Besitz gewesen, die auf seinem Grund und Boden ihre Quelle und ihren Lauf hatten, und nun bettelte er um einige Tropfen Wasser; Hunger und Durst machten seinem Leben im Palaste seines Verwandten ein Ende, während sein Erbe ihm, dem er jede Nahrung verweigerte, ein öffentliches Leichenbegängnis veranstaltete.

Du hast die höchsten Ehrenstellen bekleidet: etwa gar so hohe, so unverhoffte oder so umfassende wie Sejanus? An dem Tage, wo ihm der Senat noch das Geleite gegeben hatte, zerriß ihn das Volk in Stücke; von ihm, auf den Götter und Menschen alles nur irgend Erdenkliche zusammengehäuft hatten, blieb nichts mehr übrig, was des Henkers Hand wert gewesen wäre [37]).

Du bist König: Ich will dich nicht auf den Krösus verweisen, der den Scheiterhaufen besteigen mußte, aber ihn auch verlöschen sah, er, der nicht nur sein Königreich, sondern auch seinen Tod überlebte, auch nicht auf den Jugurtha, der dem römischen Volk noch in dem nämlichen Jahr [38]), in dem es ihn gefürchtet hatte, in Rom zur Schau gestellt ward: haben wir selbst doch den König Ptolemäus [39]), den Herrscher von Afrika, und den König Mithridates [40]), den Armenier, inmitten der Wachmannschaften des Caligula gesehen; der eine ward in die Verbannung geschickt, der andere wünschte, er möchte unter besserem Schutze entlassen werden. Bei so unaufhörlichem Auf- und Abschwanken aller menschlichen Dinge mußt du alles, was möglicherweise eintreten kann, als dir wirklich bevorstehend ansehen; sonst räumst du dem Unglück eine Macht über dich ein, die derjenige bricht, der beizeiten sich vorsieht.

12. Der nächste Punkt wäre nun folgender: Wir dürfen nicht unnütze Ziele verfolgen und dürfen unsere Bemühungen nicht nutzlos verschwenden; das heißt: wir dürfen einerseits unsere Wünsche nicht auf Dinge richten, die für uns unerreichbar sind, und dürfen uns anderseits nicht in die Lage bringen, nach Durchsetzung unserer leidenschaftlichen Wünsche die Nichtigkeit derselben zu spät unter tiefer Scham einzusehen; es soll also weder unsere Arbeit vergeblich und ohne Wirkung sein, noch der Erfolg in keinem entsprechenden Verhältnis zur Mühe stehen; denn in der Regel führt es zu einer trübseligen Stimmung, wenn entweder der Erfolg überhaupt fehlt oder man sich des Erfolges nur zu schämen hat.

Aufräumen muß man mit dem ewigen Hin- und Herrennen, das so viele Menschen in Atem hält, die in Häusern, in Theatern und auf den Marktplätzen herumschwirren[41]. Sie drängen sich anderen auf, um für sie tätig zu sein, und sie sehen immer aus, als hätten sie etwas zu tun. Fragst du einen von ihnen, wenn er auf die Straße heraustritt: Wohin? Was hast du vor? so wirst du zur Antwort bekommen: „Wahrhaftig, ich weiß es selbst nicht; aber ich werde schon jemanden sehen, werde etwas zu tun bekommen". Ohne bestimmtes Ziel treiben sie sich Beschäftigung suchend umher und haben es nicht auf etwas Bestimmtes abgesehen, sondern lassen den Zufall walten. Ihr Umherlaufen ist unbedacht und erfolglos, wie bei den Ameisen[42]), die auf den Bäumen umherkriechen, bald oben bald unten sich bewegend, ohne Beute. Ein diesen ähnliches Leben führen jene vielen, deren Leben man wohl einen geschäftigen Müßiggang nennen könnte. Manche erwecken unser Mitleid, wenn sie wie zu einer Feuersbrunst rennen: Sie drängeu die ihnen Begegnenden zur Seite und bringen sich und andere zu Fall, während ihr ganzes Gelaufe doch nur den Zweck hatte, entweder einen zu begrüßen, der ihm den Gruß nicht einmal erwidert, oder sich dem Leichenzug für einen ganz unbekannnten Menschen anzuschließen, oder einen bekannten Streithammel vor Gericht zu hören, oder dem Verlöbnis eines, der sich nicht zum ersten Male verlobt, beizuwohnen; sie machen sich zu Begleitern einer Sänfte, ja helfen hie und da auch beim Tragen derselben. Wenn sie dann in zweckloser Ermüdung nach Hause kommen, so schwören sie, sie wüßten selbst nicht, weshalb sie ausgegangen wären, wo sie gewesen wären, um dann am nächsten Tage wieder dieselbe Irrfahrt anzutreten. Jede Arbeit muß also irgendeinen Zweck, irgendeine bestimmte Beziehung haben! Nicht der

Tätigkeitstrieb setzt diese Rastlosen in Bewegung; es sind die täuschenden Trugbilder der Dinge, die die Verblendeten nicht ruhen lassen; denn auch bei ihnen ist es irgendwelche Hoffnung, die zur Bewegung anregt: es reizt sie irgend ein Scheinbild, dessen Nichtigkeit ihrem befangenen Geist nicht zum Bewußtsein kommt. Ohne Ausnahme gilt für alle, die ihr Haus nur verlassen, um das Straßengetümmel noch größer zu machen, das folgende: Es sind leere und nichtige Gründe, die einen jeden von ihnen in der Stadt umherführen; ohne daß er irgendwelchen ernstlichen Arbeitswillen hat, treibt ihn das Morgenlicht hinaus auf die Straße, und nachdem er an so mancher Tür vergebens geklopft und die dienenden Geister begrüßt hat, trifft er, obschon von so vielen abgewiesen, doch niemanden schwerer zu Hause an als sich selbst.

Mit diesem Unfug hängt jene abscheuliche Unsitte zusammen: die Ohrenbläserei und Aushorcherei, das Auskundschaften öffentlicher und geheimer Vorgänge und das Wissen um viele Dinge, die zu erzählen ebenso bedenklich ist wie sie zu hören.

13. Das scheint auch Demokrit[43]) im Auge gehabt zu haben, als er so anhub: „Wer ruhig leben will, soll nicht vielerlei treiben, weder im eigenen noch im Staatswesen", wobei er selbstverständlich an das Unnötige denkt; denn handelt es sich um notwendige Dinge, so gibt es im eigenen wie im öffentlichen Leben nicht nur viele, sondern unzählige Dinge, die man erledigen muß. Wo uns aber keine der üblichen Pflichten ruft, da müssen wir mit unserer Tätigkeit zurückhalten. Denn wer sich auf vielerlei einläßt, der gibt dem Schicksal häufig Macht über sich, dem gegenüber das sicherste ist, sich nur selten mit ihm auf Proben einzulassen, wenn man auch immer an es denken und sich nichts von seiner Zuverlässigkeit versprechen soll.

„Ich werde eine Seefahrt unternehmen, es müßte denn etwas dazwischen kommen“; „ich werde Prätor werden, es müßte denn ein Hemmnis eintreten“; „Das Unternehmen wird mir gelingen, es müßte denn etwas Unerwartetes sich ereignen“. Das ist es, was uns zu der Behauptung führt, dem Weisen könne niemals etwas völlig Unvermutetes begegnen. Wir erheben ihn nicht über die menschlichen Zufälligkeiten, wohl aber über die menschlichen Irrtümer; nicht alles geht ihm nach Wunsch und Willen, aber seine Seele ist immer auf alles gefaßt; denn er hat sich vor allem immer gesagt, es könne dem, was er vor hat, sich auch ein Hemmnis entgegenstellen. Notwendig aber tröstet der sich leichter über einen vereitelten Wunsch, dem man das Gelingen nicht bedingungslos versprochen hat.

14. Wir müssen uns aber auch eine gewisse Fügsamkeit nach d e r Seite hin aneignen, daß wir uns nicht gar zu sehr auf das versteifen, was wir uns vorgenommen haben, sondern uns in die jeweilige Schicksalslage fügen und uns nicht bange machen lassen durch einen Wechsel, sei es unseres Entschlusses oder des Schicksals, wenn wir uns nur vor dem Fehler des Wankelmutes bewahren, diesem schlimmsten Feinde der Ruhe. Allerdings führt auch der starre Eigensinn unausbleiblich Beängstigung und Unheil mit sich, da das Schicksal ihm häufig einen Strich durch die Rechnung macht; aber der wankelmütige, hin und herflatternde Leichtsinn ist doch noch viel schlimmer. Beides ist der Ruhe unzuträglich, sowohl wenn man nichts ändern kann, als wenn man jedem Leiden ausweicht. Jedenfalls aber muß die Seele, von allem Äußerlichen absehend, sich ganz in sich selbst sammeln, muß volles Vertrauen zu sich gewinnen, muß an sich selbst ihre Freude haben, muß, was ihr gehört, hoch achten, was ihrem Wesen fremd ist, möglichst von sich fernhalten

und mit sich selbst in Einvernehmen bleiben, darf
Verluste nicht zu schwer empfinden und muß auch das
Widerwärtige so viel wie möglich zum Besten deuten.
Als unser Zeno die Nachricht von einem Schiffbruch
erhielt[44]), durch den all sein Hab und Gut unter-
gegangen war, ließ er sich so vernehmen: „Das Schicksal
will mir freiere Bahn zum Philosophieren geben". Den
Philosophen Theodorus bedrohte ein Tyrann[45]) mit dem
Tod und zwar ohne Begräbnis. Was erwiderte er? „Der
Erfüllung deines Wunsches steht nichts entgegen; mein
bißchen Blut steht ganz zu deiner Verfügung; und
was mein Begräbnis anlangt, was ist es da doch für
eine Torheit, zu glauben, es liege mir daran, ob ich
auf oder unter dem Erdboden verwese." Canus Julius[46]),
ein ganz hervorragender Mann, den zu bewundern
selbst der Umstand kein Hindernis ist, daß er in
unserem Jahrhundert geboren ward, hatte einen langen,
scharfen Wortwechsel mit Cajus (Caligula), nach dessen
Abschluß dieser neue Phalaris zu dem Fortgehenden
sagte: „Schmeichle dir ja nicht mit törichter Hoffnung;
den Befehl zu deiner Hinrichtung habe ich bereits
gegeben". „Dank dir," erwiderte er, „mein gnädigster
Kaiser!" In welchem Sinne er dies gesagt haben mag,
ist mir zweifelhaft, denn ich kann mir mancherlei
dabei denken: Wollte er den Gebieter fühlen lassen,
wie schmachvoll er gehandelt, und ihm vor Augen
führen, daß solch unerhörter Grausamkeit gegenüber
der Tod eine Wohltat sei? Oder geißelte er damit
den wahnwitzigen Unfug, der damals Mode war? (Denn
es war Sitte geworden, daß man sich bedankte für die
Ermordung seiner Kinder und für den Raub von
Hab' und Gut.) Oder nahm er es freudigen Herzens
hin als eine Art der Befreiung? Wie es damit auch
stehen mag, die Antwort zeugte von hochherzigster
Sinnesart. Vielleicht erwidert man: „Es war ja immerhin

möglich, daß Gaius darauf hin den Bescheid gegeben
hätte, ihn am Leben zu lassen.“ Diese Befürchtung
hegte Canus nicht; man wußte, wie Gaius mit solchen
Befehlen Wort hielt. Glaubst du wohl, daß jener die
zehn Tage bis zu seiner Hinrichtung ohne jede An-
fechtung von Kummer hingebracht habe? Es klingt
fast unglaublich, was dieser Mann gesagt und getan,
welche Ruhe er bewahrt hat. Er saß beim Brettspiel,
als der Centurio, der den Transport der Verurteilten
leitete, auch ihm den Befehl zugehen ließ, sich fertig
zu machen. Bei diesem Ruf zählte er die Steine und
sagte zu seinem Spielgenossen: „Nimm dich in acht,
und lüge nicht etwa einem vor, du habest gewonnen.“
Darauf winkte er dem Centurio zu und sagte: „Du
bist mein Zeuge, daß ich um Eines voraus bin.“ Meinst
du etwa, Canus hätte dies Brettspiel nur dem Spiele
zuliebe getrieben? Nein! Dies Spiel war nichts als
Hohn. Von Trauer erfüllt waren die Freunde, da sie
solch einen Mann verlieren sollten. „Was trauert ihr?“
sagte er; „ihr forschet, ob die Seelen unsterblich seien:
ich werde es alsbald wissen.“ Und so fuhr er auch
in seiner Todesstunde fort, nach der Wahrheit zu
forschen und seinen eigenen Tod zu einer Quelle der
Forschung zu machen. Es begleitete ihn sein Philosoph[47]),
und der Zug war nahe dem Hügel, wo man unserem
Gotte, dem Kaiser, das tägliche Opfer brachte. Da
sagte der Philosoph: „Was denkst du jetzt, Canus?
Womit beschäftigt sich dein Geist?“ „Ich habe mir
vorgenommen,“ erwiderte Canus, „in jenem schnellsten
aller Augenblicke zu beobachten, ob die Seele ihres
Abscheidens sich bewußt sein wird“, und er versprach,
wenn er darüber etwas erkundet hätte, als Geist bei
seinen Freunden umzugehen und ihnen Kunde zu geben,
wie es mit den Seelen stände. Schau, welche Ruhe
mitten im Sturm! Ein Geist, würdig der Ewigkeit,

der sein Todesverhängnis zur Ergründung der Wahrheit benutzt, der im letzten Lebensaugenblick die scheidende Seele über ihren Zustand befragt und nicht nur bis zum Tode, sondern vom Tode selbst noch etwas lernt. Wer hätte in der Philosophie noch länger beharrt? Aber es sei fern von uns, den großen und der höchsten Achtung würdigen Mann in Eile von uns zu lassen; wir werden dich im Andenken der Welt erhalten, du strahlendes Haupt, du unersetzliches Opfer der Greuel eines Gaius!

15. Doch es genügt nicht, sich frei zu machen von den Anlässen zur Niedergeschlagenheit über die eigenen Angelegenheiten; denn mitunter bemächtigt sich unser ein Haß gegen das Menschengeschlecht überhaupt. Wenn man bedenkt, wie selten die schlichte Ehrlichkeit ist, wie wenig man von Unschuld weiß, und wie die Treue fast ganz aus der Welt geschwunden ist, außer wo sie etwa Nutzen bringt, wenn uns der ganze Schwarm sieggekrönter Verbrechen entgegentritt, sowie die gleich hassenswerten Gewinne und Verluste der Lustbegier mitsamt dem Ehrgeiz, der sich soweit vergißt, daß er dem Glanze zuliebe die schändlichsten Mittel nicht scheut, da umnachtet sich der Geist, und Finsternis breitet sich über ihn, als wäre alle Tugend ausgestorben, als wäre jede Hoffnung auf sie versperrt und jeder Nutzen von ihr ausgeschlossen. Wir müssen unserem Geist also die Wendung geben, daß uns alle Verirrungen des Volkes nicht verhaßt, sondern lächerlich erscheinen, und müssen es mehr mit Demokrit halten als mit Heraklit[48]). Denn dieser konnte sich auf der Straße nicht sehen lassen, ohne Tränen zu vergießen; jener dagegen lachte; dem einen erschien alles, was wir tun, bejammernswert, dem anderen ein Possenspiel. Man muß sich alles leichter machen und fügsam ertragen; es steht dem Menschen besser an,

das Leben zu belachen, als es zu beweinen. Zudem macht sich derjenige mehr verdient um das Menschengeschlecht, der da lacht, als der darüber trauert; denn jener läßt der frohen Hoffnung doch wenigstens noch einigen Raum; dieser dagegen weint törichterweise über das, an dessen Verbesserung er verzweifelt. Auch schon im Hinblick auf das All der Dinge zeigt derjenige doch einen höheren Geistesschwung, der mit dem Lachen als der mit dem Weinen nicht an sich halten kann; denn es ist die unschuldigste Gemütserregung, der er huldigt, und nichts in diesem mächtigen Triebwerk erscheint ihm groß, nichts ernst, ja nicht einmal bedauernswert. Jeder halte sich nur alles Einzelne vor, weshalb wir froh oder traurig sind, und er wird jenes Wort des Bion bestätigen: Alle Betätigung der Menschen gleiche durchaus ihrem Ursprung, und ihr Leben sei nicht heiliger oder ernster als ihre Empfängnis, sie sänken zurück in das Nichts, aus dem sie hervorgegangen. Doch es ist besser, die öffentliche Sittlichkeit und die Fehler der Menschen mit mildem Auge anzusehen und darüber weder ins Lachen noch ins Weinen zu verfallen; denn mit fremdem Leid sich abzuquälen ist ewiges Unheil, und an fremdem Unglück seine Freude zu haben, ist ein Vergnügen, das mit Menschengüte nichts zu tun hat, sowie es anderseits eine nutzlose Menschenfreundlichkeit ist, zu weinen, weil irgend einer seinen Sohn begräbt, und darüber eine Trauermiene anzunehmen[49]). Auch was unser eigenes Unglück anlangt, so muß man sich so verhalten, daß man dem Schmerze einräumt, was die Natur fordert, nicht was die herrschende Sitte mit sich bringt; denn sehr viele vergießen Tränen, um als Trauernde zu erscheinen, und haben immer trockene Augen, wenn kein Zuschauer da ist; sie schämen sich, nicht zu weinen, wo alle es tun. So tief hat sich diese

Unsitte, diese Abhängigkeit von fremder Meinung ein-
gewurzelt, daß auch die selbstverständlichste Sache,
der Schmerz, der Heuchelei verfällt.

16. Wir kommen nunmehr zur Betrachtung von
Dingen, die nicht ohne Grund tiefstes Bedauern erwecken und einer trüben Stimmung Raum geben. Man
blicke hin auf die Fälle[50]), wo es mit ehrenwerten
Männern ein trauriges Ende nimmt, wo ein Sokrates
gezwungen wird, im Kerker zu sterben, Rutilius[51]) in
der Verbannung zu leben, Pompeius und Cicero ihren
eigenen Schützlingen[52]) den Nacken darzubieten, der
große Cato, das lebende Musterbild aller Tugend, sich
in sein Schwert stürzend, seinen eigenen Untergang
zugleich mit dem des Staates der Welt kundzugeben,
— da kann es nicht ausbleiben, daß man sich gequält
fühlt angesichts dieses ungerechten Lohnes von seiten
des Schicksals. Was soll jeder Einzelne überhaupt
noch für sich hoffen, wenn er sieht, daß die Besten
das Schlimmste über sich ergehen lassen müssen? Wie
steht es also? Vergegenwärtige dir, wie jeder von
ihnen sein Schicksal getragen habe, und, sind sie tapfer
gewesen, so nimm dir ihr Beispiel zum Muster in
deiner Sehnsucht nach ihnen, starben sie aber weibisch
und feige, so ist an ihnen nichts verloren. Entweder
sind sie wert, dich ihrer mannhaften Tugend zu erfreuen, oder nicht wert, daß man Verlangen trüge
nach ihrer Unmännlichkeit. Denn was wäre schimpflicher, als daß die größten Männer durch ihren tapferen Tod uns zaghaft machten? Preisen wir vielmehr
den so hohen Lobes Würdigen und sagen: Preis dir,
du Held, der du um so glücklicher bist, je tapferer
du bist! Alle Angriffe des Schicksals, Neid, Krankheit — sie liegen nun hinter dir; du bist kein Gefangener
mehr; du verdientest nach der Götter Meinung kein
herbes Schicksal, verdientest vielmehr, daß das Schicksal

keine Macht mehr über dich hätte." Diejenigen aber,
die sich darum herum drücken wollen und in der Todesstunde nach dem Leben ausschauen, müssen des Schicksals
Gewalt zu fühlen bekommen. Nie werd' ich einen
beweinen, der freudig stirbt, nie aber auch einen beweinen, der unter Tränen stirbt; jener hat meine
Tränen selbst getrocknet, dieser hat durch seine Tränen
jedes Recht auf teilnehmende Tränen verwirkt. Soll
ich den Herkules beweinen, daß er sich lebendig verbrannt? Oder den Regulus, daß er die Marterqualen
über sich ergehen ließ, oder den Cato, daß er den
Todesstreich gegen sich wiederholte? Sie alle haben
den kurzen Schmerz eines Augenblickes nicht gescheut,
um dadurch in die Ewigkeit einzugehen, und haben
sich durch ihren Tod unsterblich gemacht.

17. Eine weitere, ergiebige Quelle von Ärgernissen
ist die krankhafte Sucht, dir ein erkünsteltes Aussehen
zu geben und dich niemandem in deiner natürlichen
Gestalt zu zeigen, eine nicht vereinzelte Erscheinung;
denn die Zahl derer ist nicht gering, die ein Leben führen
voller Verstellung und auf den prunkenden Schein berechnet. Ihre beständige Selbstbeobachtung wird ihnen
zur Qual, und es peinigt sie die Angst, sich einmal
in anderer Gestalt ertappt zu sehen, als der, in der
sie sich gewöhnlich zeigen. Und wir werden den be-
ängstigenden Druck nicht los, wenn wir bei jedem
Blick eines anderen argwöhnen, es sei auf eine Be-
urteilung und mögliche Entlarvung von uns abgelegt.
Denn der Zufall bringt vieles mit sich, was trotz allen
Widerstrebens unsere Blößen aufdeckt, und, angenommen
auch, daß die beständige Achtsamkeit auf sich selbst
von gutem Erfolge begleitet sei, so ist es doch kein
angenehmes und sorgenfreies Leben, wenn man immer
eine bestimmte Maske trägt. Dagegen die schlichte
und jeden Aufputz verachtende Natürlichkeit, die keine

Verschleierung des wahren Wesens kennt, wieviel Erfreuliches führt sie doch mit sich! Indes auch dies allen Augen offen liegende Leben birgt die Gefahr der Verachtung in sich; denn es gibt manche, denen es Unbehagen macht, die Dinge zu sehr aus der Nähe zu sehen. Allein, einerseits läuft die Tugend nicht Gefahr, an Wert zu verlieren, wenn sie aus der Nähe betrachtet wird, anderseits ist es doch besser, sich durch schlichte Natürlichkeit Verachtung zuzuziehen, als unter der Qual beständiger Verstellung zu leiden. Indes gilt es, die rechte Mitte zu halten. Es ist ein großer Unterschied, ob man ein aufrichtig schlichtes oder ein unachtsames Leben führt.

Vielfach muß man auch in sich selbst Einkehr halten; denn der Umgang mit anders gearteten Menschen stört das erlangte innere Gleichgewicht und weckt Leidenschaften wieder auf und führt allen Schwächen und bedenklichen Rückständen der Seele neue verderbliche Nahrung zu. Doch muß man beides verbinden und miteinander abwechseln lassen, Einsamkeit und Geselligkeit. Wie die erstere in uns die Sehnsucht nach Menschen weckt, so die letztere die Sehnsucht nach uns selbst, und beide werden einander hilfreich ergänzen; den Haß gegen das Menschengetümmel wird die Einsamkeit heilen, den Überdruß an der Einsamkeit das Menschengetümmel.

Ferner darf man den Geist nicht in unausgesetzt gleichmäßiger Anspannung halten, sondern muß ihm auch Erheiterung schaffen. Sokrates schämte sich nicht, mit Knaben zu spielen, und Cato pflegte beim Glase Wein die drückenden staatlichen Sorgen von sich zu schütteln[53]), und Scipio, der Triumphator und Held, hielt seinen Körper nicht für zu vornehm, um ihn nach dem Takt des Tanzes zu bewegen, nicht mit gesuchter Zierlichkeit, wie es jetzt üblich ist bei den

Modehelden, die schon in ihrem Gange eine mehr als
weibische Weichlichkeit verraten, sondern nach dem
Muster der Männer der alten Zeit, die bei Spiel und
Festfeier nach Männerart den Boden zu stampfen pflegten,
ohne befürchten zu müssen an Achtung zu verlieren,
und hätten sie auch ihre Feinde zu Zuschauern. Der
Geist fordert Erholung; hat er sich ausgeruht, so wird
er sich um so kräftiger und regsamer erheben. Wie
man fruchtbare Äcker schonend behandeln muß — denn
zwingt man sie zu unausgesetzter Fruchtbarkeit, so
werden sie sich bald erschöpft haben —, so auch den
Geist: unausgesetzte Anstrengung wird seinen Schwung
brechen; gönnt man ihm einige Erholung und Aus-
spannung, dann wird er wieder zu Kräften kommen;
beständige Anstrengung hat eine gewisse Abstumpfung
und Mattigkeit zur Folge. Woher sollte auch das
heftige Verlangen der Menschen nach derartiger Erholung kommen, wenn Spiel und Scherz nicht eine
gewisse natürliche Anziehungskraft hätten; allerdings
wird das Übermaß der Anwendung dem Geist alle
Wucht und alle Kraft rauben. Ist doch auch der
Schlaf zur Erholung unentbehrlich; setzest du ihn
aber Tag und Nacht fort, so wäre er der Tod. Es
ist ein großer Unterschied, ob man etwas mäßigt oder
ob man es aufgibt. Die Gesetzgeber haben Feiertage
angeordnet, um die Menschen zu gemeinsamer Fröhlichkeit zu nötigen, als gewissermaßen notwendige, weil
lindernd wirkende Unterbrechung der schweren Arbeit.
Auch große Männer gaben sich, wie gesagt, für gewisse
Tage des Monats Ferienurlaub; manche machten es
auch so, daß sie jeden Tag zwischen Muße und an-
strengender Arbeit teilten. So machte es der große
Redner Asinius Pollio [54]), der, wie wir uns erinnern,
sich nie über die zehnte Stunde hinaus mit Arbeiten
beschäftigte; selbst das Lesen von Briefen unterließ er

nach dieser Stunde, um sich nicht neue Sorgen zu
schaffen. Aber in jenen zwei Stunden schüttelte er
die Müdigkeit des ganzen Tages ab. Manche machen
eine Pause in der Mitte des Tages und verschieben
leichtere Arbeiten auf die Nachmittagsstunden. Auch
unsere Vorfahren verordneten, daß nach der zehnten
Stunde kein neuer Antrag im Senate gestellt werden
dürfe. Der Soldat hat seine bestimmten Wachtstunden,
und für die, welche von einer Unternehmung zurückkehren, fällt der Nachtdienst aus. Man muß mit dem
Geist schonend verfahren und muß ihm bisweilen Ruhe
gönnen, die ihm Nahrung und Kraft gibt. Auch muß
man sich an der freien Luft ergehen, damit die Seele
in vollen Zügen die frische Luft genieße und sich
dadurch kräftige und erlabe. Zuweilen tut auch eine
Spazierfahrt wohl, eine Reise und Ortsveränderung,
Geselligkeit und voller Becher; das frischt den Geist
auf. Zuweilen mag es auch bis zu einem Räuschchen
kommen, nicht bis zum Untertauchen, aber doch bis
zum Eintauchen. Denn der Wein spült die Sorgen
weg, greift tief ein ins Gemüt und ist ein Mittel wie
gegen manche Krankheiten, so auch gegen den Trübsinn, und der Erfinder des Weines ist Liber genannt
worden, nicht wegen der Ungebundenheit der Zunge,
sondern weil er die Seele erlöst von der Knechtschaft
der Sorgen, sie frei macht, belebt und ihr frischen
Mut gibt zu jedem Vorhaben. Doch Mäßigung ist
heilsam wie in der Freiheit so auch beim Weine. Solon
und Arcesilaus[55]) sollen dem Weine gehuldigt haben,
und dem Cato hat man Trinklust vorgeworfen. Dieser
Vorwurf, von wem er auch herstammen mag, wird eher
die Wirkung haben, den betreffenden Fehler zu Ehren
zu bringen, als dem Cato Schande zu machen. Doch
darf es nicht oft geschehen, damit es nicht zur schlimmen
Gewohnheit werde, wenn die Weinlaune sich auch ab

und zu einmal bis zur überschäumenden Ungebundenheit
steigern mag, um die trübselige Nüchternheit wenigstens
auf kurze Zeit zu verscheuchen. Denn mag nun der
griechische Dichter [56]) recht haben mit seinem Wort „Zuweilen hat es auch seinen Reiz, ausgelassen zu sein,“
oder Platon [57]) mit seinem Spruch „Vergebens klopft,
wer völlig nüchtern ist, an der Musenpforte an,“ oder
Aristoteles [58]) mit seinem Satz „Kein großer Geist war
ohne Beimischung von Tollheit,“ es ist nicht anders:
nur der stark erregte Geist vermag etwas überragend
Großes auszusprechen. Blickt er verächtlich herab
auf das Gewöhnliche und Alltägliche, und erhebt er
sich in begeistertem Aufschwung zu größerer Höhe,
dann erst künden seine Lippen Größeres als ein sterblicher Mund. Nichts Erhabenes und auf der Höhe
Thronendes kann er erreichen, solange er bei sich selbst
ist. Losreißen muß er sich von der nüchternen Gewohnheit, sich aufschwingen und in die Zügel knirschen,
den Lenker mit sich fortreißen und ihn dahin bringen,
wohin er auf eigene Hand sich nie getraut hätte zu
gelangen.

Da hast du, teuerster Serenus, was die Ruhe sichern,
was sie wieder herstellen und was den sich einschleichen-
den Fehlern wehren mag. Doch wisse, daß dies alles
nicht stark genug ist für die Hüter eines unbeständigen
Etwas, wenn nicht angestrengte und beständige Achtsamkeit das wankende Gemüt überwacht.

Von der Kürze des Lebens.

An Paulinus.

Einleitung.

Paulinus, an den die Abhandlung gerichtet ist, war einer
der höchsten und bewährtesten Beamten des Reiches, Inhaber
einer Stellung, die etwa der des Finanzministers eines Großstaates
zu vergleichen ist. Vielleicht war es nicht bloß Freundschaft,
sondern auch Verwandtschaft, was die beiden Männer miteinander
verband. Denn nicht ohne Wahrscheinlichkeit hat man angenommen, daß Paulinus entweder der Vater oder der Bruder der
Paulina, der zweiten Gemahlin des Seneca, war. Über seine amtliche Tätigkeit äußert sich Seneca eingehender im achtzehnten
Kapitel unserer Schrift, aus dem zugleich ersichtlich ist, daß
die Schrift nicht lange nach dem Tode des Caligula abgefaßt ist.

Der ganzen Denkweise des Seneca gemäß wird ein rein in
äußerer Geschäftstätigkeit hingebrachtes Leben in unserer Schrift
als ein mehr oder weniger verfehltes gekennzeichnet. Es sind
aber nicht mehr die republikanischen Zeiten, in denen Seneca
lebt. Kannte wenigstens die ältere republikanische Zeit für die
höheren Schichten der Bevölkerung eigentlich nur den Wechsel
zwischen staatsmännisch-kriegerischer Tätigkeit und ländlicher
Zurückgezogenheit nicht ohne eigenes Zugreifen, so hatte sich
gegen Ende der Republik doch ein allgemeines geistiges Interesse der vornehmen Welt oder wenigstens gewisser Kreise derselben
bemächtigt, welches, gefördert durch Männer wie Mäcenas und
den Kaiser Augustus selbst, es nicht dahin kommen ließ, als einzigen Konkurrenten der amtlichen oder forensischen Tätigkeit für
die Aufgabe, seine Zeit hinzubringen, die Befriedigung immer
wachsender Genußsucht anzusehen. Allein weiterhin war der Zug
der Zeit, begünstigt durch das traurige Beispiel, das der kaiser-
liche Hof selbst nach dieser Richtung hin der Welt bot, zu stark,
um nicht alles mit sich fortzureißen. Daher der bezeichnende

Ausspruch Senecas in der vorliegenden Abhandlung (cap. 12), das römische Volk zeige geistige Kraft nur noch in der Erfindung immer neuer Laster. Es bedurfte der stark gewürzten Kost seiner Redeweise, um bei diesem verwahrlosten Geschlecht überhaupt nur Gehör zu finden, wenn man ihm sein Sündenregister vorhalten wollte. Unser Dialog bietet eine Probe davon.

Inhaltsübersicht.

Die seit alter Zeit fast allgemeine Klage der Menschen über die Kürze des Lebens hat ihren Grund in der Unbedachtsamkeit der Menschen selbst, die, nur äußerer Vorteile und Umstände wegen, ihre Kräfte meist im Dienste anderer verwenden, ohne die Zeit zu finden, sich innerlich zu sammeln und sich über ihre höhere und eigentliche Bestimmung klar zu werden. So werden sie vom Tode überrascht, ohne für ihn reif zu sein. Auch hochbegabte Männer fühlen zwar oft und stark den Druck der Geschäfte, verabsäumen aber, sich rechtzeitig von ihnen loszumachen. So erscheint ihnen das Leben zu kurz, um sie wirklich zu befriedigen. Die Genußmenschen vollends haben von vornherein kein Verständnis für den Wert der Zeit; so flieht sie dahin, ohne von ihnen ergriffen zu werden. c. 1—7.

Die Zeit teilt sich in Gegenwart, Vergangenheit und Zukunft. Die Gegenwart ist an den Augenblick gebunden, die Vergangenheit ist unabänderlich abgeschlossen, die Zukunft ist zweifelhaft. Die Gegenwart wird meist nicht im rechten Sinne ausgenützt, weil man noch auf eine lange Zukunft rechnet. Selbst die aller öffentlichen Geschäfte Ledigen kann man oft noch in gewissem Sinne als „Geschäftige" bezeichnen. Es scheint nämlich oft, als hätten sie kaum genug Zeit, um alle Vorbereitungen für ihre glänzenden Gastereien zu treffen und ihre Kunstsammlungen in Ordnung zu halten, während für andere die strenge Innehaltung der Ordnung für ihre unnatürlich üppige Lebensweise zu einer Art Geschäft wird. Selbst die Beschäftigung mit Literatur und angeblicher Wissenschaft verfällt oft einer ganz unfruchtbaren Richtung, wie z. B. der Sammlung antiquarischer Notizen, die für die Bildung des inneren Menschen wertlos sind. Die einzig richtige Ausnutzung der Muße ist das Fortschreiten auf dem Wege zur Weisheit, die uns zu Herren der Vergangenheit, Gegenwart und Zukunft macht und uns in gewissem Sinne schon hienieden über die Sterblichkeit zu erheben vermag. c. 7 –15.

Wenn die in dem einen oder dem anderen Sinne „Geschäftigen" sich bisweilen den Tod wünschen, so heißt das nicht, daß ihnen das Leben zu lang wird, sondern nur, daß sie mit der Zeitausnutzung nicht Bescheid wissen. c 16. 17.

Freundschaftliche Mahnung an Paulinus, sich loszumachen von dem beschwerlichen und von ihm so lange in ruhmwürdigster Weise verwalteten hohen Staatsamte und fortan sich der Muße zu erfreuen, jener edlen Muße, die dem Studium der Philosophie gewidmet sei, für das ihn schon seine Jugendzeit vorbereitet habe. c. 18.

1. Die meisten Menschen, mein Paulinus, klagen über die Bosheit der Natur: unsere Lebenszeit, heißt es, sei uns zu kurz bemessen, zu rasch, zu reißend verfliege die uns vergönnte Spanne der Zeit, so schnell, daß mit Ausnahme einiger weniger den anderen das Leben noch mitten unter den Zurüstungen zum Leben entweiche. Und es ist nicht etwa bloß der große Haufe und die unverständige Menge, die über dies angeblich allgemeine Übel jammert, nein, auch hoch angesehene Männer haben, von dieser Stimmung angesteckt, sich in Klagen ergangen. Daher jener Ausruf des größten der Ärzte[1]): „Kurz ist das Leben, lang die Kunst." Daher der einem Weisen wenig ziemende Hader des Aristoteles[2]) mit der Natur: „Die Natur habe es mit den Tieren so gut gemeint, daß sie ihnen fünf, ja zehn Jahrhunderte Lebenszeit vergönne, während dem Menschen, der für so vieles und für so Großes geboren sei, ein so viel früheres Ende beschieden sei." Nein, nicht gering ist die Zeit, die uns zu Gebote steht; wir lassen nur viel davon verloren gehen. Das Leben, das uns gegeben ist, ist lang genug und völlig ausreichend zur Vollführung auch der herrlichsten Taten, wenn es nur von Anfang bis zum Ende gut verwendet würde; aber wenn es sich in üppigem Schlendrian verflüchtigt, wenn es keinem edlen Streben geweiht wird, dann merken wir erst unter dem Drucke der letzten Not, daß es vorüber ist, ohne daß wir auf

sein Vorwärtsrücken achtgegeben haben. So ist es: nicht das Leben, das wir empfangen, ist kurz, nein, wir machen es dazu; wir sind nicht zu kurz gekommen; wir sind vielmehr zu verschwenderisch. Wie großer fürstlicher Reichtum in der Hand eines nichtsnutzigen Besitzers, an den er gelangt ist, sich im Augenblick in alle Winde zerstreut, während ein, wenn auch nur mäßiges Vermögen in der Hand eines guten Hüters durch die Art, wie er damit verfährt, sich mehrt, so bietet unser Leben dem, der richtig damit umzugehen weiß, einen weiten Spielraum.

2. Was klagen wir über die Natur? Sie hat sich gütig erwiesen: das Leben ist lang, wenn man es recht zu brauchen weiß. Aber den einen hält unersättliche Habsucht in ihren Banden gefangen, den anderen eine mühevolle Geschäftigkeit, die an nutzlose Aufgaben verschwendet wird; der eine geht ganz in den Freuden des Bacchus auf, der andere dämmert in trägem Stumpfsinn dahin; den einen plagt der Ehrgeiz, der immer von dem Urteil anderer abhängt, den anderen treibt der gewinnsuchende, rastlose Handelsgeist durch alle Länder, durch alle Meere; manche hält der Kriegsdienst in seinem Bann; sie denken an nichts anderes, als wie sie anderen Gefahren bereiten oder ihnen selbst drohende Gefahren abwehren können; manche läßt der undankbare Herrendienst sich in freiwilliger Knechtschaft aufreiben; viele kommen nicht los von dem Glücke anderer oder von der Klage über ihre eigene Lage; die meisten jagt mangels jeden festen Zieles ihre unstäte, schwankende, auch sich selbst mißfällige Leichtfertigkeit zu immer neuen Entwürfen. Manche wollen von einer sicher gerichteten Lebensbahn überhaupt nichts wissen, sondern lassen sich vom Schicksal in einem Zustand der Schwäche und Schlaffheit überraschen, so daß ich nicht zweifle an der Wahrheit

des Wortes jenes erhabenen Dichters, das wie ein Orakelspruch klingt[3]):

„Ein kleiner Teil des Lebens nur ist wahres Leben“;
der ganze übrige Teil ist nicht Leben, ist bloße Zeit. Von allen Seiten drängt und stürmt das Unheil an und läßt nicht zu, daß man den Blick erhebe zur Betrachtung der Wahrheit, drückt die Menschen vielmehr in die Tiefe uud fesselt sie an die Begierden. Niemals wird es ihnen möglich, zu sich selbst zu kommen, und tritt zufällig etwa einmal eine Pause ein, dann schwanken sie hin und her wie das tiefe Meer, das auch nach dem Sturm noch in Bewegung ist; kurz, niemals lassen ihre Begierden sie in Ruhe. Und meinst du etwa, ich spräche nur von denen, über deren beklagenswerte Lage alle einig sind? Blicke hin auf jene, die allgemein als Glückskinder angestaunt werden: sie ersticken an ihrem eigenen Glücke. Wie vielen wird der Reichtum zur Last! Wie vielen raubt das Rednergeschäft und das tägliche Verlangen[4]), ihr Talent leuchten zu lassen, die wahre Lebenskraft! Wie viele bieten infolge des unaufhörlichen Sinnengenusses den Anblick von wandelnden Leichen! Wie vielen läßt die sich drängende Klientenschar keinen freien Augenblick! Kurz, gehe sie alle durch vom Niedrigsten bis zum Höchsten: Der eine sucht einen Anwalt, der andere stellt sich ihm zur Verfügung; der eine ist in Gefahr, der andere übernimmt die Verteidigung; wieder ein anderer fällt das Urteil; keiner sichert sich sein Recht über sich selbst; der eine verzehrt sich im Dienst für den anderen. Frage nach jenen Stützen der Gesellschaft, deren Namen auswendig gelernt werden, du wirst sehen, man unterscheidet sie nach folgenden Merkmalen: der eine dient diesem, der andere jenem, keiner sich selbst. Ganz sinnlos ist demnach die Entrüstung so mancher: sie klagen über den Hochmut der Höherstehenden, weil

diese für den zudringlichen Besucher keine Zeit gehabt haben! Darf sich irgend jemand herausnehmen, über den Stolz eines anderen zu klagen, der für sich selbst niemals Zeit hat? Jener hat dir unbedeutendem Gesellen doch irgend einmal einen Blick gegönnt, wenn auch einen noch so hochfahrenden, er hat sein Ohr zu deinem Anliegen herabgelassen; du aber hast dich nie für wert gehalten, einen Blick in dich zu tun, auf dich selbst zu hören. Diese deine Dienstbeflissenheit gibt dir also keinen Anspruch auf Beachtung von seiten irgend jemandes; denn als du sie ausübtest, lag dem nicht die Absicht einer Verbindung mit dem anderen zu Grunde, sondern nur das Unvermögen, dir selber anzugehören.

3. Mögen auch die glänzenden Geister aller Zeiten über diese Tatsache in Übereinstimmung sein, so werden sie sich doch niemals genug wundern können über diese geistige Finsternis der Menschen. Ihre Landgüter lassen sie von niemand in Beschlag nehmen, und beim geringsten Streit über die Feldmark rennen sie nach Waffen; was aber ihr eigenes Leben betrifft, so lassen sie andere in dasselbe eingreifen; ja nicht genug damit, sie bemühen sich sogar darum, andere zu Herren und Besitzern ihres Lebens zu machen. Es findet sich keiner, der sein Geld austeilen möchte; sein Leben dagegen, unter wie viele verteilt es ein jeder! Ihr Vermögen zusammen zu halten, sind sie immer eifrig beflissen; handelt es sich aber um Zeitverlust, so zeigen sie sich als die größten Verschwender da, wo der Geiz die einzige Gelegenheit hat, in ehrbarer Gestalt aufzutreten. Greifen wir also aus der Masse der Höherbetagten irgend einen heraus: „Wir sehen, du bist an der äußersten Grenze menschlichen Lebens angelangt; hundert Jahre oder mehr noch lasten auf dir. Wohlan, überschlage dein Leben und gib Rechenschaft davon.

Berechne, wieviel dir davon der Gläubiger, wieviel die Geliebte, wieviel der Angeklagte, wieviel der Klient entzogen hat, wieviel der eheliche Hader, wieviel die Sklavenzucht, wieviel das dienstbeflissene Umherrennen in den Straßen der Stadt; nimm dazu die selbstverschuldeten Krankheiten und was unbenutzt liegen blieb, so wirst du sehen: die Zahl deiner Jahre ist geringer, als du annimmst. Frage dein Gedächtnis, wenn du einmal deiner Sache wirklich sicher gewesen bist, wie wenige Tage deiner Absicht gemäß verlaufen sind, wie selten du mit dir selbst Umgang gepflogen, wie selten du dein wahres Gesicht gezeigt, wie oft dein Gemüt verzagt hat; frage dich, was du in dieser langen Lebenszeit tatsächlich geleistet, wieviel dir von deinem Leben durch andere weggenommen worden, ohne daß du den Verlust gewahr wurdest, wieviel dir vergebliche Trauer, törichte Freude, unersättliche Begierde, der Reiz der Geselligkeit Zeit geraubt, wie wenig dir von dem Deinigen geblieben — und du wirst einsehen, daß du stirbst, ehe du reif bist."

Wie steht's also damit? Ihr lebt, als würdet ihr immer leben; niemals werdet ihr eurer Gebrechlichkeit euch bewußt; ihr habt nicht acht darauf, wieviel Zeit bereits vorüber ist; ihr verschwendet sie, als wäre sie unerschöpflich, während inzwischen gerade der Tag, der irgend einem Menschen oder einer Sache zuliebe hingegeben wird, vielleicht der letzte ist. Ihr fürchtet alles, als wäret ihr nur sterblich; ihr begehrt alles, als wäret ihr auch unsterblich. Wie oft vernimmt man die Äußerung: „Mit dem fünfzigsten Jahre begebe ich mich in den Ruhestand, mit dem sechzigsten mach' ich mich frei von aller amtlichen Tätigkeit." Und wer leistet dir Bürgschaft für ein längeres Leben? Wer soll den Dingen gerade den Lauf geben, den du ihnen bestimmst? Schämst du dich nicht, nur den

Rest deines Lebens für dich zu behalten und dir für
dein geistiges Wohl nur diejenige Zeit vorzubehalten,
die sich zu nichts mehr verwenden läßt? Welche Ver-
spätung, mit dem Leben anzufangen, wenn man aufhören muß! Was für eine Torheit, was für ein ge-
dankenloses Übersehen der Sterblichkeit, auf das fünf-
zigste und sechzigste Jahr alle Heilspläne hinaus-
zuschieben und es sich in den Kopf zu setzen, das
Leben zu beginnen an dem Punkte, bis zu dem es nur
wenige bringen.

4. Den mächtigsten und höchstgestellten Männern
entfallen, wie du bemerken wirst, Äußerungen, in
denen sie ihren Wunsch nach Ruhe kundgeben; sie
preisen diese und geben ihr den Vorzug vor allen
ihren Herrlichkeiten. Sie wünschen mitunter von ihrer
Höhe, wenn es ohne Gefahr geschehen kann, herab-
zusteigen; denn mag auch von außen keine Gefahr oder
Erschütterung drohen, das Glück bricht in sich selbst
zusammen.

Der selige Augustus, der sich mehr als sonst irgend
einer der Gunst der Götter erfreute, hat nicht aufgehört,
sich Ruhe zu erflehen. Keine Unterhaltung, in der
er nicht darauf zurückkam, er hoffe auf Muße: mit
diesem süßen, wenn auch falschen Trost, daß er endlich
einmal sich selbst leben würde, suchte er sich seine
Arbeitslast zu erleichtern. In einem an den Senat
gerichteten Schreiben, in dem er versprach, daß seine
Ruhe der Würde nicht entbehren und von seinem
früheren Ruhm nicht abstechen werde, finde ich
folgende Worte: „Alles das sind Dinge, die sich besser
in der Wirklichkeit ausnehmen werden als in der Ver-
heißung. Mich indes hat der lebhafte Wunsch nach
dieser heiß ersehnten Zeit, da die Freude an der Wirklichkeit noch auf sich warten läßt, dazu vermocht,
mir im voraus einiges Vergnügen zu sichern durch

den süßen Zauber der Worte." In so hohem Maße begehrenswert erschien ihm die Muße, daß er sie sich in Gedanken im voraus lebhaft vorstellte, da die Wirklichkeit sie ihm noch versagte. Er, der alles von sich allein abhängig wußte, der über das Schicksal von Menschen und Völkern entschied, dachte in freudigster Stimmung an den Tag, wo er seiner Erhabenheit ledig würde. Er hatte an sich erfahren, wieviel Schweiß jene über alle Länder strahlende Herrlichkeit kostete, wieviel verborgenen Kümmernissen sie als Deckmantel diente. Genötigt, erst gegen seine Mitbürger, sodann gegen seine Amtsgenossen, schließlich auch gegen seine Verwandten die Waffen entscheiden zu lassen, hat er zu Wasser und zu Lande blutige Kämpfe geführt; durch Mazedonien, Sizilien, Ägypten, Syrien, Asien und fast an allen Küsten unter beständigen Kämpfen umhergetrieben, hat er die des Römermordens müden Legionen zur Verwendung für auswärtige Kriege bestimmt. Während er im Alpengebiet Ruhe schaffte und die Feinde bezwang, die sich mitten im Frieden in das Reich eindrängten, während er die Grenzen, sogar über den Rhein, über den Euphrat, über die Donau vorschob, wurden in Rom selbst die Dolche eines Murena, eines Caepio, Lepidus, Egnatius und anderer gegen ihn gewetzt. Noch war er den Nachstellungen nicht entgangen, da setzte seine Tochter und eine ganze Reihe adeliger Jünglinge, die durch sträflichen Umgang wie durch einen Eid an sie gefesselt waren, den bereits durch die Jahre geschwächten Herrscher in Schrecken, und Paulus[5]) und abermals ein an der Seite des Antonius[6]) Furcht erweckendes Weib. Diese Geschwüre hatte er mitsamt den Gliedern abgeschnitten; andere wuchsen nach. Wie ein durch Blutfülle beschwerter Körper ward er immer an irgendwelcher Stelle von einem Ausbruch heimgesucht. Daher wünschte er sich

die Muße; in der Hoffnung und in dem Gedanken an
sie beruhigten sich seine Arbeitssorgen; sie war der
Wunsch dessen, der die Macht hatte, Wünsche zu
erfüllen.

5. Marcus Cicero, hin- und hergeworfen zwischen
Männern wie Catilina und Clodius, wie Pompejus und
Crassus, die teils seine erklärten Feinde, teils zwei-
deutige Freunde waren, während er mitsamt der
Republik schwankte und sie vor dem Untergang zu
bewahren suchte, schließlich bei Seite gedrückt, doch
weder im Glück beruhigt noch gewappnet gegen das
Unglück — wie oft verwünscht er selbst sein Konsulat,
das nicht ohne Grund, aber maßlos gepriesen wird!
Wie kläglich äußert er sich in einem Brief an Atticus [7])
zu jener Zeit, wo Pompejus, der Vater, bereits überwunden war, der Sohn aber in Hispanien die Niederlage wieder gut zu machen suchte. „Was ich hier
tue,“ schreibt er, „fragst du? Ich weile in meinem
Tusculanum, ein Halbfreier.“ Daran schließen sich
noch weitere Äußerungen, teils Weherufe über die vergangene Zeit, teils Klagen über die Gegenwart, teils
verzweifelnde Hinweise auf die Zukunft. Einen Halb-
freien nannte sich Cicero. Aber wahrlich, nie wird
ein Weiser sich zu einer solchen Erniedrigung seines
Namens hergeben, niemals wird er ein Halbfreier sein, er,
der doch immer im Besitz der ungeschmälerten und vollen
Freiheit ist, aller Bande ledig, sein eigener Herr und
emporragend über die anderen. Denn was könnte den
überragen, der über dem Schicksal steht?

6. M. Livius Drusus [8]) war ein tatkräftiger und
leidenschaftlicher Mann. Er war es, der, sich stützend
auf einen gewaltigen Anhang aus der Bevölkerung
ganz Italiens, neue Gesetzanträge stellte und das
Gracchische Unheil wieder aufleben ließ. Nicht hinreichend scharfen Blickes, um den Ausgang der Dinge

zu überschauen, war er weder in der Lage, die Sache durchzuführen, noch stand es ihm frei, das einmal Begonnene liegen zu lassen. So verwünschte er denn, wie es heißt, sein von Beginn an ruheloses Leben, wie man sagt, mit folgenden Worten: „Ich bin der Einzige, der nicht einmal in seinen Knabenjahren jemals einen Feiertag gehabt hat." Denn er hatte den Mut, noch als Unmündiger und mit der Prätexta Bekleideter vor den Richtern als Anwalt von Angeklagten aufzutreten, und wußte auf dem Forum seinen Einfluß so wirksam geltend zu machen, daß er, wie bekannt, in mehreren Fällen den Richtern seinen Willen aufzwang. Wovon mochte ein so frühzeitiger Ehrgeiz sich abschrecken lassen? Kein Zweifel, eine so vorzeitige Krankheit mußte zum größten Unheil ausschlagen für ihn sowohl wie für den Staat. Zu spät also klagte er, es seien ihm keine Feiertage beschieden gewesen, da er von Kindheit auf ein Brausekopf und eine Plage für das Forum war. Man streitet darüber, ob er selbst Hand an sich gelegt; er stürzte nämlich plötzlich an einem Stich durch den Unterleib zusammen; manche lassen es dahingestellt, ob sein Tod ein freiwilliger war, niemand aber, daß er zur rechten Zeit eintrat.

Es wäre überflüssig, noch eine Anzahl anderer anzuführen, die, während sie alle anderen an Glück zu überstrahlen schienen, ihrerseits selbst sich ein vernichtendes Zeugnis ausstellten, indem sie mit Widerwillen auf ihr ganzes vergangenes Leben zurückblickten. Indes durch solche Klagen haben sie weder andere noch sich selbst geändert; denn sobald die Worte verflogen sind, setzen die alten Leidenschaften wieder mit ihrem Spiele ein. Wahrhaftig, euer Leben, mag es auch tausend Jahre überschreiten, wird doch auf eine Winzigkeit zusammenschrumpfen; jenem Unwesen werden die Jahrhunderte der Reihe nach zum Opfer

fallen; diejenige Zeitspanne aber, die trotz des raschen
Naturverlaufes durch die Vernunft erweitert wird, muß
euch allerdings rasch verfliegen; ihr ergreift sie ja
nicht, haltet sie nicht fest und zwingt diese schnellste
Läuferin nicht zum Stillstand, sondern laßt sie dahingehen wie etwas Überflüssiges und leicht Ersetzbares.

7. Vor allem rechne ich hierher auch diejenigen,
die für nichts Zeit haben, als für Wein und Wollust;
denn es gibt keine angebliche Beschäftigung, die ehr-
loser wäre als diese. Die anderen, mag auch nur das
Trugbild des Ruhmes es sein, in dessen Bann sie
stehen, haben bei ihren Verirrungen doch noch einen
gewissen Schein für sich: Verweise mich auf Habgierige
oder Jähzornige oder auf Männer, die ohne gerechten
Grund hassen oder Krieg führen — sie alle können
für ihre Fehler sich doch noch auf eine gewisse
Männlichkeit berufen; aber wer sich an den Bauches-
dienst oder die Wollust wegwirft, der bedeckt sich mit
untilgbarer Schande. Prüfe nur im einzelnen genau
die Art, wie sie ihre Zeit verwenden, sieh ihnen zu,
wie lange sie rechnen, wie lange sie über ihren An-
schlägen brüten und auf der Lauer liegen, wie lange
sie Bücklinge vor anderen machen oder andere nötigen,
dies vor ihnen zu tun, wieviel Zeit ihnen ihre eigenen
oder fremde Bürgschaften wegnehmen, wie viel ihre
Gelage, in denen sie ja längst schon ihren eigentlichen
Beruf sehen, und du wirst begreifen, daß ihre eigenen
Laster oder vermeintlichen Güter sie überhaupt nicht
zu Atem kommen lassen.

Es herrscht schließlich allgemeine Übereinstimmung
darüber, daß ein derartig in Beschlag genommener
Mensch untauglich ist für irgendwelche ernstliche
Beschäftigung, für das Studium der Beredsamkeit und
der höheren Wissensfächer; denn sein zerstreuter Geist
nimmt nichts tief in sich auf, sondern gibt alles, als

wäre es eingezwängt, wieder von sich. Auf alles andere
versteht sich ein so in Beschlag genommener Mensch
besser, als auf die Kunst zu leben: es gibt keine Kunst,
die schwerer zu erlernen wäre. Lehrmeister für andere
Künste finden sich allenthalben und zwar in großer
Zahl; in einigen dieser Künste zeigten sich sogar
schon Knaben dermaßen bewandert, daß sie bereits als
Lehrer auftreten könnten; aber leben zu lernen, dazu
gehört das ganze Leben, und, was du vielleicht noch
wunderbarer finden wirst, sein Leben lang muß man
sterben lernen. Viele hervorragende Männer haben
unter Beseitigung aller Hindernisse und unter Verzicht
auf Reichtum, Amtstätigkeit und Vergnügungen bis in
das höchste Alter all ihr Bemühen einzig darauf gerichtet, leben zu lernen. Doch ist die Mehrzahl derselben mit dem Geständnis aus dem Leben geschieden,
noch hätten sie es nicht zu dieser Kenntnis gebracht.
Wie sollten also jene anderen sich darauf verstehen!
Es gehört, glaube mir, ein großer und über menschliches
Irrsal erhabener Mann dazu, nichts von seiner Zeit
umkommen zu lassen, und sein Leben ist aus dem
Grunde das längste, weil es in seiner ganzen Aus-
dehnung ihm selbst zur Verfügung stand. Nichts davon
hat brach und unbenutzt gelegen, nichts hing von der
Verfügung eines anderen ab; hat er doch nichts gefunden, was wert gewesen wäre, es mit seiner Zeit
zu vertauschen, deren sparsamster Hüter er war. Und
darum reichte sie für ihn aus, während sie jenen notwendig gefehlt haben muß, deren Leben zum großen
Teil den öffentlichen Aufgaben gewidmet war. Und
kein Zweifel: es werden jene dereinst sich des Schadens
bewußt werden, den sie sich zugezogen; gar viele
wenigstens von denen, die die Last großen Glückes
tragen, kann man mitten im Gedränge ihrer Klienten
oder bei Ausübung ihrer Anwaltstätigkeit oder sonstiger

armseliger Ehrenpflichten zuweilen ausrufen hören:
„Es ist mir nicht vergönnt zu leben." Warum sollte
es nicht vergönnt sein? Alle jene, die deine Rechts-
hilfe in Anspruch nehmen, entziehen dich dir selbst.
Jener Angeklagte, wieviele Tage hat er dir geraubt?
Wieviele jener, der als Kandidat auftrat? Wieviele
jenes alte Weib, das nicht genug Erben begraben
kann? Wieviele jener, der sich krank stellte, um
die Habsucht der Erbschleicher zu reizen? Wieviele
jener an Macht euch überragende Freund, für den ihr
nicht Freunde seid, sondern nur ein Mittel, mit euch
zu prunken? Gehe sie alle durch, sage ich, und prüfe
sie, die Tage deines Lebens, du wirst sehen: nur wenige,
von anderen in Anspruch genommene Tage sind dir
übrig geblieben. Wer es endlich zu den ersehnten
Fasces (der Konsulatswürde) gebracht· hat, wünscht
sie wieder los zu sein und sagt einmal über das andere:
„Wann wird dies Jahr zu Ende sein?" Ein anderer
veranstaltet Spiele, die durch des Loses Entscheidung
sich übertragen zu sehen er sich zu hoher Ehre angerechnet hatte; jetzt hört man ihn sagen: wann werde
ich die Sache endlich los sein? Um einen anderen
reißt man sich förmlich auf dem ganzen Forum, ihn
zum Anwalt zu haben, und das Publikum drängt sich
um ihn zusammen in einem Kreis, der weit über den
Hörbereich hinausgeht: „Wann", ruft er aus, „wird die
Sache vertagt werden?" Es überstürzt ein jeder sein
Leben, leidet an Sehnsucht nach der Zukunft und an
Überdruß an der Gegenwart. Aber der, welcher keinen
Augenblick vorübergehen läßt, ohne ihn zu seinem
Heil zu verwenden, der jeden Tag so nützlich ver-
wendet, als ob es der letzte wäre, erwartet den mor-
genden Tag weder mit Verlangen noch mit Furcht.
Denn was für einen neuen Genuß könnte ihm denn
irgend eine Stunde bringen? Alles ist ihm bekannt,

alles gründlich durchgekostet. Was das übrige anlangt, so mag das Schicksal nach Belieben darüber entscheiden: sein Leben ist bereits in Sicherheit. Ein Zuwachs ist noch möglich, ein Abzug nicht, und mit dem Zuwachs steht es ähnlich wie bei einem bereits Gesättigten und Befriedigten, der noch einige Bissen dazu nimmt, nach denen er nicht verlangt, die er sich aber gefallen läßt. Die grauen Haare und die Runzeln geben dir also keinen hinlänglichen Grund zu glauben, es habe irgend einer lange gelebt: nicht lange gelebt hat er, er ist nur lange dagewesen. Denn wie? Meinst du etwa, es habe einer eine weite Seefahrt gemacht, den gleich nach Auslaufen aus dem Hafen ein wütender Sturm erfaßte, ihn hierhin und dorthin schleuderte und durch das Rasen der umspringenden Winde auf der nämlichen Meeresfläche immer im Kreise herumtrieb? Keine weite Seefahrt hat er gemacht; er ist nur vielfach hin und hergeworfen worden.

8. Ich wundere mich oft, wenn ich sehe, daß man andere bittet, uns ihre Zeit zu widmen, und daß die darum Ersuchten sich so überaus gefällig erweisen. Beide lassen sich bestimmen durch die Rücksicht auf das, was die Bitte um Zeit veranlaßte, keiner von beiden durch die Rücksicht auf die Zeit selbst: man bittet um sie, als wäre sie nichts; man gewährt sie, als wäre sie nichts. Mit dem allerkostbarsten Besitz geht man um wie mit einem Spielzeug. Die Täuschung kommt daher, daß die Zeit etwas Unkörperliches ist und nicht mit den Augen wahrgenommen wird; daher die geringe Achtung, in der sie steht, ja ihre völlige Wertlosigkeit. Jahresgehälter und Geldzahlungen läßt man sich gern gefallen und vergilt sie durch seine Arbeit, seine Mühe, seinen Fleiß: die Zeit aber wird von niemand recht geschätzt; man vergeudet sie, als ob sie nichts wert wäre. Aber diese nämlichen Zeitverächter, betrachte

sie nur, wenn sie krank sind, wenn die Todesgefahr näher rückt, wie sie die Kniee der Ärzte umfassen, und wie sie, wenn die Angst vor etwaiger Todesstrafe sie peinigt, bereit sind, all das Ihrige hinzugeben, um nur am Leben zu bleiben. So auffällige Widersprüche zeigen sich in ihren Seelenregungen. Könnte einem jeden die Zahl seiner künftigen Jahre ebenso genau vorgerechnet werden wie die vergangenen, wie würden diejenigen, die nur noch auf wenige Jahre Aussicht hätten, zittern, wie sparsam würden sie mit diesen wenigen umgehen! Und doch ist es leicht, etwas, dessen man ganz sicher ist, mag es auch noch so gering sein, richtig einzuteilen; weit größere Achtsamkeit erfordert die Behütung dessen, wovon man nicht weiß, wann es aufhöre. Gleichwohl darf man nicht glauben, sie wüßten überhaupt nicht, um was für eine kostbare Sache es sich handelt; pflegen sie doch zu denen, die ihrem Herzen am nächsten stehen, zu sagen, sie seien bereit, ihnen einen Teil ihrer Jahre zu schenken. Sie geben ohne rechtes Verständnis: was sie geben, ist für die Empfänger kein Gewinn, für sie selbst aber ein Verlust. Allein eben das, was dadurch herabgemindert wird, kennen sie nicht; sie empfinden den Schaden nicht, und darum ist ihnen der Verlust erträglich. Niemand wird dir die Jahre zurückbringen, niemand dich dir selbst wieder zurückgeben; deine Lebenszeit wird dem Anfang entsprechend dahingehen und ihren Lauf nicht rückgängig machen oder hemmen; sie wird sich nicht ungebärdig stellen, wird dich auf keine Weise an ihre Eile erinnern; ruhig wird sie dahin- fließen; keines Königs Machtgebot, keine Volksgunst wird ihr zu einer Verlängerung verhelfen; ihrer an- fänglichen Bestimmung gemäß wird sie ihren Lauf vollziehen, wird nirgends einkehren, nirgends verweilen. Worauf läuft's hinaus? Du bist immer mit Geschäften beladen, das Leben eilt; inzwischen wird der Tod sich einstellen, für den du Zeit haben mußt, du magst wollen oder nicht.

9. Kann es etwas geben, das zu mehr Mühsal führt als die Sinnesart [9]) der Menschen, derjenigen nämlich, die sich auf ihre Klugheit etwas zu gute tun? Sie belasten sich mit Geschäften, um besser leben zu können; auf Kosten des Lebens richten sie sich ihr Leben ein! Mit ihren Entwürfen greifen sie weit in die Zukunft. Ferner: der größte Verlust für das Leben ist die Verzögerung: sie entzieht uns immer gleich den ersten Tag, sie raubt uns die Gegenwart, während sie Fernliegendes in Aussicht stellt. Das größte Hemmnis des Lebens ist die Erwartung, die sich an das Morgen hängt und das Heute verloren gibt. Was in der Hand des Schicksals liegt, darüber verfügst du; was in der deinen liegt, das läßt du fahren. Wohin blickst du? Wonach streckst du die Arme aus? Alles, was da kommen soll, liegt im ungewissen. Jetzt, auf der Stelle, erfasse das Leben! Auf! Es ruft dir der größte und wie von göttlichem Geist erfüllte Dichter den heilsamen Spruch zu [10]):

> Immer der beste der Tage im Leben der Menschen, der armen,
> Fliehet zuerst.

Das will sagen: „Was zögerst du, was zauderst du? Wenn du ihn nicht fassest, flieht er davon! Und hast du ihn gefaßt, so wird er dennoch entfliehen. Darum gilt es, die Schnelligkeit der Zeit im Wettkampf zu überwinden durch schleunigste Ausnutzung: wie aus einem reißenden Gießbach, der nicht immer fließt, muß man eiligst schöpfen. Auch darin trifft es der Dichter mit seinem Tadel des endlosen Zögerns sehr glücklich, daß er nicht sagt „immer das beste Lebensalter“, sondern „der beste Tag“. Was reihst du sorglos und gelassen gegenüber der raschen Flucht der

Zeiten Monate und Jahre dir in endloser Folge aneinander, wie es deine Unersättlichkeit für gut befindet? Vom Tage spricht der Dichter mit dir, von diesem eben entfliehenden Tage selbst. Ist es also etwa zweifelhaft, daß gerade der beste Tag den armen, mit anderen Worten, den mit Geschäften belasteten Menschen zuerst entflieht? Sie sind noch kindisch, wenn das Greisenalter sie überrascht, in das sie unvorbereitet und ungerüstet eintreten. Denn von Vorsorge war nicht die Rede: plötzlich und ahnungslos sind sie hineingetaumelt, ohne daß sie merkten, daß es täglich näher rückte. Wie Unterhaltung oder Lektüre oder irgend ein fesselnder Gedanke Reisende täuscht, so daß sie eher ihre Ankunft gewahr werden als ihre Annäherung, so werden sich die mit Geschäften Belasteten dieser unaufhaltsamen und rasch verlaufenden Lebensweise, die wir wachend und schlafend gleichen Schrittes fortsetzen, nicht eher bewußt, als bis sie am Ende sind.

10. Wollte ich meine Behauptung durch zergliedernde Beweisführung stützen, so würden sich reichlich Belege dafür finden, daß das Leben der mit Geschäften Belasteten sehr kurz sei. Fabianus[11]), der nicht zu den Kathederlehrern gehörte, sondern zu den echten und alten Philosophen, pflegte zu sagen: „Gegen die Leidenschaften muß man in kräftigem Ansturm kämpfen, nicht mit bedächtiger Behutsamkeit; nicht mit unmerklichen Wunden, sondern in vollem Anlauf muß die Feindesschar zurückgewiesen werden; ein hänselndes Spiel taugt nichts, denn der Feind muß zerschmettert, nicht bloß gezupft werden."

Indes, wenn man jenen Geschäftsmännern ihren Irrtum zu Gemüte führt, muß man sie belehren, nicht bloß beklagen. In drei Zeiten teilt sich das Leben: Vergangenheit, Gegenwart, Zukunft. Von ihnen ist die, in der wir stehen, kurz, die, welche uns bevorsteht, zweifelhaft, die wir hinter uns haben, gewiß, denn sie ist es, an welche das Schicksal sein Anrecht verloren hat und die keines Menschen Wille rückgängig machen kann. Diese Zeit ist für die Geschäftsmänner verloren; haben sie doch keine Zeit, in die Vergangenheit zurückzublicken, und findet sich einmal die Zeit, so ist die Erinnerung wenig angenehm, denn es handelt sich um eine bereuenswerte Sache. Nur mit Widerstreben lenken sie also ihre Aufmerksamkeit zurück auf Zeiten verfehlten Lebens und wagen nicht, das wieder anzurühren, dessen Verfehlungen, auch wenn sie durch einen gewissen augenblicklichen Lustreiz uns abgestohlen wurden, durch Wiederauffrischung nur um so sichtlicher werden. Niemand läßt sich gern wieder auf die Vergangenheit ein, außer dem, der alle seine Handlungen der strengsten und nie sich täuschenden Selbstprüfung unterwarf. Wer sich vielfach mit ehrgeizigen Plänen getragen, wer sich als stolzen Verächter, als übermütigen Sieger, als schlauen Betrüger, als habgierigen Räuber, als leichtsinnigen Verschwender erwiesen hat, der scheut notwendig den Rückblick auf seine eigene Vergangenheit. Und doch ist über diesen Teil unserer Zeit die Weihe des himmlischen Friedens gebreitet; ist er doch allen menschlichen Zufällen enträckt und der Herrschaft des Schicksals entzogen, gesichert vor Mangel, vor Furcht, vor Krankheitsanfällen; er kann nicht gestört, uns nicht entrissen werden; sein Besitz ist dauernd und frei von jedem Angstgefühl. Der Gegenwart gehört nur immer ein Tag um den anderen und auch dieser nur von Augenblick zu Augenblick; aber die Tage der Vergangenheit werden auf euer Geheiß sich euch sämtlich zur Verfügung stellen und sich nach eurem Belieben betrachten und festhalten lassen, wozu die Geschäftsmänner keine Zeit haben. Ein sorgenfreies und ruhiges Gemüt kann abwechselnd bald diesen, bald jenen Teil seines Lebens durchlaufen; die Seelen der Geschäftsmänner sind gleichsam durch ein Joch gehemmt, sie können sich nicht wenden und rückwärts schauen. So sinkt das Leben in den Abgrund, und du magst zuschütten, so viel du nur willst: es hilfst nichts, wenn kein Untergrund da ist, der es auffängt und festhält. So mögen dir die Lebensjahre auch noch so reichlich gewährt werden: wenn sie keinen festen Widerhalt haben, so finden sie durch die gelockerten und durchlöcherten Seelen ihren Ausweg. Die Gegenwart ist nur ganz kurz, so kurz, daß sie manchen wie ein Nichts erscheint; sie eilt immer weiter, fließt dahin und kommt nicht zur Ruhe; sie hört eher auf, als sie kam, und duldet ebensowenig einen Verzug wie das Weltall oder die Gestirne, deren rastlose Bewegung niemals auf demselben Punkte innehält. Nur die Gegenwart also gehört den Geschäftsmännern, sie, die so kurz ist, daß man sie nicht fassen kann, und selbst diese entzieht sich ihnen infolge des zerstreuenden Vielerlei ihrer Tätigkeit.

11. Willst du schließlich wissen, wie kurz ihre Lebenszeit ist? Nun, so sieh zu, auf wie lange Lebenszeit ihre Wünsche gerichtet sind. Hinfällige Greise betteln mit Gelübden um einen Zusatz von wenigen Jahren; sie stellen sich selbst als jünger hin, schmeicheln sich selbst mit der Lüge und betrügen sich selbst mit so freudigem Eifer, als ob sie damit zugleich auch dem Schicksal ein Schnippchen schlügen. Und wenn irgend welcher Schwächeanfall sie an ihre Sterblichkeit mahnt, wie zittern sie da vor dem Tode, nicht, als träten sie aus dem Leben aus, sondern als würden sie mit Gewalt daraus entfernt. Toren seien sie gewesen, die kein wirkliches Leben geführt hätten — so jammern sie —, und wenn sie diese Krankheit überständen, dann wollten

sie in Muße leben; dann werden sie sich klar darüber, daß sie sich blindlings mit Dingen abgegeben haben, die ihnen keinen Nutzen bringen, und daß ihr ganzes Tun und Treiben ein nichtiges war. Aber wer sein Leben fern von aller unfreien Geschäftigkeit führt, warum sollte es dem nicht hinreichend ausgedehnt sein? Nichts davon wird in den Dienst anderer gestellt, nichts dahin und dorthin verstreut, nichts davon dem Schicksal anheimgegeben, nichts geht durch Nachlässigkeit verloren, nichts wird durch Geschenke in Abzug gebracht, nichts ist überflüssig: es verzinst sich sozusagen vollständig. Sei es also auch noch so kurz, es reicht doch reichlich aus, und darum wird der Weise, wann auch immer der letzte Tag kommt, nicht zögern, festen Schrittes in den Tod zu gehen.

12. Vielleicht fragst du, was ich eigentlich unter Geschäftsmännern verstehe? Glaube nicht, daß ich damit bloß die meine, die sich erst ganz zuletzt durch die auf sie gehetzten Hunde aus der Gerichtshalle verscheuchen lassen, und die du entweder inmitten einer großen Anhängerschar in eindrucksvollerer, oder, von den Gegnern gefolgt, in minder glänzender Weise sich entfernen siehst, oder bloß die, die ihre Dienstbeflissenheit ihrer Behausung entführt, um an fremden Türen anzuklopfen, oder die, die sich abplagen mit dem staatlichen Versteigerungsgeschäft, das ihnen schandbaren und mitunter für sie verhängnisvollen Gewinn in Aussicht stellt. Gibt es doch auch Leute, die in einer mit Geschäften beladenen Muße leben. Auf ihrem Landgut oder ihrem Ruhebett, mitten in der Einsamkeit, werden sie sich selbst zur Last, obschon sie sich von aller öffentlichen Tätigkeit zurückgezogen haben. Ihr Leben kann man kein der Muße geweihtes nennen; es ist vielmehr nur ein geschäftiger Müßiggang. Nennst du den einen geschäftsfreien, der Muße pflegenden Mann, der seine korinthischen

Vasen, diese durch den Wahnsinn der wenigen Liebhaber im Preise so hoch hinangetriebenen Schaustücke, mit peinlichster Sorgfalt instand hält und seine meiste Zeit auf die verrosteten Metallblättchen verwendet? der auf dem Ringplatz (denn, Schande über Schande! dieser Unfug, an dem wir leiden, ist nicht römischen Ursprungs) als Zuschauer ringender Knaben seinen Sitz einnimmt? der die Herden seiner Zugtiere nach Alter und Farbe in Paare einteilt? der sich die Athleten neuester Mode hält? Wie? Nennst du der Muße ergeben die, welche stundenlang in der Barbier- und Friseurstube zubringen, wo sie sich den Bartwuchs der letzten Nacht abnehmen lassen, wo über jedes Härchen Rat gehalten, wo jede Verschiebung des Haares ausgeglichen oder bloßgelegte kahle Stellen durch Streichen der Haare nach vorn zu wieder zugedeckt werden? Wie brausen sie gereizt auf, wenn der Barbier sich etwas gehen läßt in dem Wahn, es sei ein Mann, den er unter der Schere habe! Wie entrüstet sind sie, wenn ein Büschelchen aus ihrer Mähne aus Versehen abgeschnitten ist, wenn die Anordnung auch nur das Geringste vermissen läßt, wenn nicht alles in Ringeln fällt, wie sich's gehört! Gibt es unter diesen Müßiggängern auch nur einen, der nicht lieber den Staat in Unordnung sähe als sein Haupthaar? der sich nicht mehr Sorge machte um das tadellose Aussehen seines Kopfes als um dessen rechte innere Beschaffenheit? der nicht lieber modisch aufgeputzt als brav und tüchtig sein möchte? Diese Leute nennst du der Muße ergeben, deren ganze Tätigkeit zwischen Kamm und Spiegel geteilt ist? Wie steht es mit denen, deren Tätigkeit im Anfertigen, im Auswendiglernen von Liederchen besteht, wobei sie der Stimme, deren natürlicher Gang bei aller Einfachheit so eindrucksvoll schön ist, die gewundensten Modulationen zumuten? deren Finger den Takt zu irgend einem Liede abmessend immer gleichsam einen Klang von sich geben, und die, wenn sie zu ernsten, nicht selten auch zu traurigen Dingen zugezogen werden, die Beratung immer mit einer leisen Melodie begleiten? Was sie haben, ist nicht Muße, sondern geschäftiger Müßiggang.

Bei solchen Leuten möchte ich wahrhaftig selbst ihre Gastmähler nicht als freie Zeiten gelten lassen, angesichts der peinlichen Sorgfalt, mit der sie ihr Silber ordnen, angesichts der Genauigkeit, mit der sie das Untergewand ihrer Lotterbuben aufschürzen, angesichts auch der Spannung, mit der sie darauf achten, wie der Wildschweinbraten dem Koch geraten ist, wie rasch die Kastraten auf das gegebene Zeichen auf ihren Posten eilen, mit welcher Kunst das Geflügel in nicht zu große Stücke zerlegt wird, wie aufmerksam die bedauernswerten Buben den Auswurf der Betrunkenen abwischen. Damit setzen sie sich in den Ruf feiner und gehobener Lebensart, und ihre Untugenden folgen ihnen in ihre geheimsten Lebenslagen, so daß sie weder trinken noch essen, ohne ihrem Ehrgeiz zu fröhnen.

Auch die möchte ich nicht unter die der Muße Ergebenen zählen, die sich in Tragsesseln oder Sänften nach dieser oder jener Stelle hinbefördern lassen und die Stunde zu ihrer Spaziertour kaum erwarten können, als wäre jede Abweichung verpönt; diese Leute, die eines anderen bedürfen, um sich mahnen zu lassen, wann sie sich baden sollen, wann schwimmen, wann speisen. Der Verfall ihrer geistigen Kraft infolge dieser alles Maß übersteigenden Verweich- lichung geht also soweit, daß sie durch sich selbst nicht wissen können, ob sie hungrig sind! Ich weiß von einem dieser Lüstlinge — wenn noch von Lust die Rede sein kann bei einem, der verlernt, was die tägliche Gewohnheit für den Menschen mit sich bringt — daß er, als er auf Händen aus dem Bad getragen und auf den Tragsessel gesetzt worden war, die Frage tat: „Sitze ich auch schon?" Dieser Mensch, der nicht wußte, ob er sitze, glaubst du, daß er wisse, ob er lebe, ob er sehe, ob er der Muße ergeben sei? Es ist nicht leicht zu sagen, was man mehr bedauern müßte: ob er das nicht gewußt hat, oder ob er sich nur stellte, als wisse er es nicht. Oft liegt bei solchen Leuten wirkliche Vergeßlichkeit vor; oft aber ist es auch nur Nachäfferei. Gewisse Untugenden machen ihnen Vergnügen als eine Art Beweis ihres Glückes. Es scheint ihnen gar zu platt und verächtlich, wenn ein Mensch weiß, was er tue. Lasse man sich nicht weismachen, die Mimen wären es, die durch ihre trügerischen Übertreibungen die Genußsucht verächtlich machten! Nein, wahrlich, sie übergehen mehr, als sie in ihrer Darstellung vorbringen, und die Menge unglaublicher Laster hat sich in diesem Jahrhundert, das nur nach diesem einzigen Ziel hin erfinderisch ist, dermaßen gesteigert, daß wir den Mimen bereits vorwerfen können, sie gingen hierin nicht weit genug. Wie? Sollte es wirklich einen geben, der dermaßen in Genußsucht erstickt ist, daß er erst einem anderen glaubt, er sitze wirklich? Er ist mit nichten ein der Muße Ergebener; er verdient einen anderen Namen: krank ist er, oder vielmehr so gut wie tot; wer der Muße ergeben ist, der hat auch noch Gefühl für seine Muße. Dieser Halblebende aber, der eines anzeigenden Gehilfen bedarf zur Erkenntnis seiner eigenen körperlichen Zustände, wie kann der irgendwie Herr sein über seine eigene Zeit?

13. Es wäre reine Zeitverschwendung, wollte ich im einzelnen die ganze Reihe derer aufführen, die ihr Leben vertan haben im Brettspiel oder Würfelspiel, oder mit der Sorge, ihren Körper von der Sonne durch-

kochen zu lassen. Die sind nicht der Muße ergeben,
deren Vergnügungen viele Vorbereitungen nötig machen.
Denn was die betrifft, die sich unfruchtbaren literarischen
Studien hingeben, so herrscht wohl kein Zweifel, daß
dies nur geschäftiges Nichtstun ist; die Schar dieser
Leute ist auch bei den Römern schon ziemlich groß.
Es war ein krankhaftes Bestreben der Griechen, zu
untersuchen, wie viele Ruderknechte Ulixes gehabt
habe, was früher abgefaßt sei, die Ilias oder die
Odyssee, überdies, ob der Verfasser beider der nämliche sei, und noch manches andere dieser Art, das,
wenn man es bei sich behält, als stiller geistiger Besitz
uns nichts hilft, oder, wenn man es veröffentlicht, uns
mehr lästig als gelehrt erscheinen läßt. Ein Jammer,
daß auch die Römer die eitele Sucht ergriffen hat,
sich mit überflüssigem Lernstoff zu belasten. Dieser
Tage erst hörte ich einen Vortrag über das Thema:
„Was haben einzelne römische Heerführer zuerst Neues
eingeführt?" Duilius[12]) war der erste, der in einer
Seeschlacht siegte, Curius Dentatus[13]) der erste, der
Elefanten im Triumph aufführte. Diese Mitteilungen
besagen zwar nichts für den Ruhm; immerhin aber
bieten sie doch Beispiele von Leistungen unserer Mitbürger: Nutzen darf man sich von solchem Wissen
nicht versprechen; doch fesselt uns der Glanz dieser an
sich nichtigen Dinge. Auch die Forschung darüber wollen
wir gern gelten lassen, wer die Römer zuerst dazu
vermocht hat, ein Schiff zu besteigen — das war
Claudius, der eben deshalb Caudex genannt wurde[14]),
weil ein Gefüge mehrerer Bretter bei den Alten caudex
(d. i. Baumstamm) genannt ward, woher denn die öffentlichen Gesetzestafeln ‚codices' heißen, wie denn auch
jetzt noch nach alter Gewohnheit die Schiffe, die auf
dem Tiber die Zufuhr heranschaffen, codicariae genannt
werden —; wohl mag auch das beachtenswert sein,

daß Valerius Corvinus zuerst Messana bezwang und als erster in der Familie der Valerier durch Übertragung des Namens der bezwungenen Stadt auf ihn Messana genannt ward, ein Name, der sich allmählich im Volksmunde zu Messala umänderte. Aber soll auch das ein zulässiger Gegenstand der Untersuchung sein, daß L. Sulla zuerst im Zirkus Löwen, die man sonst nur gefesselt zu sehen bekam, frei umherspringen ließ, weil König Bocchus Wurfschützen gesandt hatte, sie zu erlegen? Immerhin mag auch dies verzeihlich sein. Aber läßt sich auch nur eine Spur von Entschuldigung dafür finden, daß Pompejus zuerst achtzehn Elefanten im Zirkus erscheinen ließ, denen unschuldige Menschen als Kampfesgegner preisgegeben wurden? Er, der erste Mann im Staate und unter den alten Größen, wie die Überlieferung besagt, durch besondere Güte ausgezeichnet, hielt es für eine denkwürdige Art von Schauspiel, Menschen der Vernichtung preiszugeben auf eine Art, wie sie noch nie dagewesen. „Sie ringen mit Einsetzen aller Kraft? Das genügt nicht. Sie werden zerfleischt? Das genügt nicht. Unter der Wucht gewaltiger Bestien sollen sie ihr Leben aushauchen[15].“ Besser wäre es gewesen, die Sache der Vergessenheit anheimzugeben, damit nicht weiterhin einer der Mächtigen bei ihm in die Lehre ginge, indem er dies Beispiel an Unmenschlichkeit nachahmenswert fände! Ach! mit welcher Finsternis schlägt großes Glück des Menschen Geist! Er, Pompejus, hielt sich damals für ein Wesen höherer Art, als er eine solche Masse unglücklicher Menschen den einem anderen Himmelsstrich angehörenden Tierungeheuern preisgab, als er so ungleichartige Geschöpfe zum Kampf gegeneinander hetzte, als er das römische Volk zum Augenzeugen so vielen Blutvergießens machte, um es bald darauf zu zwingen, selbst noch mehr zu vergießen. Doch weiterhin mußte er sich, ein Opfer des

Alexandrinischen Treubruchs, durch das Schwert eines elenden Sklaven umbringen lassen, jetzt endlich zu der Einsicht gelangt, welch eiteles Spiel er mit seinem Beinamen (der Große) getrieben[16]).

Doch ich kehre nun, nach dieser Unterbrechung, zu meinem eigentlichen Vorhaben zurück; es gilt, nach der nämlichen Seite hin den Forschungseifer gewisser Leute als entbehrlich zu kennzeichnen. In seinem Vortrag erzählte jener Gelehrte[17]), Metellus, der Sieger über die Punier in Sizilien, sei der einzige unter allen Römern gewesen, der hundertundzwanzig Elefanten bei seinem Triumphe vor seinem Wagen habe herziehen lassen; Sulla sei der letzte unter den Römern gewesen, der den freien Raum längs der Stadtmauer hin (pomerium) erweitert habe, ein Verfahren, das in früheren Zeiten niemals bei Zuwachs einer Provinz, sondern nur nach Erwerb italischen Bodens statthatte. Diese Kenntnis ist immerhin noch wichtiger als die, daß der Aventinhügel außerhalb des Pomeriums liege, wie jener versicherte, und zwar aus einem von zwei Gründen, entweder weil die Plebs (die niedere Volksmasse) vor Zeiten dahin ausgezogen war, oder weil bei des Remus Auspizien die Vögel ihre Beistimmung nicht kundgegeben hätten. Dazu noch unzählige andere Dinge, die entweder rein erlogen oder einer Lüge ähnlich sind. Denn gesetzt auch, sie berichteten alles in gutem Glauben, ja sie verbürgten sich für die Wahrheit, wem werden sie zur Abkehr von seinen Verkehrtheiten verhelfen? Wessen begehrliche Leidenschaften werden sie bändigen? Wen werden sie tapferer, wen gerechter, wen edeler machen? Unser Fabianus pflegte zuweilen zu fragen, ob es nicht besser wäre, sich überhaupt nicht auf Studien einzulassen, als sich in dieses Gestrüpp zu begeben.

14. Der Muße wirklich ergeben sind überhaupt nur die, die ihre Zeit der Weisheit widmen; denn sie

allein führen ein wirkliches Leben; sind sie doch nicht nur gewissenhafte Hüter ihrer eigenen Lebenszeit, sondern fügen auch den gesamten Zeitverlauf ihrem Leben hinzu; alles Schaffen vorvergangener Jahre ist ein Erwerb auch für sie. Wir müßten denn ganz undankbar sein, oder jene hochberühmten Pfadfinder heiliger Weisheit sind für uns geboren, haben uns den Weg zum Leben gewiesen. Zu den herrlichsten Schätzen, die durch die Bemühungen anderer aus der Finsternis ans Licht gezogen sind, werden wir geführt; kein Zeitalter ist uns verschlossen, zu allen haben wir Zutritt, und wenn wir im Geistesflug uns über die Schranken menschlicher Schwachheit erheben wollen, so öffnen sich uns lange Zeiträume, die wir durchwandern können. Wir können mit Sokrates Zwiesprache führen, können mit Carneades zweifeln, mit Epikur der Ruhe pflegen, mit den Stoikern die menschliche Natur überwinden, mit den Zynikern über sie hinausgehen. Da die Natur uns mit jedem Zeitalter in Gemeinschaft treten läßt, warum sollten wir uns nicht von dieser beschränkten und hinfälligen Vergänglichkeit mit ganzer Seele zu dem erheben, was unendlich, was ewig ist, was wir mit edleren Wesen gemein haben? Jene, die dienstbeflissen bald dahin bald dorthin eilen, die sich und anderen keine Ruhe lassen, wie steht es mit ihnen? Wenn sie an Tollheit das Menschenmögliche geleistet, wenn sie täglich an aller Türschwellen sich eingestellt und an keiner offenen Tür vorübergegangen sind, wenn sie in den verschiedensten Häusern ihre bezahlte Aufwartung gemacht haben, wie gering wird die Zahl derer sein, die sie in der unermeßlichen und durch die mannigfachsten Leidenschaften in Atem gehaltenen Stadt überhaupt nur zu sehen bekommen! Wie groß wird die Zahl derer sein, die ihnen den Eintritt verweigern, sei es, weil sie noch schlafen oder schwelgen oder kein menschliches Rühren fühlen! Wie groß auch die Zahl derer, die, nachdem sie sie lange mit Warten gequält haben, vorgeblich dringender Geschäfte wegen sie stehen lassen und forteilen. Wie viele werden es vermeiden, den mit Klienten dicht besetzten Vorraum zum Ausgehen zu benutzen, und durch verborgene Nebenausgänge ins Freie entweichen, als ob es nicht beleidigender wäre, die Menschen zu täuschen als abzuweisen. Viele dieser Besuchsempfänger, noch schlaftrunken vom gestrigen Rausche und dunstigen Kopfes, wie werden sie diesen Fehlgängern, die den eigenen Schlaf unterbrechen, um geduldig den anderer abzuwarten, die Begrüßung erwidern? Sie werden den ihnen tausendmal leise zugeflüsterten Namen verächtlich gähnend wiederholen [18]). Dagegen können wir denen wahre Pflichttreue nachrühmen, die Tag für Tag den Zeno, den Pythagoras und den Demokrit sowie die übrigen Wegweiser in den höheren Wissensgebieten, ferner den Aristoteles und Theophrast zu ihren vertrautesten Freunden haben wollen. Keiner von ihnen wird sich ihnen versagen; keiner wird den zu ihm Kommenden entlassen, ohne ihn glücklicher und zu seinem wärmeren Freund gemacht zu haben; keiner wird irgend einen mit leeren Händen von sich weggehen lassen, gleichviel ob des Nachts oder am Tage — jedermann kann sie immer besuchen [19]).

15. Von ihnen wird keiner dich zu sterben zwingen, aber alle werden es dich lehren; von ihnen wird keiner dir deine Jahre zu nichte machen, wohl aber die seinigen dir zugute kommen lassen. Von einer Unterhaltung mit ihnen brauchst du keine Gefahr zu befürchten; ihre Freundschaft ist nicht bedrohlich für dein Leben; die schuldige Aufmerksamkeit gegen sie verursacht dir keine Kosten. Was du willst, werden sie dir gewähren; sie werden alles tun, dir zur möglichst

vollständigen Erlangung dessen zu verhelfen, was du
einmal in Angriff genommen hast. Welches Glück,
ein wie herrliches Alter erwartet den, der sich unter
ihren Schutz gestellt hat! Mit ihnen kann er sich
über die unbedeutendsten ebensowohl wie über die wichtigsten Dinge verständigen; sie kann er täglich zu
Rate ziehen; von ihnen kann er die Wahrheit hören
ohne jede Demütigung, Lob erhalten ohne Schmeichelei;
nach ihrem Vorbild kann er sich selbst heranbilden.
Wir pflegen zu sagen, die Wahl unserer Eltern stehe
nicht in unserer Macht, der Zufall sei es, der sie den
Menschen gebe. Nein! Die Verfügung über unser
Dasein liegt in unserer eigenen Hand. Es gibt Familien
der edelsten Geister: wähle, in welche du dich aufgenommen sehen willst; nicht etwa der Name nur
wird auf dich übertragen werden, sondern all das
Gute selbst, was ihnen gehört, und das will nicht mit
schmutzigem Eigennutz behütet sein, nein, es wird sich
um so stärker vermehren, je größer die Zahl derer ist,
die du daran teilnehmen läßt. Sie werden dir den
Weg zur Ewigkeit weisen und dich emporheben zu
jener Stelle, aus der niemand verdrängt werden kann.
Das ist die einzige Möglichkeit, die Grenzen der Sterblichkeit zu erweitern, ja sie in Unsterblichkeit um-
zuwandeln. Ehrungen, Denkmale, alles, was dem Ehrgeiz huldigt, sei es in öffentlichen Anerkennungen, sei
es in großartigen Werken der Kunst, ist raschem Ver-
falle preisgegeben; alles zerstört der Zahn der Zeit
und läßt nichts unberührt. Aber dem, worauf die
Weisheit ihr Siegel gedrückt hat, kann die Zeit nichts
anhaben. Keine Flucht der Jahre wird es vertilgen,
keine es mindern; jedes folgende und daran sich weiter
anschließende Zeitalter wird zu seiner ehrfürchtigen
Schätzung beitragen; denn was in der Nähe liegt, das
ist dem Neide ausgesetzt; was in der Ferne liegt, das

bewundern wir in voller Unbefangenheit. Das Leben
des Weisen hat also einen weiten Spielraum; er sieht
sich nicht eingeschlossen in die engeren Grenzen der
übrigen Menschen, er erhebt sich über die dem Menschengeschlecht gesetzten Schranken, er macht sich alle
Jahrhunderte dienstbar gleich einem Gott. Laß eine
Zeit vorüber sein: er umspannt sie mit seiner Erinnerung;
laß sie gegenwärtig sein: er nutzt sie aus; laß sie
zukünftig sein: er macht sie im voraus sich zu eigen.
Die Zusammenfassung aller Zeiten macht ihm das
Leben lang.

16. Dagegen ist das Leben derer sehr kurz und
sorgenvoll, die das Vergangene vergessen, die Gegenwart verträumen und vor der Zukunft Angst haben;
sind sie ans Ende gekommen, so sehen sie, diese Bedauernswerten, zu spät ein, daß sie so lange beschäftigt
gewesen sind, ohne doch etwas zu tun. Und man halte
es nicht für einen Beweis langen Lebens, wenn sie
mitunter den Tod herbeirufen; es ist ihr Unverstand,
der sie mit launenhaften Neigungen und Stimmungen
peinigt, die gerade auf das zuführen, was sie fürchten:
sie wünschen sich den Tod oft eben deshalb, weil sie
ihn fürchten. Auch darin darf man keinen Beweis
sehen wollen für ihr langes Leben, daß ihnen oft der
Tag lang wird und daß sie namentlich über langsamen
Stundengang klagen, bis die festgesetzte Mittagszeit
eintritt; denn nehmen die Geschäfte sie nicht mehr in
Anspruch und sind sie auf die Muße angewiesen, so
geraten sie in einen ganz haltlosen Zustand und wissen
nicht, wie sie darüber verfügen oder wie sie es damit
zu Ende bringen sollen; daher suchen sie nach irgend
welcher Beschäftigung, und die ganze Zwischenzeit ist
ihnen eine wahre Last, ganz ähnlich der Stimmung
vor einem, auf einen bestimmten Tag angekündigten
Gladiatorenspiel oder sonstigen Schauspiel oder Ver-

gnügen: sie möchten über die dazwischen liegenden Tage am liebsten mit einem Sprunge hinübersein. Haben sie Sehnsucht nach irgend etwas, so wird ihnen jeder Aufschub zu lang; die Zeit dagegen, für die sie schwärmen, ist kurz, enteilt rasch und wird noch viel kürzer durch ihre eigene Schuld; denn sie flattern von einem zum anderen, und ihre Begehrlichkeit richtet sich nicht bloß auf e i n e n Gegenstand. Nicht lang sind ihnen die Tage, sondern verhaßt; wie kurz dagegen erscheinen ihnen die Nächte, die sie in den Armen ihrer Dirnen oder beim Weine hinbringen. Daher auch der Wahnwitz der Dichter, die durch ihre Phantastereien die menschlichen Verirrungen nähren. Soll doch nach ihnen Jupiter, ganz hingerissen von der Lust am Beischlaf, die Nacht verdoppelt haben. Was heißt das anders, als unsere Laster zur Flamme entfachen, wenn man die Götter als Anstifter dafür hinstellt; was heißt es anders, als der Krankheit freien Lauf lassen unter Berufung auf das göttliche Vorbild? Müssen ihnen die Nächte nicht sehr kurz vorkommen, die sie so teuer erkaufen? Die Tage verlottern sie in Erwartung der Nacht, die Nacht in der Furcht vor dem Tage.

17. Ihre Genüsse selbst sind angsterfüllt und durch manche Schrecknisse beunruhigt, und gerade, wenn sie vor Lust sich nicht zu lassen wissen, beschleicht sie die unheimliche Besorgnis: „Wie lange wird es dauern?" Diese Stimmung hat Königen Tränen entlockt, und statt daß die Größe ihres Glückes für sie eine Quelle der Freude gewesen wäre, hat der Gedanke an das einst kommende Ende sie mit Schrecken erfüllt. Als der übermütige Perserkönig sein Heer in den weitgedehnten Gefilden sich zur Heerschau gruppieren ließ und nicht nach der Zahl, sondern nach dem Umfang das Ganze abmaß, vergoß er Tränen, daß in hundert

Jahren von dieser ganzen jugendkräftigen Masse kein einziger mehr am Leben sein werde. Aber er selbst, der Weinende, war es, der im Begriff stand, sie dem Schicksal preiszugeben und die einen im Meere, die anderen zu Lande, die einen in der Schlacht, die anderen auf der Flucht umkommen zu lassen und sie, für die er seine Furcht auf hundert Jahre abmaß, innerhalb kurzer Zeit aufzureiben.

Und wie kommt's, daß auch ihre Freuden mit Angst gemischt sind? Es ruhen diese eben auf keinem festen Grunde, und dieselbe Nichtigkeit, der sie entstammen, stört sie auch in ihrem Bestand. Wie muß es aber wohl bei ihnen mit d en Zeiten stehen, die nach ihrem eigenen Bekenntnis trübselig sind, da auch schon die gehobenen Stunden, in denen sie sich über das menschliche Los erhaben dünken, nicht frei von Schatten sind? Je größer das Gute ist, um so sorgenvoller ist es, und für keine Schicksalslage ist es weniger ratsam, Vertrauen zu hegen, als für die glücklichste. Um die Glückseligkeit zu schützen, bedarf es einer weiteren Glückseligkeit, und für die erfüllten Wünsche bedarf es neuer Wünsche. Denn alles, was wir dem Zufall verdanken, ist ohne Bestand, und je ansehnlicher die Höhe ist, zu der es sich erhebt, um so mehr neigt es zum Untergang. Nun aber hat niemand Freude an dem, was zu fallen droht. Nicht nur sehr kurz also, sondern auch höchst beklagenswert muß das Leben derer sein, die mit schwerer Anstrengung erwerben, was zu besitzen und zu behüten ihnen noch schwerere Mühe macht. Mühsam erringen sie, was sie wünschen; angstvoll halten sie fest, was sie errungen haben. Dabei lassen sie die nimmer wiederkehrende Zeit achtlos dahinschwinden. Neue Beschäftigungen lösen die alten ab, eine Hoffnung erweckt die andere, ein Ziel des Ehrgeizes wechselt mit dem anderen. Nicht dem

Elend ein Ende zu machen ist man bestrebt, man sucht
nur immer neue Anlässe dazu. Unsere Ehrenämter
sind uns zur Qual geworden: noch mehr Zeit rauben
uns die Ehrenämter anderer. Die Zeit liegt nun glücklich hinter uns, in der wir uns als Bewerber abmühten;
was folgt nun? Es hebt die nicht weniger mühevolle
Zeit an, in der wir als Empfehlende auftreten. Das
beschwerliche Anklägergeschäft haben wir aufgegeben:
dafür übernehmen wir nun das nicht minder beschwerliche Richteramt. Vom Richteramt hat man sich los-
gemacht: dafür ist man nun Untersuchungsleiter. Man
ist grau geworden als bezahlter Verwalter der Güter
anderer: der eigene Reichtum läßt einen nun nicht zur
Ruhe kommen. Marius hat dem Kriegsdienst entsagt:
nun quält ihn die Last des Konsulates. Quintius
Cincinnatus[20]) möchte so rasch als möglich die Diktatur
wieder los werden: nur zu bald wird man ihn von
seinem Pfluge dazu abermals wieder abholen. Gegen'
die Punier wird, fast noch zu jung für ein so gewaltiges
Unternehmen, Scipio zu Felde ziehen; er, der Uber-
winder Hannibals, der Überwinder des Antiochus, die
Zierde seines eigenen Konsulates, der Bürge für das
seines Bruders[21]), würde seine Statue neben der des
Jupiter aufgestellt gesehen haben, wenn er nicht Ein-
spruch erhoben hätte: aber unseliger Bürgerzwist wird
ihm, dem Retter, viel zu schaffen machen, und nachdem
der Jüngling Ehren, die ihn den Göttern gleich machen,
verschmäht hat, wird er als Greis stolz darauf sein,
das Exil zn ertrotzen. Nie wird es an Anlässen zur
Sorge fehlen, handle es sich um Glück oder um Unglück;
das Leben wird ganz im lästigen Drang der Geschäfte
dahinschwinden: zur Muße wird es niemals kommen,
es wird beim ewigen Wunsche bleiben.

18. Also, mein lieber Paulinus, halte es nicht mit
dem großen Haufen; ziehe dich endlich zurück in den

stillen Hafen; du hast dich länger von den Wogen schütteln lassen, als es mit deinen hohen Jahren im Verhältnis steht. Denke, wie oft du mit den Fluten gerungen, wie viele Stürme du teils im Privatleben bestanden teils im öffentlichen Leben über dich hast hereinbrechen sehen. Zur Genüge hat sich deine Tüchtigkeit in mühevollem und ruhelosem Ringen erprobt. Laß nun die Muße das Versuchsfeld sein für ihre Leistungsfähigkeit! Der größere Teil deiner Lebenszeit, wenigstens der bessere, mag dem Staate gewidmet gewesen sein; etwas von der dir gegönnten Zeit nimm auch für dich in Anspruch. Es ist keine träge und untätige Ruhe, zu der ich dich einlade. Du sollst den Schwung deiner lebhaften Geisteskraft nicht untergehen lassen in Schlaf und Lustbarkeiten, wie sie der große Haufe liebt: das heißt nicht der Ruhe pflegen. Du wirst Aufgaben finden, größer als alle Leistungen, die du bisher in strenger Pflichttreue vollzogen hast, Aufgaben, an deren Lösung du in sorgenloser Ruhe arbeiten kannst. Du regelst zwar die Finanzen des Reiches so uneigennützig, als gehörte dir nichts davon, so sorgfältig wie deine eigenen, so gewissenhaft, wie es das öffentliche Interesse erfordert. In einer amtlichen Tätigkeit, in der es schwer ist, dem Haß zu entgehen, erwirbst du dir Liebe; aber gleichwohl, glaube mir, ist es besser, mit dem Stande der Lebensrechnung vertraut zu sein als mit dem der staatlichen Getreiderechnungen. Deine frische Geisteskraft, die der größten Leistungen fähig ist, laß nun Abstand nehmen von dem zwar ehrenvollen, aber zu einem glücklichen Leben weitaus nicht ausreichenden Staatsdienst. Bedenke: du hast bei deiner, schon in so früher Jugend begonnenen Beschäftigung mit den Wissenschaften dir doch nicht das Ziel gesetzt, dir viele tausend Scheffel Getreide zu gewissenhafter Verwaltung anvertraut zu sehen: man durfte von dir etwas Größeres und Höheres erwarten. An Männern von haushälterischer Tüchtigkeit und unermüdlicher Arbeitsamkeit wird es nicht fehlen. Sind doch langsame Zugtiere weit geeigneter schwere Lasten zu schleppen als edle Rosse, deren stolze Regsamkeit wohl schwerlich je einer durch schwere Belastung gehemmt hat.

Bedenke ferner, mit welchen Sorgen du dich belädst, wenn du dich auch weiterhin zu diesem erdrückenden Dienste hergibst! Mit dem Magen der Leute hast du es zu tun. Hungert das Volk, so nimmt es keine Vernunft an, läßt sich durch keine Billigkeit beruhigen, ist jeder Bitte unzugänglich. Ganz vor kurzem erst in jenen Tagen, da C. Caesar (Caligula) umgebracht ward — der, wenn die Toten noch irgend welche Empfindung haben, sich über nichts mehr ärgert als darüber, daß er wußte, das ihn überlebende römische Volk habe nur noch für sieben, höchstens acht Tage Lebensmittel [22] —, stellte sich, während er Schiffbrücken schlug und mit den Machtmitteln des Staates ein freventliches Spiel trieb, das auch für Belagerte entsetzlichste Übel ein: Mangel an Lebensmitteln; es fehlte nicht viel, so hätte die Nachäfferei des tollen ausländischen und zu seinem eigenen Verderben übermütigen Königs (Xerxes) [23] zum Untergang und zur Hungersnot und deren unausbleiblicher Folge, dem allgemeinen Zusammenbruch, geführt. Wie mußte es damals den Männern zumute sein, die mit der Verwaltung der Getreidespeicher betraut waren! Mußten sie nicht gefaßt sein auf Steinwürfe, auf Schwert, auf Feuerbrände, auf Gaius (Caligula)? Mit höchster Verstellungskunst verbargen sie das im tiefsten Innern zurückgehaltene schwere Geheimnis, dabei natürlich aber mit gutem Grunde; denn manches muß man heilen, ohne die Kranken es wissen zu lassen: ist doch für so manchen gerade die Kenntnis seiner Krankheit die Ursache seines Todes geworden.

19. Suche deine Zuflucht nun bei dem, was ruhiger, was sicherer, was erhabener ist! Wenn du es deine Sorge sein läßt, das Getreide unbeeinträchtigt durch Betrug oder Nachlässigkeit der Geleitenden in die Speicher zu bringen, wenn du es vor verderblicher Feuchtigkeit und daraus entstehender Hitze bewahrst, wenn du streng auf richtiges Maß und Gewicht hältst, kannst du das etwa gleichstellen der Beschäftigung mit den heiligen und erhabenen Aufgaben wissenschaftlicher Forschung, wo es gilt, Fragen zu lösen wie diese: Wie steht es in bezug auf die Gottheit mit ihrem Stoff, mit ihrer Lust, mit ihrem Zustand, mit ihrer Gestalt? Welches Schicksal steht deiner Seele bevor? Welchen Platz wird uns die Natur nach dem Abscheiden aus dem Körper anweisen? Was ist es, was gerade die schwersten Bestandteile der Welt an die Mitte gefesselt hält, während es das Leichte nach oben schweben läßt, zuoberst das Feuer stellt und den Gestirnen den Trieb zu ihren wechselnden Stellungen gibt? Und wie steht's mit den übrigen zahllosen Wundern der Welt? Ach, wolltest du doch, den Boden hinter dir lassend, dein geistiges Auge auf jene Dinge richten! Jetzt, solange das Blut noch warm ist, bei frischer Lebenskraft muß man sich dem Dienste des Höheren weihen. Machst du dies zu deinem Beruf, dann darfst du rechnen auf eine Fülle von herrlichen Kenntnissen, auf Liebe zur Tugend und auf ihre Betätigung, auf gründliche Verabschiedung aller Leidenschaften, auf sichere Kunde über Leben und Sterben, auf tiefe Seelenruhe.

Alle Geschäftsleute sind in einer beklagenswerten Lage; am beklagenswertesten aber ist die Lage derjenigen, die sich nicht einmal mit Geschäften für sich selbst abarbeiten: ihr Schlaf richtet sich nach dem Schlaf anderer, ihre Schrittführung nach dem Schritte anderer, ja, selbst in ihrem Lieben und Hassen, diesen freiesten aller Seelenregungen, sind sie ganz an den Befehl eines anderen gebunden. Wollen diese Leute wissen, wie kurz ihr Leben sei, so mögen sie nur daran denken, welch winziger Teil davon ihnen selbst gehört.

20. Siehst du also, daß sie schon oft das Ehrengewand hoher Beamten getragen haben, daß ihr Name auf dem Forum gefeiert ist, so laß jeden Neid fahren; ein Stück eigenen Lebens muß man drangeben, um dergleichen zu gewinnen. Um ein Jahr nach sich genannt zu sehen, müssen sie alle ihre Jahre drangeben[24]). Manche schieden aus dem Leben, ehe sie den erstrebten Gipfel des Ehrgeizes erreichten, während sie all ihre Kraft dafür einsetzten. Manche, die durch tausend Unwürdigkeiten zur höchsten Würde emporgeklettert waren, beschlich der traurige Gedanke, sie hätten sich selbst abgemüht für eine Grabschrift. Manchen, die im höchsten Greisenalter sich mit neuen Plänen, hoffnungsvoll wie in der Jugend, trugen, versagte mitten in ihren großen und verwegenen Entwürfen die erlahmte Kraft. Ein Schubiak, der in hohen Jahren als Anwalt für elende Händelsucher nach dem Beifall der umstehenden, unverständigen Menge haschend plötzlich vom Schlage gerührt ward! Schande über den, der, eher des Lebens als seines Tatendranges satt, mitten in seiner Geschäftstätigkeit zusammenbrach. Schande auch über den, der, mitten in der Abrechnung vom Tode überrascht, von den lange hingezogenen Erben verlacht ward[25]). Ein Beispiel, das mir eben einfällt, kann ich nicht übergehen. Sextus Turannius war ein Mann von äußerster Gewissenhaftigkeit und dabei hochbetagt. Als er, schon ein Neunziger, von C. Caesar

(Caligula) die Entlassung von der Stellung des Getreideverwalters ohne Ansuchen erhalten hatte, ließ er sich ins Bett bringen und von der umstehenden Dienerschaft beklagen, als wäre er gestorben. Das ganze Haus trauerte über den Ruhestand des hochbetagten Gebieters und ließ nicht eher ab von der Trauer, als bis ihm seine amtliche Tätigkeit wieder zurückgegeben war. Eine soche Lust also ist es, unter Geschäften zu sterben? So steht's mit der Sinnesart der meisten: ihre Gier nach Beschäftigung hält länger an als ihre Arbeitskraft; sie nehmen den Kampf mit der körperlichen Schwäche auf, die ihnen aus keinem anderen Grund schwer erscheint, als weil sie durch sie zur Ruhe verurteilt werden. Mit dem fünfzigsten Jahre hört dem Gesetze nach der Eintritt in den Kriegsdienst, mit dem sechzigsten der Eintritt in den Senat auf; die Menschen machen es sich selbst schwerer, zur Ruhe zu gelangen, als das Gesetz. Während sie so an sich und an anderen Raub begehen, sich einer dem anderen die Ruhe vergällen, sich gegenseitig unglücklich machen, verläuft das Leben inzwischen ohne Gewinn, ohne Freude, ohne jede geistige Förderung: niemand richtet die Augen auf den Tod, alle gefallen sie sich in weit aussehenden Entwürfen, manche treffen Verfügungen sogar über das, was über ihr Leben hinausliegt, über Grabdenkmäler von ungeheuren Abmessungen, über Stiftungen öffentlicher Anstalten, über Veranstaltungen an ihrem Scheiterhaufen und über prachtstrotzende Leichenbegängnisse. Aber wahrlich, ihre Bestattungen sollten, wie bei kleinen Kindern, zur Nachtzeit bei Fackelschein und Kerzenlicht vor sich gehen [26]).

Trostschrift an Polybius.

Einleitung.

Unter den zwölf Abhandlungen des Seneca, aus denen unsere
Sammlung unter dem Namen „Dialoge“ besteht, ist die vorliegende
die einzige, die mit dem charakteristischen Grundton derselben
nicht in Einklang steht. Sie erweckt Zweifel an der Ehrlichkeit
des sittlichen Pathos, das für diese Abhandlungen so bezeichnend
ist, und ist danach angetan, einen Schatten auf den Charakter
des Verfassers zu werfen. Die Schrift ist gerichtet an einen Mann,
der als literarischer Beirat des Kaisers Claudius bei diesem in
hohem Ansehen stand und der mit Narcissus und Pallas das Drei-
gestirn von griechischen Freigelassenen bildete, von denen man
wenigstens den beiden letzteren alles andere eher als etwas Gutes
nachsagte.

Das Schreiben ist einige Zeit nach Beginn der Verbannung
abgefaßt, jedenfalls aber noch vor dem britannischen Triumph,
wie c. 13, 7 zeigt, also im Jahre 43 n. Chr. Seneca sucht darin
dem mächtigen Günstling des Kaisers Trost zu spenden aus Anlaß
des schmerzlichen Verlustes, den er durch den plötzlichen Tod
seines hochgeschätzten Bruders erlitten hatte. Was uns dabei
befremdet, ist nicht sowohl das gewiß etwas übertriebene Lob,
mit dem er den Polybius wegen seiner literarischen Bedeutung
und Fähigkeit überschüttet, als das Übermaß von Devotion und
Schmeichelei gegen den Kaiser, in dem er sich ergeht. Man erstickt fast in den Dämpfen des Weihrauchs, mit dem er ihm
huldigt, eine Aufdringlichkeit, die um so unangenehmer wirkt,
in je grellerem Widerspruch sie mit der Tatsache steht, daß die
bald nach dem Tode des Kaisers erschienene witzige Verspottung
desselben, die unter dem Titel Apocolocyntosis („Verkürbissung“)
bekannt ist, niemanden anders zum Verfasser hat als den Seneca.

Es hat demnach, wie begreiflich, nicht an Gelehrten gefehlt,
die, wie zuerst Lipsius, unser Trostschreiben für unecht hielten.

Allein es hätte, was den Stil dieses Schreibens anlangt, geradezu eines zweiten Seneca bedurft, um ein Schriftwerk zustande zu bringen, das so genau alle charakteristischen Züge seiner Schreibart wiederspiegelte.

Man wird sich also zur Erklärung der Sache vor allem auf das Eigenartige der Lage besinnen müssen, in der sich Seneca damals befand. Mag er auch in dem Trostschreiben an seine Mutter aus dem Exil jeden Zweifel an seinem frischen Lebensmut auf das entschiedenste abwehren, so wird man es doch weder unnatürlich noch unmännlich finden, daß Perioden eintreten konnten, ja man möchte sagen, eintreten mußten, in denen sein Geist sich umdüsterte und seine Widerstandskraft zu erlahmen begann. Man denke an die Klagelieder des Ovid aus dem Pontus. Auch das stärkste Gemüt ist vor Anwandlungen von Schwäche nicht sicher. Man vergegenwärtige sich das Traurige eines dauernden Aufenthaltes auf einer, jeder höheren Kultur, jeder geselligen Anregung entbehrenden Insel. Es gehörte eine mehr als menschliche Kraft dazu, um nicht ab und zu in Schwermut zu verfallen. In einem Zustande solcher Depression kann auch ein schwacher Strahl von Hoffnung der Erwecker werden zu übereilten Handlungen. Die Nachricht von dem Tode des auch ihm nicht unbekannten Bruders des einflußreichen Mannes, zu dem er selbst, wie es scheint, in näherer Beziehung stand, bot eine passende Gelegenheit zu dem Versuche, seinem Schicksal eine Wendung zu geben. Er rang sich also den gewiß nicht leicht gefaßten Entschluß ab, den Polybius bei einem Anlaß, wie er sich sobald nicht wiederfinden konnte, an sein, des Seneca, Schicksal zu erinnern mit dem kräftigen Winke, vor allem am Hof in versöhnlichem Sinne zu wirken.

Polybius mag seine großen Fehler gehabt haben; aber von abschreckenden Freveltaten desselben wissen wir nichts. Sueton erwähnt ihn, ohne ihn zu loben, aber auch ohne ihm Unwürdiges nachzusagen. Und was Dio Cassius (60, 29) über ihn mitteilt, ist weiter nichts als ein Vorgang, der zeigt, daß man in Volkskreisen nicht gut auf ihn zu sprechen war.

Vielleicht war das Schreiben gar nicht unmittelbar auf Veröffentlichung berechnet. Das mindert zwar nicht seine moralische Verwerflichkeit, läßt aber doch die Sache in etwas gemildertem Lichte erscheinen. Auf keinen Fall reicht das Schreiben aus, ihn zu einer Art Tartuffe zu machen. Er selbst wird manchmal mit Bedauern daran zurückgedacht haben. Für seine Schwächen war er wahrlich nicht blind, wie die mehrfachen Bekenntnisse in seinen Schriften zeigen. In gewissem Sinne hat er sich mit diesem

Schreiben selbst bestraft: im Urteil der Nachwelt hat es ihm mehr
geschadet, als er für möglich erachten mochte.

Der Anfang des Schreibens ist in der Überlieferung verloren
gegangen. Der Umfang des Fehlenden scheint aber nicht groß
zu sein. Indes haben die Handschriften zum Teil die Abhandlung
über die Kürze des Lebens mit der unseren in Verbindung gebracht, wie dies denn die ältesten Ausgaben getan haben. Daher
die von der unsrigen abweichende Kapitelbezeichnung in diesen
ältesten Ausgaben. Wir haben diese veraltete Einteilung durch
umklammerte Zahlen angedeutet.

Inhaltsübersicht.

Vergänglichkeit alles Menschenwerkes sowie alles Irdischen
überhaupt. Der Schmerz darüber ist vergeblich, das Schicksal
unbeugsam. c. 1—4.

Niemandem ist anhaltende Trauer in diesem Falle uner-
wünschter als dem Verstorbenen selbst. Polybius müßte den Ge-
schwistern und sonstigen Hinterbliebenen ein Vorbild sein in ergebener Ertragung des Schmerzes und sich der Erhaltung der
Zurückgebliebenen erfreuen. Seine wissenschaftlichen Studien
böten ihm das beste Mittel, seinen Gedanken eine andere Richtung
zu geben, wobei er gut täte, auf ernste Lektüre auch leichtere
folgen zu lassen. c. 6—8.

Nützlich sei es, an sich selbst die Frage zu richten, ob er
um seinetwillen oder um des Dahingeschiedenen willen trauere.
Das erstere wäre wenig löblich, das letztere stehe im Widerspruch
mit dem Freisein der Toten von allem irdischen Leid. c. 9.

Man rufe sich alles Gute, dessen wir uns an dem Verstorbenen
erfreuten, ins Gedächtnis zurück und betrachte das als einen
Schatz, der uns nicht genommen werden kann. Die Erinnerung
soll also ein Quell der Freude, nicht des Leides sein. Beispiel
solcher Gefaßtheit. c. 10, 11.

Man sei dankbar für das, was einem geblieben, statt zu
klagen über das, was einem genommen. Der Gedanke an die
Geschwister, vor allem aber der Gedanke an den gütigen und
gnädigen Kaiser müßte ihm über die Trauer hinweghelfen. c. 12, 13.

Der Kaiser werde gewiß nicht verfehlen, ihn durch tröstende
Ansprache aufzufrischen. Erdachtes Beispiel einer solchen Ansprache des Kaisers. Möge das Schicksal diesen edlen Kaiser
noch lange erhalten. c. 12—16.

Beispiele aus dem Kaiserhaus für Ertragung von Familienleid. Das abschreckende Gegenbild zu würdiger Ertragung solches
Leides bietet nur Caligula. c. 17.

Trost kann Polybius vor allem finden in der Beschäftigung
mit den Wissenschaften; am ratsamsten aber sei es, daß er selbst
eine des Bruders würdige Schrift zu dessen Andenken abfasse;
seine Befähigung dazu stehe durch seine bisherigen Leistungen
außer Zweifel. Was sein — des Seneca — eigenes Trostschreiben
anlange, so müsse der Unzulänglichkeit desselben die traurige Lage
des Verbannten zur Entschuldigung dienen. c. 18.

---

1. [20]. . . . Verglichen mit unserer Lebensdauer
zeigen gewaltige Bauwerke einen festen Bestand; legt
man aber den Maßstab der Natur an, die alles zerstört und in seine ursprünglichen Bestandteile wieder
auflöst, so sind sie der Vergänglichkeit preisgegeben.
Denn was wäre unsterblich, was sterbliche Hände
geschaffen? Jene sieben Wunderwerke[1]) und was
sonst noch weit Wunderbareres der wetteifernde Ehrgeiz
der Folgezeit geschaffen hat, wird dem Auge dereinst
kaum noch eine Spur von sich zeigen. So ist es nun
einmal: nichts ist ewig, weniges von langer Dauer;
das eine zerbirst auf diese, das andere auf jene Weise,
das eine hat diesen, das andere jenen Ausgang; soviel
aber ist sicher: was einen Anfang gehabt hat, hat
auch ein Ende. Selbst der Welt droht, wie manche
behaupten, der Untergang, und der Tag wird kommen,
der, wenn du diesen Glauben nicht für sträflich hältst,
dies All, das alles Göttliche und Menschliche umfaßt,
zertrümmert und in die ursprüngliche Wirrnis und
Finsternis zurücksinken läßt. Es komme mir nun einer
mit Klagen über den Hingang einzelner, mit Jammern
über die Asche Karthagos, Numantias und Korinths
und was sonst noch Größeres dahingesunken ist, wenn
sogar das untergehen wird, das keine Stätte hat, wohin

es fallen könnte; es komme mir nun einer und beschwere
sich darüber, das Schicksal werde jemals es sich herausnehmen, ihn nicht zu verschonen. [21]. Wer wäre so
übermütig und so grenzenlos anmaßend, daß er angesichts der bestehenden Naturnotwendigkeit, die alles
dem nämlichen Ende zuführt, für sich allein eine Ausnahme gemacht und ein einzelnes Haus dem selbst dem
Weltganzen drohenden Untergang entzogen sehen wollte?
So liegt denn der wirksamste Trost darin, daß man
sich sagt, es sei uns so ergangen, wie es allen ergangen ist und ergehen wird, und eben deshalb hat,
wie mir scheint, die Natur das Schwerste, was sie über
uns verhängt hat, zum Verhängnis für alle gemacht;
in der gleichmäßigen Allgemeinheit soll der Trost liegen
für die grausame Härte des Schicksals.

2. Auch wird es dir keinen unerheblichen Nutzen
bringen, wenn du dir klar machst, daß dein Schmerz
weder dem zugute kommt, den du vermißt, noch dir
selbst; denn was vergeblich ist, dem wirst du doch
keine lange Dauer wünschen. Ja, wenn wir durch
Traurigkeit etwas ausrichten könnten, dann würden all
die Tränen, die mir mein eigenes Mißgeschick noch
übrig gelassen, für das deinige vergossen werden; noch
wird sich in meinem Tränenquell von dem durch den
eigenen Jammer beinahe schon erschöpften Vorrat noch
ein Übriges finden[2]), wenn es nur dir zugute kommen
wird. Was zauderst du? Laß uns unsere Klagen
vereinigen; ja ich will deinen Streit mit dem Schicksal
zu dem meinigen machen:

„O Schicksal, dessen Unbilligkeit in den Augen
der ganzen Welt seinesgleichen nicht findet, bisher
hatte es den Anschein, als wolltest du den Mann schonen,
der dank deiner Gnade so hohe Verehrung genoß, daß,
was selten irgend einem zu teil geworden, sein Glück
keinen Neider fand. Da plötzlich hast du ihm den

größten Schmerz auferlegt, der ihn, solange der Kaiser lebt, überhaupt treffen konnte, und nachdem du ihn von allen Seiten klüglich umlauert hattest, bist du dahinter gekommen, daß er deinen Schlägen nur auf dieser Seite eine Blöße bot. Denn wie solltest du ihm sonst beikommen? Solltest du ihm etwa sein Geld entreißen? Er hing niemals daran; auch jetzt noch meidet er, soweit es nur möglich ist, die Berührung damit, und mag die Gelegenheit zu weiterem Erwerb auch noch so reichlich sich bieten, sie ist ihm nur Anlaß, das Geld zu verachten, eine Verachtung, die ihm der größte Gewinn ist, den er aus solcher Gelegenheit zieht. Solltest du ihm seine Freunde abspenstig machen? Du wußtest ja doch, er sei so liebenswürdig, daß es ihm ein leichtes ist, die verlorenen durch andere zu ersetzen. Denn von allen mir bekannt gewordenen Männern, die bei Hofe Einfluß hatten, ist er der einzige, den zum Freunde zu haben zwar allen nützlich, aber mehr eine Herzenssache ist. Hättest du ihm die Gunst der öffentlichen Meinung entreißen können? Er darf fester auf sie bauen, als daß selbst deine Macht sie erschüttern könnte. Hättest du ihm seine Gesundheit rauben können? Du wußtest ja, daß sein Geist durch den Umgang mit den freien Wissenschaften, die ihm nicht nur als Nahrung gedient haben, sondern mit denen er von Geburt ab durch innerste Verwandtschaft verknüpft ist, eine so sichere Grundlage habe, daß er allen körperlichen Schmerzen überlegen ist. Hättest du ihm das Leben nehmen sollen? Wie wenig hättest du ihm damit geschadet! Die längste Dauer verspricht ihm der Ruf seines Talentes. Er selbst hat dafür gesorgt, mit dem besseren Teil seines Ich sich der Welt dauernd zu erhalten und durch hervorragende literarische Werke [3]) der Vergänglichkeit seines Namens vorzubeugen. Solange die Kraft der lateinischen und die Anmut

der griechischen Sprache noch in Geltung bleibt, solange wird er leben im Verein mit den größten Männern,
deren Größe er sich an die Seite gestellt, oder, wenn
seine Bescheidenheit sich dagegen sträubt, sich genähert
hat. [22]. Das also war der einzige Weg, den du ausfindig machtest, um ihm aufs empfindlichste beizukommen.
Denn je höher einer an Tugend steht, um so mehr ist
es ihm zur Gewohnheit geworden, deine rücksichtslos
wütende und inmitten auch von Wohltaten furchtbare
Gewalt über sich ergehen zu lassen. Es wäre dir doch
ein Kinderspiel gewesen, den Mann vor solcher Unbill
zu bewahren, dem, wie es schien, deine Gunst nicht
blindlings nach deiner Gewohnheit zugefallen, sondern in
wohlberechneter Absichtlichkeit zugewandt worden war.“

3. Fügen wir, wenn du willst, diesen Klagen noch
die weiteren hinzu, daß die geistige Entwicklung des
Jünglings selbst gleich in ihren ersten erfolgreichen
Anfängen auf immer abgebrochen ward. Er war würdig,
dich zum Bruder zu haben, und du verdientest es gewiß
in höchstem Maße, durch deinen Bruder nicht ins Leid
zu geraten, selbst wenn er deiner nicht würdig gewesen
wäre. Alle Welt urteilt gleich günstig über ihn; er
wird vermißt zu deiner Ehre, gepriesen zu seiner Ehre.
Er hatte nichts in sich, was man nicht freudig anerkannt
hätte. Du wärest zwar auch gegen einen minder tüchtigen
Bruder gütig gewesen; aber an seiner Geistesart fand
deine Bruderliebe den geeigneten Anhalt zu desto
freierer Betätigung. Gegen niemanden hat er ja seine
einflußreiche Stellung unbilligerweise ausgenutzt, niemals
hat er sich zur Einschüchterung irgend jemandes auf
dich, seinen Bruder, berufen. Nach dem Muster deiner
Bescheidenheit hatte er sich gebildet und war sich
bewußt sowohl der hohen Ehren, die den Deinigen durch
dich zu teil wurden, wie auch der schweren Pflichten,
die ihnen dadurch auferlegt wurden; er hat sich dieser

Last gewachsen gezeigt. O des harten und der Tugend abholden Schicksals! Noch ehe er recht zum Bewußtsein des eigenen Glückes gekommen, ward er hinweggenommen. Ich weiß wohl, wie unzulänglich es um meine Entrüstung bestellt ist; denn nichts ist schwieriger, als zum Ausdruck eines erschütternden Schmerzes die entsprechenden Worte zu finden. Gleichwohl laß uns auch jetzt noch, wenn wir uns davon einen Nutzen versprechen können, gemeinsam unsere Klage anstimmen: „Worauf hattest du es abgelegt, du ungerechtes und gewalttätiges Schicksal? Hast du so rasch Reue empfunden über deine Huld? Was soll diese Grausamkeit, mit der du rücksichtslos gegen den Bruderkreis losstürmst und die in so herrlicher Eintracht gehaltene Gemeinschaft durch einen so blutigen Raub in ihrem Bestande schwächst und die durch reichen Kindersegen beglückte Familie der trefflichen Brüder, deren keiner aus der Art geschlagen, in Angst und Verwirrung bringst und ihr ohne jeden ersichtlichen Grund Opfer abforderst? Was nützt nun alle in pünktlichster Gesetzestreue bewährte Unschuld, was die altväterische Genügsamkeit, was die stets mit unverbrüchlicher Enthaltsamkeit verbundene, vom Glück umstrahlte Machtstellung, was die reine und ihrer selbst sichere Liebe zu den Wissenschaften, was das makellos reine Gewissen? In Trauer versenkt ist Polybius, und durch des einen Bruders Verlust zur Furcht auch hinsichtlich der übrigen gestimmt, bebt er um das Schicksal derer, die ihm Quelle des Trostes sein sollten. Empörendes Verfahren! Den Polybius läßt du trauern, und er muß Kummer über sich ergehen lassen trotz der gnädigen Gesinnung des Kaisers gegen ihn. Darauf, du heilloses Schicksal, hast du es zweifellos abgesehen, zu zeigen, daß niemand vor dir geschützt werden kann, selbst vom Kaiser nicht.“

4. [23]. Noch länger könnten wir Klage führen
über des Schicksals Fügungen; allein ändern können
wir nichts daran: sie wanken und weichen nicht und
sind unerbittlich; niemand kommt ihnen bei, weder
durch Lästerung noch durch Tränen noch durch Gründe;
keinem Einzigen gewähren sie Schonung, und sie erlassen ihm nichts. Sparen wir also unsere Tränen,
mit denen wir doch nichts ausrichten; denn eher wird
der Schmerz uns in die Unterwelt bringen, als daß er
uns jene wieder zurückgibt. Wenn er uns also quält,
ohne uns zu helfen, so können wir uns nicht früh genug
von ihm lossagen und unser Herz Abstand nehmen
lassen von dem bitteren und dabei doch so leidenschaftlichen Trostverlangen. Denn unseren Tränen wird das
Schicksal kein Ende machen, wenn es die Vernunft
nicht tut. Halte Umschau über alle Menschenkinder:
allenthalben ist reicher und unablässiger Anlaß zu
Tränen; den einen ruft die arbeitgebietende Armut
zum Tagewerk, dem anderen läßt der Ehrgeiz keinen
ruhigen Augenblick, wieder ein anderer ist in Angst
um seinen Reichtum, den er sich doch gewünscht hatte,
und sein Wunsch ist nun seine Plage; noch einem
anderem wird die Einsamkeit, die für andere ein Labsal[4])
ist, zur Qual, während wieder andere sich gequält
fühlen durch die ihren Vorhof immer umdrängende
Schar der Bittsteller; der eine jammert über den Besitz
von Kindern, der andere über ihren Verlust: eher
werden sich uns die Tränen versagen als die Anlässe
zum Schmerzgefühl. Siehst du nicht, zu welcher Art
von Leben uns die Natur berufen hat, nach deren Willen
die erste menschliche Äußerung bei der Geburt das
Weinen ist? Das ist der Anfang unseres irdischen
Erscheinens, und ihm entspricht die ganze Reihe der
folgenden Jahre. So bringen wir unser Leben hin,
und darum müssen wir maßvoll dasjenige tun, was

uns häufig zu tun bevorsteht, und deshalb müssen wir im Hinblick auf das uns noch drohende Leid die **Tränen**, wenn nicht völlig abstellen, so doch aufsparen. Mit nichts muß man schonender umgehen als mit dem, dessen wir so häufig bedürftig sind.

5. Auch dadurch kannst du dir deine Lage wesentlich erleichtern, daß du dir sagst, niemandem sei dein Schmerz weniger erwünscht als dem, dem er zu gelten scheint. Dein qualvoller Zustand ist ihm entweder unwillkommen, oder er weiß überhaupt nichts davon. Was hat es also für einen Sinn, dich für denjenigen abzumühen, für den deine Hingabe an ihn, wenn er keine Empfindung mehr hat, nutzlos oder, wenn er noch Empfindung hat, unerwünscht ist? [24]. Ich behaupte kühn: niemand in der Welt überhaupt hat Freude an deinen Tränen. Wie also? Traust du deinem Bruder eine Gesinnung zu, wie sie niemand gegen dich hegt, traust du ihm zu, daß er dir Qual und Schaden bereiten wolle, daß er dich von deinen Obliegenheiten und deinem Berufe ablenken wolle, von deinen wissenschaftlichen Bestrebungen also und von den Dienstleistungen für den Kaiser? Das hat wenig Wahrscheinlichkeit für sich. Denn er hat sich dir immer liebreich erwiesen wie einem Bruder, hat dich immer verehrt wie einen Vater, dir immer Ehrfurcht erwiesen wie einem Höhergestellten. Was frommt es also, dich in Schmerz zu verzehren? Wohnt dem Toten noch Empfindung bei, was wünscht dein Bruder dann anderes als Beendigung dieses deines Schmerzes? Handelte es sich um einen anderen Bruder, um einen, dessen Gesinnung man weniger trauen könnte, so würde ich alles dies dahingestellt lassen und sagen: „Angenommen, dein Bruder wünschte dir eine endlose Tränenqual, dann wäre er deiner Zuneigung nicht würdig; angenommen aber, er wünschte das nicht, dann entsage dem Kummer,

von dem ihr beide bedrückt werdet: ein liebloser Bruder
verdient es nicht, so schmerzlich vermißt zu werden,
und ein liebevoller wünscht es nicht." Bei diesem aber,
dessen brüderliche Gesinnung über jeden Zweifel erhaben ist, darf es als ausgemacht gelten, daß ihm
nichts schmerzlicher sein könne, als wenn dir sein Hingang schmerzlich ist, oder wenn er dir irgend welche
Qualen schafft, oder wenn er die Ursache davon ist,
daß deine Augen, denen solches Unheil durchaus erspart werden sollte, dir den Dienst versagen, sowohl
zum Sehen wie auch zur Befriedigung deines endlosen
Bedürfnisses nach immer neuen Tränen.

Nichts aber wird deine Bruderliebe in gleichem
Maße von so nutzlosen Tränen ablenken, als wenn du
dir sagst, daß du deinen Brüdern ein Beispiel geben
mußt für tapferes Ertragen einer solchen Schicksals-
unbill. Wie große Feldherren in mißlichen Lagen
absichtlich eine heitere Miene zur Schau tragen und
den bedenklichen Stand der Dinge durch scheinbaren
Frohsinn verschleiern, um die Soldaten, wenn sie
des Feldherrn Verzagtheit merken, nicht zu entmutigen,
so mußt du es jetzt halten: nimm eine Miene an, die
mit deiner wahren Stimmung nichts gemein hat, wirf
womöglich allen und jeden Kummer von dir oder ver-
schließe ihn wenigstens in deinem Inneren und laß
nichts davon merken, und verabsäume nichts, deine
Brüder zur Nachahmung anzuspornen, sie, die, was sie
dich tun sehen, für ziemend erachten und aus deiner
Miene Lebensmut schöpfen werden. Du mußt ihnen
Trost und Tröster sein; du kannst aber ihrer Niedergeschlagenheit nicht Einhalt tun, wenn du der deinen
den Lauf läßt.

6. [25]. Auch folgender Rat kann deiner maßlosen
Trauer Einhalt tun: Du mußt dich selbst immer wieder
darauf hinweisen, daß nichts, was du tust, sich den

Blicken der Leute entziehen kann. Man hat dir ein-
stimmig eine hohe Rolle zuerteilt: sie mußt du durchführen. Es umdrängt dich die ganze große Schar
der Beileid Bezeugenden; man erspäht dein Inneres
und erforscht, welches Maß von Kraft deine Seele gegen
den Schmerz habe, und ob du nur im Glücke eine gute
Haltung zu bewahren wissest oder auch Unglück mannhaft zu tragen vermögest. Deine Miene wird scharf
beobachtet. Diejenigen haben durchweg größere Freiheit,
deren Seelenregungen verborgen bleiben können: du
kannst nicht nach Gefallen über irgend ein Geheimnis
verfügen. Das Schicksal hat dir eine lichtumstrahlte
Stelle angewiesen; jedermann wird erfahren, wie du
dich bei diesem Schlage, der dich getroffen, gehalten
hast, ob du nach empfangener Wunde sofort die Waffe
gestreckt oder deinen Platz behauptet hast. Es ist nun
schon lange her, daß dich die Liebe des Kaisers empor-
gehoben und deine wissenschaftlichen Bestrebungen dir
einen Namen gemacht haben. Nichts Gemeines, nichts
Niedriges darfst du dir erlauben. Was aber ist so
niedrig und weibisch, als sich dem Schmerz zur Beute
hingeben? Du darfst dir im Falle der Trauer nicht
dasselbe erlauben wie deine Brüder. Gar manches
gestattet dir nicht der Ruf, in dem du, was deine
wissenschaftliche Bedeutung und deinen Charakter anlangt, stehst; vieles fordert die Welt von dir, vieles
erwartet sie. Wolltest du, daß dir alles erlaubt sei,
dann hättest du nicht die Blicke auf dich lenken
dürfen. Nun aber mußt du leisten, was du versprochen
hast. Alle diejenigen, die des Lobes voll sind für
deine Geisteserzeugnisse, die deine Werke abschreiben,
die, wenn sie auch dein Glück sich nicht zunutze
machen wollen, doch auf deinen Geist nicht verzichten
können — sie alle sind Beobachter deines Inneren.
Du kannst nichts tun, was der anerkannten Stellung

eines vollkommenen und hochgebildeten Mannes un-
würdig wäre, ohne daß viele von der gegen dich ge-
hegten Bewunderung reuevoll zurücktreten würden.
Du darfst dich maßlosem Tränenerguß überlassen, und
das ist nicht etwa das einzige, was dir nicht erlaubt
ist: selbst deinen Schlaf darfst du nicht bis hoch in
den Tag hinauf ausdehnen, darfst dich nicht aus dem
verwirrenden Drang der Geschäfte in die ländliche
Ruhe flüchten, darfst nicht deinen durch das anhaltende
Ausharren auf deinem mühevollen Posten ermüdeten
Körper durch eine Erholungsreise erfrischen, darfst
nicht deinem Geiste durch Besuch von Schauspielen
ab und zu eine Abwechselung gewähren oder nach
Belieben über deinen Tag verfügen. [26]. Vieles ist
dir nicht erlaubt, was den Niedrigsten und vom Schicksal
Gedrücktesten erlaubt ist. Hoher Stand ist schwere
Knechtschaft. In keinem Stücke darfst du der bloßen
Laune folgen: soviele Tausende von Menschen mußt
du anhören, so zahllose Bittschriften erledigen. Eine
so gewaltige Anhäufung von Anliegen aus allen Teilen
der Erde muß so behandelt werden, daß alles in ge-
höriger Reihenfolge der Einsicht des erhabenen Kaisers
vorgelegt wird. Du darfst dich, sage ich, den Tränen
nicht hingeben. Um viele Weinende anhören zu können,
um die Tränen vieler Unglücklicher zu trocknen, die
der Gnade des mildherzigen Kaisers teilhaftig zu werden
verlangen, mußt du die eigenen Tränen trocknen.

7. Es gibt aber auch noch leichtere Mittel, von
denen du dir Hilfe versprechen kannst: wenn du alles
vergessen willst, denke an den Kaiser. Vergegenwärtige dir, welche Treue, welche hingebende Tätigkeit du ihm schuldig bist zum Dank für seine Huld:
dann wirst du die Überzeugung gewinnen, daß du
ebensowenig unter deiner Last zusammenknicken darfst
wie jener sagenberühmte Atlas, auf dessen Schultern

die Welt ruht. Der Kaiser selbst, dem alles erlaubt
ist, darf sich eben deshalb vieles nicht erlauben. Er
nimmt sich des Schlafes [5]) aller an durch seine eigene
Wachsamkeit, hilft allen zur Muße durch seine Müh-
waltung, zum Genuß durch seine Tätigkeit, zur Erholung durch seine Arbeitslast. Seitdem er als Kaiser
die Leitung des Weltreiches übernommen, hat er sich
seiner selbst entäußert, und gleich den Gestirnen, die
nimmer rastend ewig ihre Bahn durchlaufen, darf er
niemals innehalten und seinem eigenen Nutzen dienen.
Bis zu einem gewissen Grade wird auch dir dieser
Zwang auferlegt: du darfst nicht hinblicken auf den
eigenen Nutzen, nicht hinblicken auf deine Lieblings-
beschäftigungen. Solange der Kaiser über dem Erdkreis waltet, kannst du dich weder der Lust noch dem
Schmerz noch sonst irgendwelchem Reize hingeben: du
stehst ganz im Dienste des Kaisers. Zudem bedenke
noch, daß es dir, der du immer erklärst, der Kaiser
sei dir lieber als dein eigenes Leben, nun und nimmermehr zusteht, solange der Kaiser noch lebt, über dein
Schicksal zu klagen. Ist er noch in voller Kraft, so
sind die Deinigen wohl geborgen, du hast keinen Verlust zu beklagen, deine Augen müssen nicht nur tränen-
los, sondern auch freudestrahlend sein. Er ist dir alles,
er ist dir Ersatz für alles; du läßt es in Widerspruch
mit deiner ehrbaren und aufrichtig ergebenen Sinnesart an Dankbarkeit fehlen gegen dein Glück, wenn du
dir, solange er wohlauf ist, über irgend etwas zu
weinen erlaubst.

8. Noch will ich dich auf ein zwar nicht wirk-
sameres, wohl aber vertraulicheres Heilmittel hinweisen.
Ziehst du dich ab und zu in dein Haus zurück, dann
ist zu befürchten, daß die Betrübnis über dich Herr
wird. Denn solange du deinen göttlichen Herrn vor
Augen hast, wird sie zu dir keinen Zugang finden;

du wirst ganz nur dem Kaiser gehören; entfernst du
dich aber von ihm, dann wird der Schmerz die Gelegenheit benutzen und einen Anschlag machen auf deine
Einsamkeit und sich allmählich in dein von der Arbeit
nicht mehr in Anspruch genommenes Innere einschleichen. Daher darfst du durchaus nicht, auch nur
einen Augenblick, dir Ruhe gönnen in deinen wissenschaftlichen Bestrebungen: da mag dein so lange und
so treu festgehaltener Eifer für die Literatur sich dir
dankbar erweisen, da mögen sie, die Wissenschaften,
als Retter ihres Priesters und Verehrers auftreten,
da mögen Homer und Vergil [6]) viel bei dir weilen, sie,
die sich um die Menschheit ebenso verdient gemacht
haben, wie du nicht nur um sie sondern auch um alle
dich verdient gemacht hast, sie, denen du einen größeren
Leserkreis zuführen wolltest als den ursprünglich für
sie bestimmten. Solange du dich mit ihnen beschäftigst,
brauchst du keine Gefahr zu befürchten. Ferner mache
dich mit aller Kraft an die Darstellung der Taten
deines Kaisers, um durch ein heimisches Schriftwerk
seinen Ruhm für alle Zeiten zu sichern; wird er dir
doch selbst Stoff und Muster darbieten zu möglichst
vollendeter Gestaltung und Schilderung seiner Taten.

[27.] Ich wage nicht, in dich zu dringen, daß du
auch kleine Erzählungen und Äsopische Fabeln, eine
Gattung, an der sich das Talent der Römer noch nicht
versucht hat, mit dem dir eigenen feinen Geschmack
zu einem Strauße vereinigst. Es fordert zwar für ein
so tief erschüttertes Gemüt keine geringe Überwindung,
sich so schnell diesen heitereren Studien zuzuwenden;
du darfst es aber als Beweis einer bereits beginnenden
Wiedererstarkung und Genesung ansehen, wenn sich
dein Geist von jenen ernsteren Schriftwerken diesen
freieren zuzukehren vermag. Denn bei jenen schwereren
Studien wird der Ernst der behandelten Sachen ein

Ableiter sein für das kranke und noch mit sich ringende Gemüt; mit diesen dagegen, die mit wolkenloser Stirn behandelt sein wollen, wird es sich nicht befreunden, es müßte denn schon seine vollkommene Fassung wiedergefunden haben. Deshalb mußt du dich zunächst auf jene ernstere Materie legen und sodann durch die heiterere das rechte Gleichmaß herstellen.

9. Auch das wird dir nicht geringe Erleichterung schaffen, wenn du folgende Fragen an dich richtest: „Trauere ich um meinetwegen oder um des Dahingeschiedenen willen? Ist es um meinetwillen, dann hat es keinen Sinn mehr, mit der Bruderliebe um mich zu werfen; der Schmerz hat dann mit der Liebe nichts mehr zu tun und hat nur noch die e i n e Entschuldigung, daß er mit der Ehrbarkeit nicht bricht, wenn er durch Nützlichkeitsrücksichten bestimmt wird. Nichts aber ist eines edlen Mannes unwürdiger als bei der Trauer um den Bruder Nutzen und Schaden abzuwägen. Trage ich Leid um seinetwillen, so ist notwendig eine von zwei Möglichkeiten entscheidend: hat der Verstorbene keine Empfindung mehr, dann ist mein Bruder aller menschlichen Unzulänglichkeiten überhoben und zurückversetzt in die Lage, in der er vor seiner Geburt war; jedem Übel entrückt bleibt er unberührt von Furcht, von Begierde, von Leid. Was für Wahnwitz ist es, wenn ich ohn' Unterlaß für den mich abhärme, der keiner Schmerzempfindung jemals zugänglich ist? Haben aber die Toten noch irgend welche Empfindung, dann ist jetzt meines Bruders Geist einer langen Gefangenschaft ledig geworden, ist endlich zu seinem Entzücken Herr und Gebieter über sich selbst geworden, schwelgt im Anblick des Weltenschauspiels, blickt von seiner Höhe auf alles Menschliche herab, und was das Göttliche anlangt, dessen wahrem Sinn er solange vergebens nachgespürt hatte, so betrachtet er es nun aus un-

mittelbarer Nähe. Was martere ich mich also mit der Sehnsucht nach ihm ab, nach ihm, der entweder glückselig ist oder nichts ist? Einen Glückseligen zu beweinen ist Neid, einen, der nichts ist, Wahnwitz."

[28.] Oder fühlst du dich beunruhigt darüber, daß er sich, wie es scheint, von großem und und weit ausgebreitetem Besitz hat trennen müssen? Denkst du an das Viele, was er verloren, so denke auch an das Zahlreichere, was er nun nicht zu fürchten hat: kein Zorn wird ihn quälen, keine Krankheit ihn aufs Lager werfen, keine Verdächtigung ihn reizen, kein gefräßiger und auf anderer Gewinn immer scheelsüchtig hinblickender Neid wird sich an ihn heften, keine Furcht ihn beunruhigen, kein Unbestand des mit seinen Gaben rasch wechselnden Glückes ihm die Ruhe rauben. Bei richtiger Rechnung ist ihm mehr erlassen als geraubt worden. Allerdings, er wird keinen Genuß haben von seinem Reichtum, von deinem und zugleich seinem Einfluß, er wird Wohltaten weder empfangen noch austeilen; aber hältst du ihn etwa für unglücklich, daß er darauf hat verzichten müssen, oder nicht vielmehr für glücklich, daß er all das nicht vermißt? Glaube mir, der ist glücklicher, der sich um das Glück nicht zu kümmern braucht, als der, dem es entgegenkommt. Alle jene Güter, die einen blendenden und trügerischen Lustreiz auf uns ausüben, Geld, Würden, Macht und was sonst noch das Anstaunen und die blinde Gier der Menschen auf sich lenkt — alles dies ist ein beschwerlicher Besitz, ein Gegenstand des Neides für die Blicke anderer, und für die scheinbar Beglückten eine drückende Last, mehr bedrohlich als nützlich, schlüpfrig und unsicher, niemals in festem Gewahrsam; denn gesetzt auch, für die Zukunft wäre nichts zu befürchten, so ist doch schon die bloße Behütung großen Glückes eine sorgenvolle Sache. Willst du denen glauben, die tiefere

Blicke in die Wahrheit tun, so ist das Leben überhaupt eine Strafe. Gebannt an dies tiefe und ruhelose Meer mit dem Wechsel von Ebbe und Flut, das uns bald hoffnungsfreudig stimmt, bald uns um so mehr darniederwirft und uns beständig umhertreibt, finden wir niemals einen festen Standort; wir schweben und schwanken, stoßen einer auf den anderen, und Schiffbruch ist mitunter unser Los: zu fürchten haben wir ihn immer. In diesem stürmischen und jedem Unwetter ausgesetzten Meere gibt es für den, der es befährt, nur e i n e n Hafen, und das ist kein anderer als der Tod. Darum mißgönne deinem Bruder nicht sein Glück. Er hat seinen Frieden; er ist endlich frei, endlich in Sicherheit, endlich der Ewigkeit teilhaftig. Ihn überlebt der Kaiser mit seinem ganzen Haus, ihn überlebst du in Gemeinschaft mit deinen Brüdern. Ehe noch das Glück in seiner Gunst gegen ihn nachließ, hat er sich von ihm losgelöst, als es noch Bestand hatte und seine Gaben mit voller Hand über ihn ausschüttete. Jetzt schwelgt er im Genuß des offenen und freien Himmels. Aus niedriger und kümmerlicher Stätte ist er aufgestiegen zu d e r Stätte, die, wie es auch um sie stehen mag, die von ihren Fesseln befreiten Seelen gütig in ihrem Schoße birgt; frei schweift er jetzt dort umher und überschaut mit Entzücken all die Herrlichkeiten der Natur. Du irrst: nicht verlustig gegangen ist dein Bruder des Lichtes, eines reineren Lichtes ist er teilhaftig geworden. Uns allen ist dieser Weg beschieden: warum weinen wir über das Verhängnis? Nicht verlassen hat er uns, er ist nur vorangegangen.

[29.] Ein großes Glück, glaube mir, liegt in der Notwendigkeit [7]) des Todes. Es gibt keine Sicherheit, nicht einmal für einen vollen Tag. Wer traut sich angesichts der so dunklen und verhüllten Wahrheit

ein Urteil darüber zu, ob der Tod deinen Bruder aus
Neid oder aus Wohlwollen abgerufen hat?

10. Bei deinem ausgeprägten Sinn für Gerechtigkeit in allen Dingen mußt du auch eine Stütze finden
in dem Gedanken, daß dir kein Unrecht geschehen ist
durch den Verlust eines solchen Bruders, daß dir vielmehr eine Wohltat erwiesen worden ist dadurch, daß
du solange dich des Genusses seiner Liebe erfreuen
durftest. Der Unbilligkeit zu zeihen ist der, der dem
Spender eines Geschenkes nicht die freie Verfügung
darüber überläßt, der Habgier der, der nicht für einen
Gewinn erachtet, was er erhalten hat, sondern für einen
Verlust, was er zurückgegeben hat. Es ist Undank-
barkeit, das Ende einer Lustbarkeit als ein uns wider-
fahrenes Unrecht zu bezeichnen, und Torheit, nur das
unmittelbar Gegenwärtige als Genuß gelten zu lassen
und nicht auch in dem Rückblick auf vergangene Freuden
Befriedigung zu suchen und das Dahingeschwundene
für sicherer zu halten, weil da jede Angst vor etwa-
igem Verlust desselben ausgeschlossen ist. Man zieht
seinen Freuden zu enge Grenzen, wenn man nur das,
was man in Händen hat und mit Augen sieht, genießen
zu können meint und das bereits Genossene für nichts
achtet. Denn wie lange dauert's, so kehrt uns die
Lust den Rücken: rastlos fließt sie dahin und zieht
vorüber, fast eher wieder verschwindend, als sie sich
einfindet. Darum muß der Geist auf das Vergangene
zurückgelenkt werden: was uns jemals Freude gemacht
hat, müssen wir ihm wieder zum Bewußtsein bringen
und in häufigem Gedenken abermals durchlaufen; länger
und treuer ist die Erinnerung an Freuden als ihre
Gegenwart [8]). Also daß du einen trefflichen Bruder
gehabt hast, das laß dir als hohes Gut gelten! Denke
nicht daran, wie lange du ihn hättest haben können,
sondern wie lange du ihn gehabt hast. Die Natur

hat ihn dir nur geliehen; als sie es für gut befand, hat sie ihn wieder zurückgefordert, ohne dabei sich um Befriedigung deiner Wünsche zu kümmern, sondern nur ihrem eigenen Gesetze folgend. Wenn jemand seinen Ärger darüber kundgibt, daß er geliehenes Geld wiedererstattet habe, noch dazu solches, für das er keine Zinsen zu zahlen brauchte, soll man den nicht für einen ungerechten Menschen halten? Die Natur hat deinem Bruder das Leben gegeben, hat es auch dir gegeben; wenn die Natur nun von ihrem Rechte Gebrauch macht und, von wem es ihr nun eben gefällt, das Geschuldete ziemlich frühzeitig zurückfordert, so fällt das nicht ihr zur Last, da ihre Bedingungen ja bekannt waren, sondern den gierigen Ansprüchen der Menschenseele, die mitunter ganz vergißt, wie es mit der Natur eigentlich bestellt ist, und niemals ihres Loses eingedenk ist, außer wenn sie daran gemahnt wird. Freue dich also, einen so trefflichen Bruder gehabt zu haben, und rechne dir die Freude an seinem Umgang zum Guten, wenn sie für deinen Wunsch auch viel zu kurz war. Vergiß nicht, daß es ein unvergleichliches Glück war, ihn gehabt zu haben, und daß es Menschenlos ist, ihn verloren zu haben; denn es reimt sich doch schlecht zusammen, wenn man sich darüber nicht beruhigen kann, daß man einen solchen Bruder nicht lange genug gehabt hat, und nicht vielmehr sich zu freuen, daß man ihn doch überhaupt gehabt hat.

11. „Aber er ist mir wider alles Vermuten entrissen worden." Einen jeden täuscht seine eigene Leichtgläubigkeit und das eigenwillige Hinwegsehen über seine Sterblichkeit, da, wo es sich um Lieblingswünsche für ihn handelt. Die Natur hat sich niemandem verpflichtet, irgend jemandem zuliebe von ihrer Notwendigkeit etwas nachzulassen. Täglich ziehen an unseren Augen Leichen-

züge vorüber, handle es sich nun um Bekannte oder
Unbekannte; unsere Gedanken aber weilen bei ganz
anderen Dingen und halten das für eine Überrumpelung,
was sich uns doch unser Lebelang als unvermeidlich
kommend ankündigt. Es ist also nicht Unbilligkeit
des Schicksals, sondern die Verkehrtheit der menschlichen Sinnesart, die nie genug bekommen kann und
es sich nicht gefallen lassen will, von dem zu scheiden,
worauf sie doch durchaus keinen unwiderruflichen
Anspruch hat.

[30]. Wie vorteilhaft sticht davon die Haltung
jenes großen Mannes[9]) ab, der die Nachricht vom Tode
seines Sohnes mit den seiner Größe würdigen Worten
aufnahm: „Als ich ihn zeugte, wußte ich, daß er
sterben würde“. Daß ihm ein Sohn geboren ward, der ohne
Zagen in den Tod gehen könne, das ist für niemanden
ein Wunder. Für ihn hatte die Nachricht von dem
Tode seines Sohnes nichts, was unerhört gewesen wäre;
denn was ist es Unerhörtes, daß ein Mensch stirbt,
dessen ganzes Leben nichts anderes ist, als eine
Wanderung zum Tode? „Als ich ihn zeugte, wußte
ich, daß er sterben würde.“ Dem fügte er eine Äußerung
hinzu, die von noch größerer Einsicht und innerer
Fassung zeugt: „Und dazu eben ward er mir ja geschenkt.“ Wir alle werden dazu geboren; wer ins
Leben eintritt, ist zum Sterben bestimmt. Freuen
wir uns also dessen, was uns gegeben wird, und geben
es zurück, wenn diese Forderung an uns herantritt.
Früher oder später erfaßt das Geschick jeden; kein
einziger entgeht ihm. Wohlverwahrt also sei dein
Herz und ohne jede Furcht vor dem, was unabwend-
bar ist, dagegen stets gefaßt auf das, was un-
abwendbar ist.

Was soll ich von Feldherren reden und deren
Nachkommen, was von Männern, die, hervorragend als

Konsuln oder als Triumphatoren, dem unerbittlichen
Schicksal ihren Zoll bezahlen mußten? Ganze Reiche
mitsamt ihren Königen, Völker mit ihren Herrschern
haben das Schicksal über sich ergehen lassen: sehen
doch alle, oder besser, sieht doch alles dem letzten Tag
entgegen. Nicht allen ist das gleiche Ende beschieden:
den einen verläßt das Leben mitten in seiner Lauf-
bahn, dem anderen entweicht es gleich beim Antritt,
während es sich wiederum von einem anderen, der
unter der Last der Jahre seufzt und gern von dannen
scheiden möchte, nicht trennen will. Der eine heute,
der eine morgen — alle sind wir auf dem Wege nach
dem nämlichen Ziel. Ich weiß nicht: ist es törichter,
das Gesetz der Sterblichkeit mit Nichtachtung zu strafen,
oder verwegener, sich dagegen zu stemmen?

Auf denn, nimm die Werke eines der beiden Dichter
zur Hand, deren geistvolle Bearbeitung durch dich die
allgemeine Aufmerksamkeit wieder auf sie hingelenkt
hat [10]), greife zu den Gedichten eines oder des anderen
von beiden, die du so behandelt hast, daß trotz aller
Umgestaltung der Reiz derselben der nämliche geblieben
ist — denn du hast sie so von einer Sprache in die
andere übertragen, daß, was die Hauptschwierigkeit
ist, keiner ihrer Vorzüge bei der Übertragung in die
fremde Sprache verloren ging —; du wirst in beider
Dichtungen keinen Gesang (kein Buch) finden, der dir
nicht zahlreiche Beispiele böte vom Wechsel des Schicksals,
von unberechenbaren Verhängnissen, von Tränen, die
aus den mannigfachsten Ursachen vergossen werden.
Lies nur, wie feierlich du deine Stimme mit Donner-
klang hast ertönen lassen, und es wird dich Scham be-
schleichen, daß du plötzlich so zusammenknickst und
aus so erhabener Tonart ins Kleinliche verfällst. Laß
es nicht dahin kommen, daß irgend ein Bewunderer
der Musterlehren, die du in deinen Übersetzungen gabst,

die Frage aufwerfe, wie es komme, daß ein so schwaches
Gemüt sich zu so erhabenen und kernigen Wahrheiten
habe aufschwingen können.

12. Wende dich von den Qualen, die dich peinigen,
doch lieber dem Tröstlichen zu, das dich in so reichem
Maße umgibt: blicke hin auf deine trefflichen Brüder,
auf deine Gattin, auf deinen Sohn, zu deren aller
Heil das Schicksal so verhältnismäßig gnädig mit dir
abgerechnet hat. Du hast viele, deren Nähe dir Beruhigung gewähren kann. [31]. Meide den leicht zu
übler Nachrede führenden Schein, als hätte jener
einzige Schmerz mehr Gewalt über dich als dieser
vielseitige Trost. Du siehst: sie alle sind mit dir
zugleich erschüttert und unfähig, dir aufzuhelfen; ja
du findest es begreiflich, daß sie ihrerseits von dir
Beistand erwarten. Je mehr sie an Bildung und Geist
hinter dir zurückstehen, desto stärker bist du verpflichtet, dem gemeinsamen Leid Einhalt zu tun. Eben
darin aber liegt an sich schon ein Trost, daß der Schmerz
sich unter eine ganze Anzahl von Betroffenen verteilt;
eben wegen dieser Verteilung auf mehrere darf er
dich nur mit einem bescheidenen Teile in Anspruch
nehmen.

Immer wieder muß ich dich auf dein Verhältnis
zum Kaiser hinweisen: Solange er über dem Erdkreis
waltet und zeigt, wieviel besser die Wohlfahrt des
Reiches durch Wohltaten gesichert wird als durch
Waffen, solange er die menschlichen Angelegenheiten
leitet, ist nicht zu befürchten, daß du dich von irgend
einem Verlust betroffen fühlen könntest. Er allein
reicht hin, dir Schutz, dir Trost zu gewähren. Er-
manne dich, und sooft deinen Augen Tränen entquellen
wollen, richte deinen Blick auf den Kaiser; sie werden
angesichts dieses mächtigen und über alles gepriesenen
Schutzgeistes sich nicht hervorwagen. Sein Glanz

wird so überwältigend wirken, daß dein Auge auf nichts anderes blicken kann, sondern ganz an ihm hängen bleibt. An ihm, der dir Tag und Nacht vor Augen steht, mit dem du dich immer geistig beschäftigst, muß dein Geist sich aufrichten; ihn mußt du zu deinem Schutzherrn wider das Schicksal machen. Und kein Zweifel: er, der von so großer Mildherzigkeit und Liebe gegen alle die Seinigen erfüllt ist, hat gewiß deinem verwundeten Herzen schon manchen Trost gespendet, schon manches zur Linderung deines Schmerzes getan. Und wie? Gesetzt, es wäre nichts dergleichen seinerseits geschehen, muß nicht schon der bloße Anblick des Kaisers, ja der bloße Gedanke an ihn dir alsbald zum Troste gereichen? Möchten Götter und Göttinnen ihn noch lange dem Erdreich schenken! Möchte er an Taten dem seligen Augustus gleichkommen, an Jahren ihn übertreffen! Solange er unter den Sterblichen wandelt, möge er nicht zu fühlen bekommen, daß seine Familie sich aus sterblichen Wesen zusammensetzt. Möge er in andauerndem redlichen Bemühen dem römischen Reich in seinem Sohn einen Regenten heranziehen, und möge das Reich diesen als Mitregenten des Vaters sehen, ehe er sein Nachfolger wird! Spät und erst unseren Enkeln möge der Tag erscheinen, da ihn seine Ahnen in den Himmel aufnehmen!

13. [32]. Laß ihn, o Schicksal, nicht deine Gewaltsamkeit fühlen, zeige ihm deine Macht nur von der guten Seite! Laß ihn die Wunden heilen, an denen die Menschheit lange schon leidet und sich abzehrt, laß ihn wieder gutmachen und wiederherstellen alles, was der verblendete Ingrimm des vorhergehenden Herrschers[11]) aus den Fugen gerissen hat. Dieser Stern, der dem in die Tiefe gestürzten und in Finsternis versunkenen Erdkreis aufgegangen ist, möge er immerdar leuchten! Möge unser Herrscher in Germanien

Ruhe schaffen, möge er uns die Wege in Britannien bahnen, möge er die hergebrachten sowie neue Triumphe feiern. Seine Gnade, diese hervorstechendste unter seinen Tugenden, läßt mich hoffen, daß auch ich Augenzeuge dieser Erfolge sein werde. Denn der Sturz, dem er mich aussetzte, sollte nach seinem Willen eine Wieder- aufrichtung nicht ausschließen; ja, es war überhaupt kein eigentlicher Sturz; vielmehr lag die Sache so, daß er sich meiner, des vom Schicksal Getroffenen und Sinkenden, annahm und den schon am Rande des Ab- grundes Stehenden mit milder und schonender Hand in Sicherheit brachte, einem Gotte gleich. Legte er doch beim Senate Fürbitte für mich ein und schenkte mir nicht nur das Leben, sondern erbat es auch für mich. Mag er es mit meiner Sache halten, wie er will; mag seine Gerechtigkeit sie für gut erkennen oder seine Gnade sie zur guten machen, in beiden Fällen wird seine Güte von gleichem Werte für mich sein, sei es nun, daß er von meiner Unschuld überzeugt ist, oder daß er mich unschuldig wünscht. Inzwischen ist es mir in meiner traurigen Lage ein erheblicher Trost, wie seine Barmherzigkeit sich über den ganzen Erd- kreis erstreckt. Hat sie doch aus eben dem Winkel, an den ich gebannt bin, schon mehr als einen, der da im Schutte vieler Jahre begraben lag, ausgegraben und wieder ans Tageslicht gebracht; ich brauche also kaum zu befürchten, daß er mich allein übergehen wird. Er selbst aber kennt am besten den Zeitpunkt, in dem er einem jeden die Hand reichen kann; was mich anlangt, so werde ich es ihm nach besten Kräften ermöglichen, sich meiner anzunehmen, ohne daß er zu erröten braucht. Gesegnet sei deine Gnade, mein Kaiser, der wir es verdanken, daß unter dir Verbannte ein gesicherteres Leben führen können als kürzlich noch unter Gaius die Großen des Reiches. Nicht zittern sie, nicht droht ihnen jede Stunde das Schwert, nicht beben sie beim Anblick jedes nahenden Schiffes; dir verdanken sie die Milderung eines grausamen Geschickes, sowie die Hoffnung eines besseren und die beruhigende Gegenwart. Du sollst wissen, daß Blitzschläge nur dann ganz gerecht sind, wenn auch die davon Getroffenen sie mit Ehrfurcht hinnehmen.

14. [33]. Dieser Fürst, der Menschheit zum Troste gegeben, hat, wenn mich nicht alles täuscht, deinen Mut schon wieder aufgerichtet und dein, wenn auch noch so tief verwundetes Herz durch überlegene Heilmittel glücklich behandelt. Er hat nichts versäumt, dich wieder gefaßt zu machen, hat aus seinem treuen und umfassenden Gedächtnis dir alle Beispiele vorgehalten, die dir wieder zum Gleichmut verhelfen können, hat dir die Lehren aller Weisen mit der ihm geläufigen Beredsamkeit zu Gemüte geführt. Niemand war ja doch besser dieser Aufgabe des Zuspruches gewachsen; seine Worte werden sich durch ihr Gewicht wie Orakelsprüche von denen anderer abheben. An seiner himmlichen Hoheit wird alle Kraft deines Schmerzes zuschanden werden. Denke dir also, er spräche so zu dir:

„Du bist nicht der Einzige, den sich das Schicksal zu schwerer Züchtigung ausersehen hat; es gibt kein Haus, und es hat keines gegeben auf dem ganzen Erdenrund, das nicht von tiefer Trauer heimgesucht worden wäre. Ich übergehe die Beispiele aus den Kreisen des niederen Volkes, die, wenn auch unbedeutender, doch zahllos sind; ich verweise dich auf die öffentlichen Aufzeichnungen und Jahrbücher. Siehst du sie, alle die Bilder, die die Eintrittshalle füllen? Keines ist darunter, an das sich nicht die Erinnerung an irgendwelches Familienleid knüpfte. Unter all diesen, ihren Glanz auf Jahrhunderte ausstrahlenden Männern ist kein einziger, den nicht entweder der sehnsuchtsvolle

Schmerz um die Seinigen heimgesucht hätte, oder der
von den Seinen nicht unter schwerster Seelenpein vermißt worden wäre. Soll ich dir etwa den Scipio
Africanus aufführen [12]), dem die Nachricht von dem
Tode seines Bruders in der Verbannung zuging? Derselbe Bruder, der den Bruder dem Gefängnis entrissen
hatte, konnte ihn nicht dem Tode entreißen. Und wie
unduldsam Africanus selbst mit dem gemeinen Recht
verfuhr, das zeigte sich aller Augen: denn an dem
nämlichen Tage, an dem er seinen Bruder den Händen
des Gerichtsdieners entrissen hatte, legte er, der Privatmann, Protest ein gegen das Vorgehen des Volks-
tribuns. Mit gleicher Seelengröße, wie er sie bei der
Verteidigung seines Bruders gezeigt hatte, ließ er auch
den schmerzlichen Verlust desselben über sich ergehen.
Soll ich dir noch den Aemilianus Scipio [13]) in Erinnerung
bringen, der innerhalb weniger Tage den Triumph
seines Vaters und den Tod zweier Brüder erlebte?
Noch ein Jüngling, ja fast noch ein Knabe, ließ er
inmitten der Triumphtage seines Vaters den plötzlich
über die Familie hereinbrechenden, verheerenden Sturm
mit so gefaßter Seele über sich ergehen, mit der ihn
ein Mann ertragen mußte, von dessen Geburt es ab-
hing, ob die Stadt Rom einen Scipio erhalten oder
ob Karthago unzerstört bleiben sollte."

15. [34]. „Soll ich dich etwa hinweisen auf den
Eintrachtsbund der beiden Lucullus? Oder auf die
Familie der Pompejer? Ihnen hat des Schicksals
grausame Härte nicht einmal das gewährt, daß sie
Opfer ein und desselben Zusammenbruchs wurden. Erst
überlebte Sextus Pompejus seine Schwester, mit deren
Tode das bis dahin feste Gefüge des Reichsfriedens
sich löste [14]), und eben dieser überlebte seinen trefflichen
Bruder, den das Schicksal nur dazu so hoch hatte steigen
lassen, um ihn nicht weniger tief zu stürzen als seinen Vater;

gleichwohl hat Sextus Pompejus auch nach diesem
Unglück sich stark genug gezeigt nicht uur für Ertragung des Schmerzes, sondern auch für die Anforderungen des Krieges. Unzählige Beispiele von Todesfällen, durch welche Brüderpaare getrennt wurden,
bieten sich dar, während umgekehrt sich kaum ein
einziger Fall findet, daß ein Brüderpaar miteinander
das Greisenalter erreichte. Doch will ich mich mit
den Beispielen meines Hauses begnügen. Es wird doch
wohl niemand so bar alles gesunden Gefühles sein,
daß er sich über Todesfälle beklagen möchte, die über
wer weiß wen verhängt sind vom Schicksal, von dem
er doch weiß, daß es auch dem Kaiserhaus Tränen
zugedacht hat. Der selige Augustus verlor seine geliebte Schwester Octavia; die Natur ersparte selbst
dem nicht die unabwendbare Trauer, der für den
Himmel bestimmt war, ja er ward von Todesfällen
aller Art heimgesucht und mußte sogar den Verlust
des Sohnes seiner Schwester über sich ergehen lassen,
der zu seinem Nachfolger herangebildet worden war [15]).
Doch ich will nicht alle Trauerfälle seines Hauses auf-
zählen; er verlor Schwiegersöhne, Kinder und Enkel,
und niemand in der Welt hat mehr fühlen müssen,
daß er Mensch sei, solange er unter den Menschen
wandelte. Gleichwohl wußte sich sein allen Ereignissen
gewachsenes Gemüt in all diese trauervollen Lagen
zu schicken, und der selige Augustus war nicht nur
der Überwinder so zahlreicher auswärtiger Völker,
sondern auch der Schmerzen. Gaius Caesar (Caligula),
der Enkel meines Großoheims, des seligen Augustus,
verlor in seinen Jünglingsjahren als Führer der jungen
Mannschaft seinen geliebten Bruder Lucius, gleichfalls
Führer der nämlichen jungen Mannschaft, während
der Vorbereitung zum Partherkrieg, eine Wunde, die
sein Gemüt weit schwerer traf, als später die Ver-

wundung seinen Körper; beides ertrug er ergebenen
und tapferen Sinnes. Der Kaiser Tiberius, mein Oheim,
verlor seinen jüngeren Bruder, meinen Vater, den
Drusus Germanicus, unter seinen Umarmungen und
Tränen, ihn, der das Dunkel lichtete, das über
den innersten Teilen Germaniens lagerte, und die un-
bändigsten Stämme der römischen Herrschaft unterwarf; doch setzte er nicht nur sich, sondern auch den
anderen ein Maß in der Trauer und wußte das gesamte
Heer, das nicht nur schmerzerfüllt, sondern wie vom
Donner gerührt war und den Leichnam seines Drusus
für sich in Anspruch nahm, auf Einhaltung des römischen Trauerbrauches zu beschränken und hielt nicht
mit seiner Meinung zurück, daß nicht nur für den Kriegsdienst sondern auch für die Trauer die strenge Ordnung
einzuhalten sei. Wie hätte er den Tränen anderer
Einhalt tun können, wenn er nicht zuerst die seinen
unterdrückt hätte?"

16. [35]. „Mein Großvater, Marcus Antonius, der
es mit allen aufnehmen konnte, außer mit seinem Überwinder, erhielt damals, als er mit der neuen Staats-
ordnung beschäftigt war und, mit der Triumvirats-
gewalt ausgerüstet, nichts über sich, wohl aber mit
Ausnahme seiner beiden Kollegen alles unter sich sah,
die Nachricht von dem Tod seines Bruders. Welch'
grausames Spiel, o unbändiges Schicksal, treibst du
dir selbst zur Freude mit den Leiden der Menschen! Genau
zu der Zeit, wo Marcus Antonius zu Gericht saß über
Leben und Tod seiner Mitbürger, mußte sich sein
Bruder zur Todesstrafe abführen lassen! [16]) Doch ließ
M. Antonius diese schmerzliche Wunde mit derselben
Seelengröße über sich ergehen, mit der er alle anderen
Widerwärtigkeiten überstanden hatte, und seine Trauer
bestand darin, daß er seinem Bruder mit dem Blute
von zwanzig Legionen ein Totenopfer brachte. Aber

um weitere Beispiele zu übergehen, so hebe ich auch
von den Trauerfällen, die mich selbst betreffen, nur
folgendes hervor: Zweimal hat mich das Schicksal
mit der Trauer um einen Bruder heimgesucht, zweimal
habe ich ihm, dem Schicksal, zu erkennen gegeben,
daß ich verletzt, aber nicht überwunden werden könne.
Ich habe meinen Bruder Germanicus verloren, an den
mich eine Liebe fesselte, deren Stärke sicherlich jeder
erkennt, der eine Vorstellung von treuester Bruderliebe
hat. Allein ich habe meine Herzensbewegung dermaßen
zu beherrschen gewußt, daß ich einerseits nichts ver-
absäumte, was man von einem guten Bruder verlangen
darf, anderseits nichts tat, was man an einem Fürsten
hätte tadeln können."

Das wären denn Beispiele, von denen du dir denken
mußt, daß sie der Vater des Staates dir vorführe und
damit zugleich zeige, wie gleichgültig dem Schicksal
alles Heilige und Unantastbare ist, das sich nicht
scheute, ein Haus mit Todesfällen heimzusuchen, aus
dem nach seinem Willen göttliche Wesen hervorgehen
sollten. Da wundere sich denn niemand über etwaige
Grausamkeiten oder Unbilligkeiten, die von ihm ausgehen. Denn wie könnte diese Schicksalsmacht gegen
Privathäuser irgendwelche Billigkeit oder irgendwelche
Zurückhaltung kennen, deren unstillbare Wut selbst
die Göttersitze entweiht? Mögen wir uns also noch
so sehr in Schmähungen gegen sie ergehen, nicht nur
der Einzelne sondern alle wie aus einem Munde —
es wird doch kein Wandel geschaffen; sie wird sich
durchsetzen gegen alle Bitten und Klagen. So hat
es immer mit dem Schicksal im Menschenleben gestanden, so wird es immer stehen: von nichts hält es
die Hand zurück, nichts läßt es unberührt. Seiner
Gewohnheit unverbrüchlich treu, wird es gewaltsam
durch alles hindurch sich den Weg bahnen, kühn genug,

auch in solche Häuser als Störenfried einzudringen, in die der Weg nur durch Tempel führt, und wird über die lorbeerbekränzten Pforten das Trauergewand hängen. [36]. Das Einzige, was wir von ihm durch gemeinsame Gelübde und Gebete erlangen möchten, sofern es nicht schlüssig geworden ist das Menschengeschlecht zu vernichten, sofern es noch immer dem römischen Namen seine Huld bewahrt, ist dies: möge es diesen der tief gesunkenen Menschheit geschenkten Fürsten als unantastbar gelten lassen, wie er es in den Augen aller Sterblichen ist! Möge es von ihm Gnade lernen, möge es mildherzig sein gegen den mildherzigsten aller Fürsten.

17. Du mußt also deine Blicke auf alle diejenigen richten, die ich soeben angeführt habe und die entweder in den Himmel aufgenommen worden sind oder in deiner nächsten Nähe weilen [17]), und mußt mit Gleichmut das Schicksal auch nach dir seine Hand ausstrecken lassen, die selbst diejenigen nicht verschont, bei denen wir schwören. Ihrer Festigkeit in Ertragung und Überwindung der Schmerzen mußt du nacheifern, mußt, soweit es einem Menschen nur möglich ist, den göttlichen Spuren nachgehen. Mögen auch in anderer Hinsicht Würden und hohe Geburt große Unterschiede machen, die Tugend ist für jedermann zugänglich: niemand wird von ihr zurückgesetzt, der sich ihrer nur würdig erachtet. Du wirst recht wohl es jenen Männern gleichtun können, die zwar darüber hätten ungehalten sein können, daß selbst ihnen dieses Leid nicht erspart ward, aber gleichwohl es nicht für ein Unrecht hielten, in diesem einen Punkt mit den übrigen Menschen auf gleiche Stufe gestellt zu werden, vielmehr, was über sie verhängt war, weder in allzuverbitterter und gekränkter Stimmung noch in weibischer Schmiegsamkeit über sich ergehen ließen. Denn wie es nicht

menschlich ist, für sein Leid überhaupt kein Gefühl
zu haben, so ist es nicht männlich, es nicht zu tragen.

Wenn ich alle Kaiser aufgeführt habe, denen das
Schicksal Brüder und Schwestern entrissen hat, so
kann ich doch auch den nicht übergehen, der ganz aus
der Reihe der Kaiser gestrichen werden müßte, ihn,
den die Natur zum Verderben und zur Schande der
Menschheit geschaffen hat, von dem das Reich in Grund
und Boden ruiniert und heruntergebracht worden ist,
das jetzt unseres mildherzigen Kaisers Huld wieder
zu Kräften bringt. C. Caesar (Caligula), dieser Mensch,
der weder in Schmerz noch in Lust einer fürstlichen
Haltung fähig war, ging nach dem Tode seiner Schwester
Drusilla jeder Begegnung und Unterhaltung mit seinen
Mitbürgern aus dem Weg, wohnte der Totenfeier seiner
Schwester nicht bei und erwies ihr nicht die letzte
Ehre, vielmehr suchte er sich auf seinem Albanum
beim Würfel- und Brettspiel sowie durch Aufführung
von Possen[18]) und sonstigen Zeitvertreib das Leid des
überaus schmerzlichen Todesfalls zu erleichtern. O der
Schande für das Reich! Dem um seine Schwester
trauernden römischen Kaiser mußte das Würfelspiel
Trost gewähren! Dieser nämliche Gaius ließ in wahn-
sinniger Launenhaftigkeit sich bald Bart und Haupthaar wachsen, bald trieb er sich kreuz und quer an
den Küsten Italiens und Siziliens umher, daß man nie
recht wußte, ob er seine Schwester betrauert oder ver-
göttert sehen wollte; denn in der nämlichen Zeit, wo
er ihr Tempel und Kapellen errichtete, ließ er diejenigen, die ihm nicht traurig genug gewesen waren,
mit den grausamsten Strafen belegen; zeigte er doch
denselben Mangel an Selbstbeherrschung gegenüber den
Schlägen des Unglückes wie im Rausche des Glücks,
das ihn jedes menschliche Maß vergessen ließ. Lasse
sich kein echter Römer durch dieses sein Beispiel dazu

verleiten, seine Trauer durch unzeitige Spielereien zu
verscheuchen oder durch Schmutz und Nachlässigkeit
in der Kleidung fühlbarer zu machen oder durch Leiden,
die über andere verhängt werden, sich einen Trost zu
verschaffen, der jeder Menschlichkeit spottet.

18. Du aber hast nicht nötig, in deiner Gewohnheit
eine Änderung vorzunehmen; hast du doch immer mit
Liebe dich der Beschäftigung mit denjenigen Wissensgebieten hingegeben, die, wie sie das Glück am besten
erhöhen, so am leichtesten das Unglück mindern und
dem Menschen zugleich der größte Schmuck und Trost
sind. [37]. Jetzt also versenke dich tiefer in deine
Studien, jetzt decke dich mit diesem Seelenpanzer, wie
man es nennen kann, auf daß der Schmerz nirgends
einen Zugang finden könne! Auch deines Bruders
Andenken sichere für die Zukunft durch irgend ein
literarisches Werk deiner Hand! Denn das ist das
einzige Menschenwerk, dem kein Unwetter etwas anhat,
das dem Zahn der Zeit nicht erliegt. Alles, was es
sonst durch das Gefüge von Steinen und Marmormassen
oder durch hochragende Erdaufschüttungen an Denk-
malen gibt, verspricht keine lange Dauer, denn es
geht selbst zugrunde. Unsterblich ist nur ein geistiges
Denkmal. Das stifte du deinem Bruder, dort weise
ihm seinen Platz an! Besser ist die Weihe, die du
ihm durch ein unvergängliches Geisteswerk gibst, als
die vergebliche Trauer, die du an ihn verschwendest.
Was das Schicksal selbst betrifft, so kann man zwar
jetzt nicht für die Sache desselben eintreten — denn
alles, was es an Gaben gespendet hat, ist eben deshalb,
weil es etwas entrissen hat, uns zuwider — aber die
Zeit, für dasselbe einzutreten, wird dann gekommen
sein, wenn dich die Zeit zu einem billigeren Richter
gemacht hat; dann wirst du dich mit ihm versöhnen
können. Denn es hat mancherlei Anstalten getroffen,

diese Unbill auszugleichen, und auch jetzt noch wird
es nicht geizen mit Mitteln, den Schaden wieder gut-
zumachen. War ja doch schließlich eben das, was es
dir geraubt hat, ein Geschenk aus seiner eigenen Hand.
Mache also deine Geisteskraft nicht zur Waffe gegen
dich selbst, gib dich nicht zum Gehilfen deines Schmerzes
her! Gewiß, deine Beredsamkeit ist imstande das Kleine
zum anscheinend Großen zu machen und anderseits das
Große abzuschwächen und es als Kleinstes erscheinen
zu lassen; aber sie spare dies ihr Talent für andere
Zwecke auf und mache es sich jetzt zur einzigen
Aufgabe, dich zu trösten. Gleichwohl ist bei näherem
Umsehen auch eben dies vielleicht überflüssig; denn
einen gewissen Tribut fordert die Natur von uns, aber
das meiste tut doch die Einbildung dabei. Niemals
aber werde ich von dir verlangen, daß du überhaupt
auf jede Trauer verzichtest. Ich weiß zwar, es gibt
Männer, die als Vertreter einer mehr harten als eigentlich tapferen Weisheit behaupten, der Weise werde
nie Schmerz empfinden. Es will mir scheinen, als
wären diese niemals in eine derartige Lage gekommen;
sonst hätte das Schicksal ihnen ihre hochfahrende Weisheit gründlichst ausgetrieben und sie allen Sträubens
ungeachtet zum Geständnis der Wahrheit genötigt.
Die Vernunft leistet genug, wenn sie sich darauf beschränkt, das Übermaß und die Überspannung des
Schmerzes auszuscheiden; daß sie überhaupt kein Schmerzgefühl aufkommen lassen wolle, darf niemand weder
hoffen noch wünschen. Nein, sie soll vielmehr jenes
Maß wahren, das sich gleichweit entfernt hält von
völliger Stumpfheit des Gefühls wie von rasender Leidenschaftlichkeit und uns eine Haltung verleiht, die von
einem warmen, aber dabei doch nicht leidenschaftlich er-
regten Herzen zeugt. Mögen die Tränen fließen, aber mögen
sie auch wieder aufhören, mögen sich die Seufzer aus

tiefster Brust hervorringen, aber mögen sie auch ihr
Ende finden. Beherrsche dein Gemüt so, daß du sowohl
vor Weisen wie vor deinen Brüdern damit bestehen
kannst! Laß in dir den Wunsch rege sein, oft deines
Bruders zu gedenken, in der Unterhaltung mit anderen
sein Lob zu erneuern und dir sein Bild immer wieder
in die Erinnerung zurückzurufen! Das wird dir nur
dann gelingen, wenn du dir das Andenken an ihn mehr
erfreulich als trauervoll machst; denn es ist ein natürlicher Trieb, das Gemüt möglichst abzuwenden von
dem, was uns traurig macht, wenn wir zu ihm zurückkehren. Denke an seine Bescheidenheit, an sein Geschick
in Behandlung der Geschäfte, an seine Betriebsamkeit
in ihrer Ausführung, an seine Zuverlässigkeit bei Ver-
sprechungen! Was er Bemerkenswertes sagte oder tat,
das teile anderen mit und halte es dir selbst in Erinnerung! Denke, was er war und was man von ihm
hoffen durfte; denn was hätte man von diesem Bruder
sich nicht mit Sicherheit versprechen können?

Dies habe ich, so gut es gehen wollte, nieder-
geschrieben in einer Geistesverfassung, die jeder Frische
und Regsamkeit schon längst entbehrt. Wenn es dir
einen deiner geistigen Rührigkeit wenig entsprechenden
oder zur Linderung deines Schmerzes wenig geeigneten
Eindruck macht, so bedenke, wie wenig ein Mensch,
der ganz von seinem eigenen Unglück in Beschlag genommen ist, danach angetan ist, andere zu trösten, ferner
wie wenig geläufig noch der lateinische Wortschatz
demjenigen ist, den das wirre und selbst den gebildeteren
Barbaren anstößige Geschnatter der Barbaren um-
schwirrt.

Trostschrift an seine Mutter Helvia.

Einleitung.

Das eindrucksvolle Trostschreiben des Seneca an seine edle Mutter Helvia ward veranlaßt durch den schweren Schlag, der die Familie des Seneca durch die Verbannung desselben nach Corsica im ersten Jahre der Regierung des Kaisers Claudius 41 n. Chr. völlig unerwartet traf. Diese Verbannung war das Werk nicht des Kaisers, der dem Seneca durchaus gewogen war, sondern der ränkevollen Kaiserin Messalina, die — wir wissen nichts Sicheres über die zugrunde liegende Tatsache, angeblich sträflicher Umgang mit der Julia, der Bruderstochter des Kaisers — den schwachen Kaiser vermochte, das verhängnisvolle Urteil über Seneca ergehen zu lassen. Helvia, in Spanien geboren, wo auch die Familie des Seneca heimisch war, hatte nach dem Tode ihres Gatten sich von Rom nach Spanien begeben, wo sie bei ihrem Vater in Corduba lebte. Von da hatte sie ihren geliebten Sohn in Rom besucht, ein Besuch, von dem sie zwei Tage vor der Verbannung des Seneca ahnungslos ihre Heimreise angetreten hatte. Einige Tage unterwegs, vernahm sie die Trauerkunde, durch die sie völlig gebeugt wurde. Seneca kam infolge der Untröstlichkeit der Mutter, von der er im Laufe der Zeit ausreichende Kunde erhielt, zu dem Entschluß, ein ausführliches Trostschreiben an sie zu richten, das uns zu unserer Freude und zu s e i n e r Ehre erhalten ist. Denn es ist in der Tat ein Zeugnis lauterster kindlicher Liebe nicht nur, sondern auch einer Hoheit der Gesinnung überhaupt, die ihn der höchsten Achtung würdig erscheinen läßt.

Der Reichtum seines Geistes, geadelt durch die Höhe seiner philosophischen Weltansicht, tritt uns hier wahrhaft rührend in seiner Verbindung mit den rein menschlichen Beziehungen des Lebens in ergreifender Weise entgegen. Ausgehend vom Irdischen mit all seinem unabwendbaren Leid, weiß er des Geistes Eigenmacht und Freiheit in das hellste Licht zu stellen und den Blick von der Trübsal der Erde immer wieder emporzulenken nach dem Ewigen, als dessen sichtbares Abbild sich uns die Pracht des ge-

stirnten Himmels in voller Großartigkeit kundgibt. Bei dergleichen
Stellen seiner Schrift — wie sie ähnlich auch in dem innerlich
eng verwandten Trostschreiben an Marcia sich finden — fühlt
man sich unwillkürlich an die Kantischen Worte erinnert: „Zwei
Dinge erfüllen das Gemüt mit immer neuer und zunehmender
Bewunderung und Ehrfurcht, je öfter und anhaltender sich das
Nachdenken damit beschäftigt: der bestirnte Himmel über mir
und das moralische Gesetz in mir. Der erstere Anblick einer
zahllosen Weltenmenge vernichtet gleichsam meine Wichtigkeit,
als eines tierischen Geschöpfes, das die Materie, daraus es ward,
den Planeten wieder zurückgeben muß, nachdem es eine kurze
Zeit mit Lebenskraft versehen gewesen. Der zweite erhebt dagegen
meinen Wert, als eine I n t e l l i g e n z , unendlich, durch meine
Persönlichkeit, in welcher das moralische Gesetz mir ein vor der
Tierheit und selbst vor der ganzen Sinneswelt unabhängiges Leben
offenbart."

Es sind dies in der Tat die beiden Angelpunkte, um die sich
das Denken und Wollen des Seneca dreht: die Erkenntnis der
äußeren Natur mit ihrem erhabenen und erhebenden Abschluß,
dem Sternenhimmel, und die unablässige Arbeit an unserer sittlichen Förderung.

Rein schriftstellerisch genommen, hatte Seneca in der eigen-
tümlichen Lage, in der er sich befand, sicherlich keine geringen
Schwierigkeiten zu überwinden. Denn wie er uns gleich zu Beginn seines Schreibens mitteilt, bot die ganze umfangreiche, mit
Ausnahme der einschlägigen Schriften Senecas und je einer Schrift
des Cicero und des Plutarch uns verloren gegangene Literatur der
Trostschriften—deren hervorstechendste und gepriesenste Leistung
die Trostschrift des Akademikers Krantor war — kein einziges
Beispiel dafür, daß einer, der selbst Gegenstand der Trauer war,
sich zum Tröster der Seinigen machte. Er war in einer ähnlichen,
aber doch wieder ganz anderen Lage wie Cicero, der nach dem
Tode seiner Tochter eine Consolatio an sich selbst richtete, von
der er selbst in einem Brief an Atticus (XII 14, 3) sagt: Quin
etiam feci, quod profecto ante me nemo, ut ipse me per litteras
consolarer, quem librum ad te mittam, si descripserint librarii.
Adfirmo tibi nullam consolationem esse talem. Auch das Trostschreiben des Plutarch an seine Gattin nach dem Verlust eines
Töchterleins steht auf einem anderen Blatte als das des Seneca.
Man wird ihm, dem Seneca, nachrühmen dürfen, daß er sich dieser
ganz einzigen Aufgabe in einer Weise zu entledigen gewußt hat,
für die ihm die Nachwelt dankbar ist.

Inhaltsübersicht.

Einleitung.

Abwägung der Gründe, die für und die gegen die Ausführung seiner Absicht sprechen, ein Trostschreiben an die Mutter zu richten. c. 1—3.

I. Die Mutter hat keinen Grund, ihn selbst zu betrauern. c. 4—13.

Er selbst ist seiner Schilderung nach durchaus nicht unglücklich, und mehr noch: er kann auch nicht unglücklich werden: davor bewahrt ihn sein bisheriger Bildungsgang, der ihn gelehrt habe, auf alles gefaßt zu sein. Seine durchgebildete philosophische Überzeugung gehe dahin, daß, was man gewöhnlich wünsche oder fürchte, überhaupt kein Gut sei. c. 4. 5.

Verbannung ist nichts weiter als Ortsveränderung. Ortsveränderung aber ist allgemeines Menschenlos, wie es die Verhältnisse nicht nur der Einzelnen, sondern ganzer Völker durch ihre Wanderungen dartun. Beispiel: Bevölkerungswechsel in Corsica. Der Mensch findet einerseits überall die sich gleich bleibende Natur wieder und kann anderseits, was er Gutes in sich hat, überallhin mit sich nehmen. Er kann überall den Himmel, dies erhabenste Schauspiel, anschauen, und die Tugend findet überall eine ausreichende Wohnstätte. Beispiel des Marcellus c. 6—9.

Armut ist keine Erschwerung der Verbannung. Der Arme ist eher fähig, sich in alles zu finden, als der Reiche. Hinweis auf die Genügsamkeit der Altvorderen. Beispiele von Armut großer Männer. c. 10—12.

Die Verbannung ist auch dann erträglich, wenn sie angeblich mit anderen Demütigungen verbunden ist, wie z. B. mit Schande; für den Weisen gibt es keine Erniedrigung: die Tugend steht siegreich gegen jeden Angriff. c. 13.

II. Auch um ihrer, der Mutter, selbst willen ist die Trauer nicht gerechtfertigt. c. 14—19.

Die Mutter habe keinen Grund zu klagen, daß sie an ihm eine Stütze verloren hätte. Sie selbst sei immer die Wohltäterin ihrer Kinder gewesen, nicht umgekehrt. Aber auch an sich sei ihre Sehnsucht nach dem Sohne nicht unerträglich, denn sie habe eine lange Schule von Schmerzen durchgemacht, durch die sie gegen eine anhaltende Trauer gesichert sein müßte. c. 14. 15.

Ihre Tugend und oft bewährte Seelenkraft überhebe ihn eigentlich der Aufgabe, durch Beispiele anderer Frauen sie von ihrer Trauer zu heilen. Doch verweise er auf Frauen wie Cornelia und Rutilia. c. 16.

Die wirksamste Hilfe gegen die Trauer liegt nicht in Zerstreuung, sondern in gesammelter innerer Tätigkeit durch möglichst eindringliche Beschäftigung mit den Wissenschaften. c. 17.

Aber auch die äußeren Verhältnisse bieten Grund genug zum Troste: der Besitz ihrer übrigen Söhne, ihrer Enkel, ihres Vaters und vor allem ihrer edlen Schwester, eines Musters von Seelenkraft und aufopfernder Selbstlosigkeit. c. 18. 19.

---

1. Schon oft, liebste Mutter, nahm ich den Anlauf dazu, dir Trost zuzusprechen; immer wieder aber hielt ich damit zurück. Vieles forderte mich dazu auf, es zu wagen: erstens wollte es mir scheinen, als würde ich all meines Ungemachs ledig werden, wenn ich deine Tränen, wenn auch nicht völlig zum Versiegen bringen, so doch einstweilen wenigstens abtrocknen könnte; sodann versprach ich mir auf das bestimmteste mehr Erfolg in meinem Bestreben dich aufzurichten, wenn ich selbst mich zuerst zu einem derartigen Schritt entschlösse; zudem fürchte ich, das von mir überwundene Schicksal könne sich dadurch rächen, daß es irgend einen von den Meinigen sich zu seinem Opfer ausersehen würde. Darum wollte ich unter allen Umständen, meine eigene Wunde mit der Hand verdeckend, mich leise daran machen, euere Wunden zu verbinden.

Diesen meinen Vorsatz brachte mancherlei wieder ins Stocken; deinem Schmerz, das wußte ich, darf man sich nicht entgegenstemmen, weil sonst die Trostmittel selbst ihn nur reizen und steigern — ist doch bei Krankheiten nichts verderblicher als eine zur Unzeit gereichte Arzenei —: ich legte mich also aufs Warten, bis sich seine Kraft von selbst bräche und er, durch den Aufschub empfänglich gemacht für die Heilmittel,

der Berührung und Behandlung zugänglich wäre.
Zudem gelang es mir nicht, bei meinem Bemühen um
Bekanntschaft mit sämtlichen Werken der hervor-
ragendsten Geister, die auf Beruhigung und Linderung
der Trauer abzielen, auch nur ein einziges Beispiel zu
finden [1] dafür, daß einer die Seinigen getröstet hätte,
während er selbst Gegenstand der Trauer ihrerseits
war. So war ich in diesem sonderbaren Ausnahmefall
ratlos und mußte befürchten, mein Vorgehen würde
nicht auf Tröstung hinauslaufen, sondern nur auf Auf-
reizung der Wunde. Man bedenke: mußte nicht ein
Mensch, der mitten vom Scheiterhaufen sein Haupt erhebt, zum Troste der Seinigen ganz neue, nicht der
täglichen Umgangssprache entlehnte Worte wählen?
Jeder gewaltige und maßlose Schmerz macht aber
notwendigerweise unfähig zu sorgsamer Auswahl der
Worte; benimmt er einem doch oft genug die Stimme
überhaupt. Dem mag sein, wie ihm wolle, ich werde
meine ganze Kraft einsetzen, nicht im Vertrauen auf
mein Talent, sondern weil ich mit meiner eigenen
Person Tröster sein kann an Stelle des wirksamsten
Trostverfahrens. Ihm, dem du nichts abschlagen könntest,
ihm wirst du, mag auch der Schmerz noch so trotzig
und rücksichtslos sein, doch hoffentlich dein Einver-
ständnis dazu nicht versagen, daß deiner Sehnsucht
von mir eine Grenze gesetzt werde.

2. Entnimm daraus, wieviel ich mir von deiner
Herzensgüte verspreche: ich zweifle nicht, daß ich bei
dir mehr vermögen werde, als dein Schmerz, der bei
Unglücklichen an Gewalt alles andere hinter sich läßt.
Daher will ich auch nicht sofort den Kampf mit ihm
aufnehmen, will ihm vielmehr erst zur Seite stehen
und seine Ursprünge darlegen; ich werde alles vorbringen und auch wieder aufreißen, was schon ver-
narbt ist. Da wird einer sagen: „Was ist das für

eine Art zu trösten, wenn man vergessene Leiden in
der Erinnerung wieder auffrischt und die Seele all
ihr Ungemach wieder schauen läßt, sie, die doch kaum
auch nur ein einziges über sich ergehen lassen mag?"
Indes, wer so fragt, mag bedenken, daß alles, was in
dem Maße verderblich ist, daß es durch seine Kraft
das Heilmittel abwehrt, häufig genug durch das Gegenteil geheilt wird [2]). Ich werde solchem Frager daher
all seine Trauerfälle, all seine Leiden vorführen. Das
heißt nicht auf sanftem Wege heilen, sondern durch
Brennen und Schneiden. Und der Erfolg? Seine Seele,
die Siegerin über so zahlreiche Leiden, wird sich schämen,
an einem so narbenreichen Körper über eine einzige
Wunde so ungebärdig zu sein. Mögen daher diejenigen
weinen und klagen, denen langandauerndes Glück ihr
verzärteltes Gemüt entnervt hat, mögen sie beim
leisesten Druck von Unbill in sich zusammensinken.
Wen aber das Unglück Jahr für Jahr verfolgt hat,
der möge auch die schwersten Schicksalsschläge mit
tapferer und unerschütterlicher Standhaftigkeit über
sich ergehen lassen. Ununterbrochenes Unglück hat
doch das e i n e Gute, daß es diejenigen, die es immer
wieder heimsucht, schließlich hart macht. Dir hat das
Schicksal keine Unterbrechung in den schmerzlichsten
Trauerereignissen gegönnt. Selbst dein Geburtstag
macht davon keine Ausnahme: du hast deine Mutter
gleich nach der Geburt verloren oder vielmehr noch
während deiner Geburt, und fürs Leben warst du
gleichsam ein ausgesetztes Waisenkind. Aufgewachsen
bist du unter einer Stiefmutter; du hast sie zwar durch
volle Ergebenheit und kindliche Ehrfurcht, wie sie
sogar an einer wirklichen Tochter sich sehen lassen
kann, gezwungen, dir zur Mutter zu werden; indes
wen gäbe es, dem nicht auch eine gütige Stiefmutter
teuer zu stehen käme? Den gütigen Oheim [3]), diesen

trefflichen und wackeren Mann, hast du verloren, als du seine Ankunft erwartetest, und, auf daß das Schicksal seine Grausamkeit nicht durch Verzug dir leichter mache, hast du kaum dreißig Tage danach deinen teueren Gatten [4]), von dem du Mutter von drei Kindern warst, zu Grabe getragen. Dir, der Trauernden, wurde der Trauerfall gemeldet in Abwesenheit aller Kinder, als ob absichtlich auf diese Zeit alle Schicksalsschläge zusammenträfen, auf daß du keinen Ruhepunkt fändest für deinen Schmerz. Ich übergehe die zahlreichen Gefahren und Beängstigungen, die du über dich ergehen lassen mußtest, so wie sie unausgesetzt über dich hereinbrachen. Eben erst hast du in denselben Schoß, dem drei Enkel entstammten, die Asche dreier Enkel aufgenommen; zwanzig Tage, nachdem du meinen Sohn, der unter deinen Händen und Küssen gestorben, beerdigt hattest, erhieltest du die Kunde von meiner Verbannung: das hatte dir noch gefehlt, daß du um Lebende trauern mußtest.

3. Von allen Wunden, die deinen Körper jemals trafen, ist diese jüngste, ich gestehe es, die schwerste; sie hat nicht bloß die Haut geritzt, sondern hat sich tief eingebohrt in Brust und Eingeweide. Aber wie die jüngsten Soldaten schon bei leichter Verwundung laut aufschreien und die Hand des Arztes mehr noch fürchten als das Schwert, die Veteranen dagegen, wenn auch noch so schwer verwundet, geduldig und ohne jeden Seufzerlaut, als ginge es sie nichts an, sich des Eiters entledigen lassen, so mußt auch du jetzt tapferen Mutes die Heilung über dich ergehen lassen. Jammer, Wehgeheul und sonstiges stürmisches Gebahren, in denen der weibliche Schmerz sich gemeinhin austobt, bleibe fern von dir; denn umsonst wärest du ja von so zahlreichen Leiden heimgesucht worden, wenn du noch immer nicht gelernt hättest, unglücklich zu sein. Bin ich etwa

schüchtern mit dir verfahren? Ich habe dir keine
deiner Heimsuchungen vorenthalten, habe sie vielmehr
alle in voller Häufung dir vor Augen gestellt.

4. Dazu gehörte viel Mut; denn ich habe es mir
zur Aufgabe gemacht, deinen Schmerz völlig nieder-
zukämpfen, nicht etwa, ihm nur Schranken zu setzen.
Ich werde dies aber, denk' ich, erreichen, wenn ich
erstens zeige, daß mir überhaupt kein Leid wiederfährt,
wegen dessen ich unglücklieh genannt werden könnte,
geschweige denn, daß ich damit diejenigen unglücklich
machen könnte, die mir nahe stehen; sodann aber werde ich
mich dir zuwenden und dartun, daß auch dein Schicksal,
das ganz von dem meinigen abhängt, kein unerträgliches sei.

Laß mich beginnen mit dem, was dein Mutterherz
vor allem zu vernehmen verlangt, daß ich kein Unglück
leide. Gelingt mir das, so werde ich beweisen, daß
eben die Umstände, unter denen ich deiner Meinung
zufolge zu leiden habe, nicht unerträglich sind. Kann
ich aber damit keinen Glauben finden, so wird meine
Achtung vor mir selbst nur steigen, insofern als ich
mich glücklich fühle unter Verhältnissen, die sonst
nur Unglück über die Menschen zu bringen pflegen.
Was mich anlangt, so hast du nicht nötig, anderen
zu glauben. Ich selbst gebe dir, um dir die Aufregung über haltlose Meinungsäußerungen zu ersparen,
die Versicherung, daß ich nicht unglücklich bin. Und,
damit du um so sorgloser seiest, füge ich noch hinzu,
daß ich überhaupt gar nicht unglücklich werden kann.

5. Was uns bei der Geburt mitgegeben ward, ist
gut, wenn wir dieser Mitgabe nicht untreu werden.
Die Natur hat Sorge getragen, daß es zu einem glücklichen Leben keiner großen Veranstaltungen bedarf:
ein jeder kann sich glücklich machen. Auf äußere
Zufälligkeiten kommt wenig an; weder nach der guten
noch nach der schlimmen Seite hin haben sie viel zu

besagen: den Weisen macht weder das Glück übermütig, noch beugt ihn das Unglück nieder; denn all sein Bestreben war darauf gerichtet, den eigenen Wert nach Kräften zu erhöhen und sich selbst zum Quell aller Freude zu machen. Wie also? Gebe ich mich selbst für einen Weisen[5]) aus? Nichts weniger als dies; denn könnte ich das von mir behaupten, so würde ich damit nicht nur leugnen, daß ich unglücklich sei, sondern mich als den allerglücklichsten Menschen preisen, als ein Wesen, das in die Nähe der Gottheit gerückt sei. Tatsächlich aber genügt es mir, zur Linderung aller Leiden mich der Führung weiser Männer anvertraut zu haben und, noch zu schwach zur Selbsthilfe, mich unter den Schutz anderer gestellt zu haben, solcher nämlich, denen es leicht fällt, sich und die Ihrigen zu schützen. Sie haben mir die Weisung gegeben, beständig wie auf Posten zu stehen und auf alle Anschläge des Schicksals, auf alle seine Angriffe im voraus gefaßt zu sein, schon lange ehe sie wirklich erfolgen. Nur für die ist es verhängnisvoll, die sich von ihm überraschen lassen. Wer immer darauf vorbereitet ist, dem fällt es nicht schwer, durchzuhalten. Streckt doch auch der Anmarsch der Feinde diejenigen zu Boden, die ahnungslos von ihm überrascht werden, während diejenigen, die sich längst v o r dem Kriege für den kommenden Krieg gerüstet haben, in guter und wohlgefügter Ordnung den ersten und damit den stürmischsten Stoß leicht aufnehmen. Niemals habe ich dem Schicksal getraut, auch wenn es Frieden zu halten schien; allem, was es mir mit freundlichster Güte spendete, Geld, Ehrenstellen, Einfluß, habe ich einen Platz angewiesen, von dem es mir durch seine Hand wieder genommen werden konnte, ohne daß ich dadurch im geringsten beunruhigt wurde. Ich ließ einen großen Zwischenraum zwischen diesen Geschenken

und mir; so hat es mir dieselben zwar weggenommen,
aber nicht gewaltsam von mir losgerissen. Mißgeschick
beugt nur den, der sich durch Glück täuschen läßt.
Diejenigen, welche die Gaben desselben als ihr Eigentum und als dauernd betrachten und auf Grund derselben Anspruch auf besonders hohes Ansehen machen,
fühlen sich wie vernichtet, wenn ihre eitelen und kin-
dischen Seelen, denen jede echte Lust fremd ist, von
ihren trügerischen und flatterhaften Erlustigungen sich
trennen müssen; wer dagegen durch das Glück sich
nicht hat verblenden lassen, den macht auch der Glücks-
wechsel nicht unglücklich. Gegen beide Möglichkeiten
bewahrt er seine unüberwindliche Seelenstärke, deren
Kraft fest erprobt ist; denn gerade im Glück erprobt
er, was gegen das Unglück Stich halte. Daher habe
ich immer geglaubt, daß dem, was Gegenstand allgemeinen Wunsches ist, nichts wahrhaft Gutes inne-
wohne: vielmehr habe ich es als leer erfunden und
als nur blendend, weil übertüncht mit glänzender
Farbe, innerlich nichts in sich bergend, was dem äußerlichen Reiz entspräche: jetzt bin ich soweit, daß ich
in dem, was man „Übel“ nennt, nichts so Schreckliches
und Hartes finde, wie es die herrschende Volksmeinung
bedrohlich ankündigt. Das Wort selbst zwar hat infolge einer gewissen verführerischen Übereinkunft jetzt
einen etwas harten Klang und schlägt an unser Ohr wie
etwas Hartes und Verwünschenswertes: so hat es der
Wille des Volkes geboten; allein Volksbeschlüsse werden
von den Weisen größtenteils nicht als gültig anerkannt.

6. Sehen wir also ab von dem Urteil der Mehrzahl, die sich durch den ersten äußeren Eindruck der
Dinge, je nach dem, wie er sich einmal in der Meinung
der Leute festgesetzt hat, bestimmen läßt, und untersuchen, was denn Verbannung tatsächlich sei. Sie ist
doch nichts anderes als Ortsveränderung. Doch will

ich nicht den Schein erwecken, als wollte ich die Bedeutung des Wortes abschwächen und gerade das Schlimmste, was in ihm enthalten ist, in Abzug bringen; so füge ich denn hinzu: diese Ortsveränderung bringt mancherlei Nachteile mit sich, als da sind Armut, Schande, Verachtung. Mit diesen Nachteilen werde ich nachher abrechnen; für jetzt will ich zunächst die Aufmerksamkeit auf die Frage hinlenken, was denn die Ortsveränderung selbst für Bitternisse mit sich bringe.

„Das Vaterland zu missen ist etwas Unerträgliches." So sagt man. Nun schau' doch hin auf dieses Gedränge des Volkes, dem die Häusermasse der unermeßlichen Stadt kaum genügt. Der größte Teil dieser Menge verzichtet auf sein Heimatland. Aus Munizipien und Kolonien, ja von allen Seiten des Erdkreises her sind sie da zusammengeströmt: die einen hat der Ehrgeiz hergeführt, die anderen das Gebot des Staatsdienstes, andere wieder der Gesandtschaftsdienst, noch andere die Genußsucht, die für ihre Laster eine willkommene und reich ausgestattete Stätte sucht, andere der Trieb nach höherer Bildung, andere Schauspiel und Bühne; manche zog irgend ein Freundschaftsverhältnis hierher, manche ihre Geschäftsgewandtheit, die hier reiche Gelegenheit findet, ihre Vorzüge zur Geltung zu bringen; wieder andere bringen hier ihre Schönheit zu Markte, noch andere ihre Beredsamkeit; kurz, es gibt keinen Lebensberuf, dessen Vertreter nicht in dieser Stadt zusammenströmten, die den Tugenden wie den Lastern hohe Preise aussetzt. Laß sie alle ihre Namen angeben, frage sie alle nach ihrer Heimat — du wirst sehen: weitaus die Überzahl bilden die, die ihre Heimat verließen, um in Rom ihr Fortkommen zu suchen, dieser zwar größten und schönsten Stadt, die aber nicht ihr Geburtsort ist.

Verabschiede dich denn von dieser Stadt, die man gewissermaßen als Allerweltstadt bezeichnen könnte, und tritt eine Wanderung an durch alle sonstigen Städte: du findest keine, die nicht ein gut Teil zugewanderten Volkes in sich birgt. Setze die Wanderung von solchen Orten, deren liebliche Lage und anmutige Umgebung größere Besucherscharen anlockt, weiter fort nach anders gearteten; schaue dir öde Gegenden, rauhe Inseln, schaue dir Sciathus und Seriphus an, Gyarus und Corsica[6] — du wirst keinen Verbannungsort finden, wo nicht irgend jemand zu seinem Vergnügen sich aufhielte. Wo kann man sonst ein Gelände finden, so nackt, ringsum so steil ansteigend wie dieses Felsgebilde? Was gäbe es Armseligeres in bezug auf Lebensmittel? Was Unwirtlicheres für Menschen? Was Unerfreulicheres in bezug auf das Landschaftsbild? Was Unregelmäßigeres in bezug auf das Klima? Gleichwohl finden sich hier mehr Fremde als Einheimische. Mit der Ortsveränderung an sich hat es also sowenig auf sich, daß selbst dieser Ort manch einen seiner Heimat abwendig macht.

Es gibt meiner Erfahrung nach Leute, die behaupten, es wohne der Seele ein gewisser natürlicher Reiz inne, den Wohnsitz zu verändern und sich anderwärts anzusiedeln; denn dem Menschen ist ein beweglicher und unruhiger Geist gegeben, er bindet sich nirgends, breitet sich aus und läßt seine Gedanken nach allem Bekannten und Unbekannten schweifen, unstät, der Ruhe abhold und hocherfreut durch ungewöhnliche Eindrücke. Darüber wirst du dich nicht wundern, wenn du seinen ersten Ursprung betrachtest: er, der Geist, ist nicht erwachsen aus irdischer und schwerer Körpermasse, er ist hernieder gekommen aus jenem himmlischen Geist. Das Himmlische aber ist seiner Natur nach immer in Bewegung; es ist flüchtig und enteilt in schnellstem Lauf. Schau' hin auf die

Gestirne, die der Welt ihr Licht spenden; keines von ihnen verharrt an derselben Stelle. Die Sonne ist in beständigem Lauf und wechselt ohn' Unterlaß ihren Platz, und obschon sie sich mit dem Himmel umdreht, verfolgt sie doch zugleich eine der des Himmels selbst entgegengesetzte Richtung, durchläuft alle Zeichen des Tierkreises und hält nirgends Rast; sie ist in unaufhörlicher Bewegung und Wanderung begriffen von einer Stelle zur anderen. Alle Gestirne vollziehen so immer ihren Kreislauf und kennen keinen Stillstand; wie es Gesetz und Naturnotwendigkeit anordnet, vollziehen sie ihren Lauf, jeder in seiner Bahn; haben sie in bestimmten Perioden ihre Kreisbahnen durchlaufen, so werden sie ihren Lauf durch die zurückgelegten Bahnen wiederholen. Nun wage es und komme mir mit der Meinung, der menschliche Geist, der aus den nämlichen Keimen zusammengesetzt ist, die sich im göttlichen finden, widerstrebe dem Ortswechsel und dem Wandern in die Fremde, während die göttliche Natur an der beständigen und schleunigsten Veränderung ihre Freude hat und sich durch sie erhält!

7. Nun frisch ans Werk! Von den himmlischen Erscheinungen wende den Blick auf die der Menschenwelt! Da wirst du finden, daß ganze Stämme und Völkerschaften ihren Wohnsitz geändert haben. Was bedeutet für uns das Vorhandensein griechischer Städte inmitten barbarischer Landschaft? Was die mazedonische Sprache unter Indern und Persern? Das Scythenland und jener ganze Landstrich von wilden und ungebändigten Völkern zeigt uns achäische Gemeinden, die an den Küsten des Pontus sich angesiedelt haben. Weder des ewigen Winters Grimm noch die Sinnesart der Bewohner, abschreckend wie ihr Himmel, haben der Übersiedelung Einhalt getan. In Asien gibt es Athener in Menge. Milet hat einen Bevölkerungsstrom von

fünfundsiebzig Städten in die verschiedensten Gegenden
von sich ausgehen lassen. Die ganze Küste Italiens,
die von dem unteren Meere bespült wird, war Groß-
griechenland. Die Etrusker gehören nach Asien. In
Afrika wohnen Tyrier, in Spanien Punier; Griechen
haben sich in Gallien angesiedelt, Gallier in Griechenland; die Pyrenäen haben den Übergang der Germanen[7])
nicht unmöglich gemacht: durch unwegsame und unbekannte Länderstrecken hat die Menschen ihre beweg-
liche Leichtfertigkeit glücklich hindurchkommen lassen.
Kinder, Weiber und greise Eltern schleppten sie mit
sich[8]). Erschöpft von dem ewigen Umherirren wählten
die einen ihren Wohnplatz nicht nach wohlüberlegtem
Entschluß, sondern legten, wie die Müdigkeit es ihnen
eingab, Beschlag auf den ersten besten Landstrich;
die anderen machten sich durch Waffenrecht zu Herren
des fremden Landes; manche wurden auf der Fahrt
nach unbekannten Ländern von den Meereswogen ver-
schlungen; wieder andere setzten sich da fest, wo der
völlige Mangel an weiteren Hilfsmitteln sie zum Stillstand zwang. Auch zwang nicht alle der nämliche
Grund dazu, ihr Vaterland zu verlassen und ein neues
aufzusuchen: einige trieb die Zerstörung ihrer Städte
durch Feindeswaffen, denen sie unter Verlust ihrer
Habe entkommen waren, in ferne Länder; andere brachte
heimischer Aufruhr auf die Beine; noch anderen ward
unerträglich wachsende Übervölkerung Anlaß zum Verlassen der Heimat, um diese zu entlasten; wieder andere
trieben Pest oder häufige Erdbeben oder irgendwelche
unerträgliche Übelstände des unergiebigen Bodens zur
Auswanderung; einige ließen sich auch durch die unsichere Kunde von fruchtbaren und maßlos gepriesenen
Landstrichen dazu verführen. Bei den einen war es
dieser, bei den anderen jener Grund, der sie der Heimat
entfremdete. So viel ist jedenfalls klar: nichts ist an

seinem Ursprungsort stehen geblieben. Unaufhörlich
zerstreut sich die Menschheit nach allen Richtungen;
täglich spielen sich auf dem weiten Erdkreis Ver-
änderungen ab: neue Städte werden gegründet, Völker
mit neuen Namen tauchen auf nach Vertilgung der
früheren oder nach ihrer Einverleibung in das Gemeinwesen eines stärkeren Volkes. Alle jene Umsiedelungen
und Wanderungen der Völker, was sind sie anders
als Massenverbannungen?

Doch wozu deine Geduld ermüden durch so lange
Umschweife? Was hat es für einen Zweck, den An-
tenor dir vorzuführen, den Gründer von Patavium, und
den Euander, der am Ufer des Tiber eine arkadische
Herrschaft aufrichtete? Wozu den Diomedes und die
anderen, welche der trojanische Krieg als Besiegte
zugleich und als Sieger über fremde Länder zerstreute?
Ehrt ja das römische Reich als seinen Stifter einen
Verbannten, den nach dem Fall seiner Vaterstadt die
Not und die Furcht vor dem Sieger als weit umher-
irrenden Flüchtling mit dem geringen Rest seiner
Mannschaft nach Italien verschlug. Dies Volk, wieviele Kolonien hat es dann in alle Provinzen entsandt!
Wo der Römer gesiegt hat, da hat er sich angesiedelt.
Zu solcher Ortsveränderung meldete man sich gern
aus freien Stücken, und selbst der Greis[9]) trennte sich
von seinen Hausaltären und folgte den Kolonisten über
das Meer.

Es bedarf keiner weiteren Aufzählung; nur eines
sei noch hinzugefügt, was sich meinem Blicke aufdrängt:
eben diese meine Insel hier hat schon oft ihre Bewohner
gewechselt. Ich übergehe die Urzeiten, die im Dunkel
fernster Vergangenheit liegen, und beginne mit den
Griechen. Es waren die jetzigen Massilioten, die vor
der Gründung von Massilia sich hier auf dieser Insel
ansiedelten. Was sie von hier verscheucht hat, ist

ungewiß, ob die Ungunst des Klimas oder der Blick
auf das übermächtige Italien oder der Mangel an natürlichen Häfen; denn daß die Wildheit der Bewohner
als etwaiger Grund nicht in Frage kommt, erhellt
daraus, daß sie sich unter den gerade damals besonders
wilden und aller Ordnung widerstrebenden gallischen
Völkerschaften anzusiedeln wußten. Es hielten dann
die Ligurer ihren Einzug auf der Insel; auch Spanier
siedelten auf sie über, wie sich an gewissen Bräuchen
und Erscheinungen zeigt; denn sie haben dieselbe Kopf-
bedeckung und die nämliche Art von Schuhwerk wie
die Cantabrer; auch finden sich einige cantabrische
Wörter bei ihnen, wenn auch nur in geringer Zahl;
denn die Sprache im ganzen hat durch den Verkehr
mit den Griechen und den Ligurern ihren ursprünglichen Charakter verloren. Späterhin sind zwei Kolonien römischer Bürger dahin geleitet worden, die eine
von Marius, die andere von Sulla: so vielfachem Wechsel
ist die Bevölkerung dieses dürren und dornigen Felsen-
eilandes unterworfen gewesen. Überhaupt findet sich
wohl kaum ein Land, das auch jetzt noch seine Ur-
einwohner innehaben; alles ist durcheinander gemischt
und mit Fremdartigem versetzt. Einer hat den anderen
abgelöst: der eine hat mit aller Kraft erstrebt, was
dem anderen ein Greuel war, und mancher ist aus einem
Ort verjagt worden, von dem er andere verdrängt hatte.
So hat es nun eben die Vorsehung gewollt, daß keinem
Dinge ein Schicksal beschieden sei, das dauernden
Bestand habe.

8. Was den Ortswechsel an und für sich anlangt,
abgesehen von den sonstigen Unzuträglichkeiten, die
eine Verbannung mit sich bringt, so hält Varro[10]), der
größte römische Gelehrte, d e n Umstand für ein zu-
längliches Ausgleichsmittel, daß wir, gleichviel, wohin
wir auch kommen, die Natur immer sich selbst gleich

finden. Und Marcus Brutus glaubt, man könne sich zufrieden damit geben, daß, wer in die Verbannung geht, alles, was er innerlich Gutes in sich hat, mit sich nehmen könne[11]). Mag mancher auch der Meinung sein, eines dieser beiden Mittel für sich sei nicht wirksam genug, den Verbannten zu trösten, so wird er doch zugeben müssen, daß beide vereint ihre Wirkung kaum verfehlen können. Denn wie gering ist doch alles das, was wir verloren haben! Zwei unvergleichlich herrliche Güter begleiten uns, wohin wir auch unsere Schritte wenden: die überall sich wiederfindende Natur und was wir persönlich Gutes in uns haben. Dies ist, glaube mir, das Ergebnis der Wirksamkeit jenes unergründlichen Wesens, das der Bildner des Weltalls ist, sei er nun ein allmächtiger Gott oder eine körperlose Vernunft als Schöpferin gewaltiger Werke, oder ein göttlicher Hauch, der Größtes und Kleinstes mit gleichmäßiger Stärke durchströmt, oder ein Fatum und eine unabänderliche Reihenfolge von unter sich zusammenhängenden Ursachen und Wirkungen: dafür, sage ich, ist gesorgt, daß nur die erbärmlichsten Kleinigkeiten von fremder Willkür abhängen. Alles, was für die Menschen von höchstem Werte ist, ist der menschlichen Willkür entrückt und kann weder gegeben noch genommen werden. Diese Welt, das größte und schönste aller Naturgebilde, und der Geist, der Betrachter und Bewunderer der Welt, ihr erhabenster Teil — sie gehören uns und bleiben uns treu und werden solange mit uns dauern als wir selbst dauern. Daher laß uns frisch und aufrecht, es sei wohin es wolle, unbeirrten Schrittes eilen, laß uns Land um Land durchwandern — soweit die Welt reicht, läßt sich keine Verbannungstätte finden; denn nichts, was innerhalb der Welt ist, ist dem Menschen fremd. Von welchem Standpunkt auch der Blick von der Erdfläche sich nach dem Himmel erhebt,

in gleichen Abständen ist alles Göttliche von allem
Menschlichen entfernt. Solange also meine Augen von
jenem Schauspiel, an dem sie sich nicht satt sehen
können, nicht gewaltsam abgelenkt werden, solange es
mir noch gegönnt ist, Sonne und Mond anzuschauen,
solange ich noch mich in die Betrachtung der übrigen
Gestirne vertiefen, solange ich ihrem Aufgang und
Untergang, ihren Entfernungen voneinander und den Ursachen ihres schnelleren oder langsameren Umlaufes
nachspüren kann, solange ich noch das die Nacht er-
leuchtende Sternenheer anblicke, die einen unbeweglich,
die anderen nicht in weite Räume hinausschweifend,
sondern in ihren engen Bahnen sich bewegend, einige
plötzlich aufflackernd, andere durch einen Feuerstrom
die Augen blendend, als wollten sie herabfallen, oder
mit langgezogenem, hellstrahlendem Lichtschweif schnell
vorüberziehend — solange ich mit ihnen verkehre und
mich, soweit es dem Menschen vergönnt ist, den Scharen
der Himmlischen beigeselle, solange ich meinen nach
Betrachtung der ihm verwandten Dinge sich sehnenden
Geist immer nach oben gerichtet halte, was macht es
mir da aus, worauf mein Fuß trete?

9. „Aber dieses Land hat keinen Boden für frucht-
bringende oder sonst erfreuliche Bäume; es wird nicht
bewässert durch große und schiffbare Flußläufe; es
bringt nichts hervor, was für andere Völker begehrenswert wäre; kein kostbares Gestein wird hier gebrochen,
kein Gold oder Silber gegraben." Dürftig ist der Geist,
der alle seine Freude am Irdischen hat: man muß ihn
hinleiten auf das, was überall in gleicher Gestalt erscheint, überall den gleichen Glanz zeigt. Auch das
ist zu bedenken, daß diese Nichtigkeiten den wahren
Gütern im Wege stehen durch ihre Unwahrheit und
dadurch, daß man ihnen verkehrterweise Glauben
schenkt. Je ausgedehntere Säulenhallen man errichtet,

je höher man die Türme in die Höhe aufsteigen läßt,
je breitere Straßen man anlegt, je tiefere Grotten man
für die Sommerzeit anlegt, je größere Steinmassen man
für den Bau der hohen Speisesäle verwendet, um
so mehr verdeckt man sich die Aussicht auf den
freien Himmel. Der Zufall hat dich in eine Gegend
verschlagen, wo die glänzendste Unterkunftsstätte eine
bescheidene Hütte ist. Wahrlich, es würde von klein-
licher Denkungsart zeugen, und es wäre ein dich ent-
ehrender Trost, wenn du dies nur aus dem Grunde
tapfer über dich ergehen läßt, weil dir die Hütte des
Romulus [12]) bekannt ist. Besser, du sprichst dir auf
folgende Weise Trost zu: „Diese niedrige Hütte, bietet
sie nicht den Tugenden Raum? So ist sie denn schöner
als jeder Tempel, wenn man darin die Gerechtigkeit
schaut, die Enthaltsamkeit, die Klugheit, Frömmigkeit,
die rechte ordnende Übersicht über alle pflichtmäßigen
Leistungen, die Einsicht in menschliche und göttliche
Dinge. Kein Raum ist zu klein, der die ganze Schar
dieser herrlichen Tugenden in sich faßt; keine Verbannung ist beschwerlich, die man mit solchem Gefolge
antreten kann.“

Brutus sagt in seinem Buch über die Tugend, er
habe in Mytilene den Marcellus [13]) in der Verbannung
gesehen, und dieser habe da, soweit es mit der Menschennatur vereinbar ist, das glücklichste Leben geführt
und habe nie ein eifrigeres wissenschaftliches Interesse
gezeigt als zu jener Zeit. Darum fügt er die Be-
merkung hinzu, es sei ihm so vorgekommen, als ginge
vielmehr er selbst, da er ohne jenen heimkehren sollte,
ins Exil, als daß jener im Exil zurückbliebe. Wieviel
glücklicher war doch Marcellus damals, wo er dem
Brutus einen so günstigen Eindruck von seinem Exil
gab, als damals, wo er als Konsul für das Gemeinwesen wirkte! Welche Größe wohnte doch dem Manne

inne, der es zuwege brachte, daß einer sich wie ein
Verbannter vorkam, weil er sich von einem Verbannten
trennte! Welche Größe wohnte dem inne, der einen
Mann zu seinem Bewunderer machte, der selbst von seinem
Cato bewundert wurde! Derselbe Brutus erzählt, Cajus
Caesar sei an Mytilene vorübergefahren, weil er es nicht
über sich gewonnen hätte, den Mann so entehrt zu
sehen. Für ihn, den Marcellus, setzte zwar der Senat
die Rückkehr durch in einer infolge des allgemeinen
flehentlichen Mitleides so besorgten und kummervollen
Stimmung, daß es schien, als wären an jenem Tage alle
von des Brutus Gesinnung erfüllt und als bäten sie
nicht für den Marcellus sondern für sich, um nicht
selbst verbannt zu sein, wenn sie seiner beraubt blieben;
aber weit höher steht doch für ihn der Triumph des
Tages, wo Brutus sich von ihm nicht zu trennen, Caesar
ihn nicht zu sehen vermochte. Denn beide traten für
ihn als Zeugen auf: Brutus war voll Schmerz darüber,
daß er sich von ihm trennen mußte, Caesar voll Scham.
Kannst du noch zweifeln, daß der große Marcellus zur
Beruhigung seines Gemütes aus Anlaß der Verbannung
häufig folgende Mahnungen an sich gerichtet habe:
„Der Verzicht auf das Vaterland ist kein Unglück
für dich. Du hast dich mit den Wissensschätzen vertraut genug gemacht, um dir zu sagen, daß für den
Weisen jeder Ort sein Vaterland sei. Und wie? Der,
der dich vertrieb, hat er nicht selber volle zehn Jahre
hintereinander auf seine Heimat verzichtet? Allerdings
zur Vergrößerung des Reiches [14]); aber es war doch
eben auch ein Verzicht. Jetzt, o weh, fordert Afrika
sein Eingreifen, das an allen Ecken und Enden mit
dem Wiedererwachen des Krieges droht, jetzt ebenso
Spanien, das sich aus seinem Zusammenbruch und seiner
Demütigung wieder zum Aufruhr erhebt, jetzt auch
Ägypten, das treulose, kurz, der ganze Erdkreis, der

auf die günstige Gelegenheit lauert, wo das Reich aus den Fugen zu gehen droht. Welcher Gefahr wird er zuerst begegnen? welcher Partei entgegentreten? Durch alle Erdstriche wird ihn sein Siegeszug treiben. Mögen die Völker in Ehrfurcht zu ihm aufblicken und ihm huldigen: du, laß dir fürs Leben genügen, daß Brutus dein Bewunderer ist!"

10. Vortrefflich also fand sich Marcellus in die Lage eines Verbannten, und die Ortsveränderung änderte nichts an seiner Sinnesart, obschon sich Armut ihr zugesellte. Daß dies nicht eine Quelle des Unglückes sei, sieht jeder ein, der sich noch nicht dem Wahnwitz der alles untergrabenden Habsucht und Schwelgerei hingegeben hat. Denn wie wenig reicht hin, um dem Menschen den nötigen Lebensunterhalt zu sichern. Und wem kann es daran fehlen, wenn er nur einigermaßen tüchtig ist? Was mich betrifft, so sehe ich klar: was mir fehlt, ist nicht der Reichtum, sondern die geschäftliche Tätigkeit. Der Körper hat nur geringe Bedürfnisse: er verlangt Schutz vor Kälte, Stillung von Hunger und Durst durch Nahrungsmittel; was außerdem begehrt wird, so gilt die Bemühung dafür nur den Lastern, nicht den Bedürfnissen. Nichts nötigt uns dazu, alle Tiefen zu durchsuchen oder Tiere umzubringen, um den Magen zu belasten, und Austern des fernsten Meeres an unbekannten Küsten zu Tage zu fördern. Mögen Götter und Göttinnen diejenigen dem Untergange weihen, deren schwelgerische Gier noch über die Grenzen eines so beneidenswerten Reiches hinausgreift! Durch Beute von jenseits des Phasis her soll der Bedarf der ehrgeizigen Garküche befriedigt werden, und man schämt sich nicht, Vögel herbeizuschaffen aus dem Lande der Parther[15]), denen wir noch unsere Rache schuldig sind[16]). Von allen Seiten schleppt man alles, Bekanntes und Unbekanntes, zusammen, dem verwöhnten Gaumen zu fröhnen.

Der fernste Ozean muß liefern, was der durch Üppigkeit zerrüttete Magen kaum vertragen kann. Man
übergibt sich, um zu essen, und ißt, um sich zu über-
geben, und die Mahlzeiten, zu deren Bereitung man
den ganzen Erdkreis durchsucht, hält man nicht einmal
der Verdauung wert. Wer diesen Unfug verachtet,
was kann dem die Armut anhaben? Ist jemand von
Verlangen nach dergleichen Genüssen erfüllt, so ist
ihm die Armut sogar von Nutzen: denn er wird wider
Willen geheilt, und selbst wenn er sich nicht zwingen
läßt zur Annahme der Gegenmittel, so ist er doch vor
der Hand wenigstens, solange das Nichtkönnen an-
dauert, dem einigermaßen ähnlich, der es nicht will.
Der Kaiser Gaius Caesar (Caligula), an dem, wie mir
scheint, die schöpferische Natur zeigen wollte, was bei
höchster Lebensstellung der höchste Grad von Ver-
worfenheit vermöchte, hat an einem einzigen Tag zehn
Millionen Sestertien auf eine Mahlzeit verwendet, und
obschon er die Hilfe aller erfinderischen Köpfe dazu
in Anspruch nahm, konnte er doch kaum das Rätsel
lösen, den Tribut dreier Provinzen für eine einzige
Mahlzeit zu verwenden. Wehe über die Erbärmlichen,
deren Gaumen nur durch kostspielige Leckerbissen
gereizt wird! Kostspielig aber macht sie nicht ein
vorzüglicher Wohlgeschmack oder irgend ein besonderer
Reiz für den Gaumen, sondern die Seltenheit und die
Schwierigkeit der Beschaffung. Übrigens, wenn diese
Feinschmecker nur zur Vernunft zurückkehren wollten,
was bedarf es solcher Künste zum Dienste des Bauches?
Wozu die Vermittlungen des Handels? Wozu die Aus-
raubung der Wälder? Wozu die Durchforschung der
Tiefen? Allenthalben finden sich Nahrungsmittel von
der Natur überallhin ausgestreut; aber daran gehen
sie wie blind vorüber und durchschweifen alle Zonen,
setzen übers Meer, und während sie den Hunger mit

geringem Geldaufwand stillen könnten, reizen sie ihn durch wer weiß wie großen.

Ich möchte fragen: Wozu laßt ihr die Schiffe in See stechen? Wozu bewaffnet ihr eure Hände gegen Tiere und gegen Menschen? Wozu dies verworrene Treiben und Auseinanderlaufen nach den verschiedensten Richtungen? Wozu häufet ihr Schätze auf Schätze? Wollt ihr euch denn nicht besinnen auf das geringe Ausmaß eurer Leiber? Ist es nicht Wahnsinn und äußerste Verblendung, bei so geringer Aufnahmefähigkeit so vieles zu wünschen? Mehret euer Vermögen auch noch so sehr, erweitert euren Landbesitz: ihr werdet doch eure Leiber nicht geräumiger machen. Wenn das Handelsgeschäft gut abgelaufen, wenn der Kriegsdienst reiche Beute gebracht, wenn die überall aufgespürten Nahrungsmittel glücklich zusammengeschleppt sind, so wird euch der Raum fehlen, all die Vorräte zu bergen. Warum scharrt ihr so vieles zusammen? Ja, waren denn unsere Vorfahren, deren Tüchtigkeit wir es verdanken, daß wir auch jetzt noch bei aller Lasterhaftigkeit uns über Wasser halten — waren sie denn etwa unglücklich, sie, die sich mit eigener Hand ihre Mahlzeit bereiteten, die den Erdboden als Ruhebett benutzten, deren Häuser noch nicht in Goldschimmer glänzten, deren Tempel noch nicht von Edelsteinen funkelten? So schwur man denn damals heilige Eide bei Göttern, die aus Ton gebildet waren, und die, welche jene Götter angerufen, kehrten, um sich keines Truges schuldig zu machen, zum Feinde zurück, obschon des Todes gewiß[17]). Lebte etwa unser Diktator, der den Gesandten der Samniter Zutritt gewährte und sie anhörte, während er mit eigener Hand seinen bescheidenen Brei auf dem Herde umrührte[18]), mit jener Hand, mit der er den Feind schon oft geschlagen und den Lorbeerkranz in den Schoß des Kapitolinischen

Jupiter niedergelegt hatte — lebte er etwa weniger
glücklich, als Apicius[19]) in unserer Zeit lebte, welcher
in der Stadt, aus der einst die Philosophen als angebliche Jugendverderber ausgewiesen worden waren,
die Wissenschaft der Kochkunst zu seinem Berufe machte
und mit diesem seinem Wissensfach dem Zeitgeist seinen
Stempel aufdrückte? Bemerkenswert ist das Ende,
das es mit ihm genommen. Nachdem er hundert Millionen Sesterzien auf die Küche verwendet, nachdem er
die zahlreichen Geschenke der Großen und das gewaltige
Einkommen von dem Kapitol durch eine Reihe von
Gelagen vergeudet hatte und sich mit Schulden über-
laden sah, verschaffte er sich nun zum erstenmal not-
gedrungen Einsicht in den Stand seines Haushaltes:
die Rechnung ergab, daß ihm zehn Millionen Sesterzien
übrig bleiben würden; es kam ihm vor, als sei ihm
nunmehr ein bettelarmes Dasein beschieden, wenn er
mit zehn Millionen auskommen mußte, und so machte
er seinem Leben durch Gift ein Ende. Wahrlich, der
Gipfel der Genußsucht, wenn einem zehn Millionen
Sesterzien wie Bettelarmut vorkommen! Nun sage
einer noch, das Geld sei das Entscheidende fürs Leben,
nicht der Geist! Zehn Millionen machten ihn bange,
und was andere heiß ersehnen, dem wich er durch den
Tod aus. Einem Menschen aber von so verdrehter
Sinnesart war dieser letzte Trank der heilsamste. Er
aß und trank Gift zu einer Zeit, wo er an unermeßlichen Gastereien nicht nur seine Freude fand, sondern
sich ihrer auch rühmte, wo er mit seinen Lastern prunkte,
wo er seine Mitbürger mehr und mehr zu seiner Schwelgerei bekehrte, wo er die Jugend reizte, seinem Beispiel
zu folgen, sie, die auch ohne böse Beispiele von selbst
schon gelehrig ist. So ergeht es denen, die über ihren
Reichtum nicht nach Maßgabe der Vernunft verfügen,
die ihre festen Grenzen einhält, sondern nach lasterhafter

Gewohnheit, deren Willkür ins Maßlose und Unfaßbare geht. Der Begierde ist nichts genug, der Natur genügt auch schon das Geringste. Die Armut also bringt dem Verbannten keinen Nachteil. Denn keine Verbannungsstätte ist so armselig, daß sie nicht reichlich fruchtbar wäre zur Ernährung eines Menschen.

11. „Aber Kleidung und Haus wird der Verbannte doch vermissen." Auch das wird er sich nur nach Maßgabe des Bedürfnisses wünschen, und hält er es damit so, dann wird es ihm weder an Obdach noch an Hülle fehlen; denn der Körper braucht ebensowenig zur Bedeckung wie zur Nahrung. Was die Natur dem Menschen unentbehrlich machte, dessen Erwerb hat sie ihm auch nicht mühevoll gemacht. Allein er verlangt nach einem mit echtem Purpur tief durchtränkten goldstrotzenden Gewand mit allerlei buntfarbigen Stickereien und Künstlichkeiten: es ist nicht die Schuld der Natur, wenn er arm ist, sondern die seinige. Stellst du ihm auch alles wieder zu, was er verloren hat, du wirst damit nichts ausrichten; denn diese Wiederzustellung wird zur Folge haben, daß ihm von dem, was er wünscht, mehr fehlt als dem Verbannten von dem, was er hatte. Aber er will nicht verzichten auf den Besitz goldener Vasen für den Prunk des Haushaltes, auf Silberarbeiten von der Hand berühmter alter Künstler, auf ein Stück Kupfer, das nur dem Wahnwitz einiger wenigen Leute seinen Wert verdankt, auf eine Schar von Sklaven, die das Haus nur verengt, so groß es auch sein mag, auf Zugvieh mit gerundetem und zum Fettwerden gezwungenem Leibe, auf die kostbaren Gesteinsarten aller Völker: mag ihm dies alles auch zuhauf beschafft werden, es wird doch niemals seinem unersättlichen Herzensdrang Genüge tun, ebensowenig wie irgend ein Getränk hinreichen wird, denjenigen zu sättigen, dessen Verlangen nicht

aus Mangel entsteht sondern aus der Glut seiner brennenden Eingeweide; denn es ist nicht Durst, was ihn quält, sondern Krankheit. Und so geht's nicht nur mit Geld und Nahrung, nein, das Gleiche wiederholt sich naturgemäß bei jedem heißen Verlangen, sofern dasselbe seinen Grund nicht in wirklichem Mangel, sondern in fehlerhafter Gemütsanlage hat. Komme dem Verlangenden mit noch so reichlichen Mitteln entgegen, seine Begierde kennt keine Grenze sondern nur Steigerung. Wer sich also innerhalb des natürlichen Maßes hält, der wird nichts von Armut verspüren; wer dagegen das natürliche Maß überschreitet, der wird auch bei größtem Reichtum die Armut zur Begleiterin haben. Zur Befriedigung der notwendigen Bedürfnisse bieten auch die Verbannungsstätten Mittel genug dar; für überflüssige reichen selbst Königreiche nicht aus. Der Geist ist es, der reich macht; er begleitet uns in die Verbannung, und wenn er nur soviel findet, wie zur Erhaltung des Körpers gehört, so ist er auch in den rauhesten Einöden überreich mit seinen eigenen Gütern gesegnet und erfreut sich ihres Genusses. Mit Geld hat der Geist nichts zu schaffen, sowenig wie die unsterblichen Götter. Alles das, was einsichtslose und zu sehr an ihre Körper gebundene Geister hochhalten, Edelsteine, Gold, Silber und große polierte runde Tische, sind Bleigewichte, für die der schlichte und seiner eigenen Natur eingedenke Geist sich nicht erwärmen kann, an sich selbst unbeschwert, leicht beweglich und, wenn er seiner Hülle ledig wird, dazu berufen, sich flugs zu den himmlischen Höhen zu erheben. Einstweilen, soweit es die hemmenden Gliedmaßen und die beschwerliche Last der Körperlichkeit erlaubt, durchmustert er in raschem Gedankenflug die Fülle des Göttlichen. Darum kann er denn auch nimmermehr in Verbannung sein, er, der freie, gottverwandte, der jeder Welt und jeder Zeitdauer gewachsen ist; denn sein Gedanke umschwebt den ganzen Himmel und durchdringt jede vergangene und kommende Zeit. Dieser armselige Körper, diese Schutzwache und Fessel des Geistes, ist allen Zufälligkeiten preisgegeben; er muß die grausamsten Strafen, räuberische Überfälle, Krankheiten über sich ergehen lassen; der Geist selbst dagegen ist unantastbar und ewig und unnahbar für jeden, der ihm Gewalt antun will.

12. Glaube ja nicht, daß ich mich bei meinem Bemühen, die Mißlichkeiten der Armut herabzusetzen, die niemand als schwer empfindet, außer wer sich dafür hält, nur auf die Lehren der Philosophen stütze. Wirf nur einen Blick auf die Masse der Armen; den weitaus größeren Teil derselben wirst du durchaus nicht trauriger und bekümmerter finden als die Reichen; vielleicht sind sie sogar um so froher gestimmt, je kleiner der Spielraum für ihre geistigen Regungen ist. Übergehen wir jene durch den Mantelsack bekannten, abgehärteten Philosophen [20]) und wenden uns zu den Reichen. Wie vielerlei Umstände gibt es, unter denen sie den Armen ähnlich sind! Sind sie auf Reisen, so ist das Gepäck sehr beschränkt, und so oft die Reise eiliges Vorwärtskommen erheischt, wird die Schar der Begleiter entlassen. Leisten sie Kriegsdienste, welchen winzigen Teil ihrer Habe führen sie dann mit sich, da die Feldordnung alles Entbehrliche ausschließt! Und es sind nicht etwa bloß die besonderen Zeitumstände oder der Mangel an Raum, die sie den Armen gleich machen: sie setzen sich selbst gewisse Tage fest, an denen sie auf dem Erdboden speisen und unter Entfernung alles Goldes und Silbers sich irdener Gefäße bedienen. Die Toren! Was ab und zu für sie Gegenstand eifrigsten Begehrens ist, davor haben sie Angst, wenn es für immer gelten soll. O welche geistige

Finsternis, welche Verachtung der Wahrheit macht
diejenigen blind, die von der Furcht vor der Armut
besessen sind, der Armut, die sie Vergnügens halber
nachahmen!

Was mich anlangt, so schäme ich mich, sooft ich
auf die Beispiele aus dem Altertum hinblicke, Trost-
gründe für die Armut geltend zu machen; denn die
Üppigkeit unserer Zeit hat eine Höhe erreicht, daß
das Reisegeld für Verbannte mehr beträgt, als ehedem
der Wert eines großherrlichen Erbgutes war. Es ist
bekannt genug, daß Homer einen einzigen Sklaven gehabt hat, Platon drei, Zenon, mit dem die starre und
mannhafte Philosophie der Stoiker beginnt, keinen.
Wird darum irgend jemand behaupten, sie hätten unglücklich gelebt? Wird, wer dies sagt, nicht selbst
auf alle den Eindruck eines höchst bedauernswerten
Menschen machen? Menenius Agrippa, der zwischen
Patriziern und Plebejern der Vermittler der öffentlichen Eintracht gewesen war, war so arm, daß seine
Beerdigung nur durch zusammengeschossene Gelder
bewerkstelligt werden konnte. Atilius Regulus, der
Sieger in Afrika, teilte dem Senat in einem Schreiben
mit, sein Tagelöhner sei ihm davongelaufen und sein
Landgut entbehre nun seines Bearbeiters, worauf der
Senat beschloß, solange Regulus noch abwesend wäre,
solle die Sorge dafür dem Staate zufallen. War denn
das Fehlen eines Sklaven eine so kostspielige Sache,
daß das römische Volk als Pflanzer eintreten mußte?

Scipios Töchter bekamen eine Mitgift aus der
Staatskasse, weil der Vater ihnen nichts hinterlassen
hatte. Es war wahrlich nicht mehr als billig, daß
das römische Volk dem Scipio einmal den Tribut
zukommen ließ, den es von Karthago immer forderte.
O glückliche Männer dieser Mädchen, da das römische
Volk für euch an die Stelle des Schwiegervaters trat!

Hältst du diejenigen, deren Tänzerinnen eine Million Sesterzien mit in die Ehe bringen, für glücklicher als den Scipio [21]), dessen Kinder vom Senat, ihrem Vormund, schweres Kupfer als Mitgift empfingen? Wer könnte sich der Armut schämen, für die es so herrliche Vorbilder gibt? Wird ein Verbannter sich über Mangel beklagen, wenn es dem Scipio an Mitteln zur Mitgift, dem Regulus an einem Tagelöhner, dem Menenius an Geld zur Beerdigung fehlte, und wenn doch allen diesen das Fehlende darum in um so ehrenderer Weise zugeschossen wurde, weil es ihnen gefehlt hatte? Durch Berufung auf solche Männer erhält die Armut nicht nur Schutz, sondern auch Gewicht.

13. Dem läßt sich folgendes entgegenhalten: „Was trennst du mit aller Kunst Dinge voneinander, die jedes für sich ertragen werden können, vereinigt aber unerträglich sind? Ortsveränderung ist erträglich, wenn man bloß den Ort wechselt; Armut ist erträglich, wenn keine Entehrung damit verbunden ist, die auch für sich allein schon als schwerster Druck auf der Seele liegt." Wer mich so durch Häufung der Übel schrecken will, gegen den werde ich mich durch folgende Entgegnung zur Wehr setzen: Hast du die Kraft, irgendwelchem einseitigen Angriff des Schicksals Widerstand zu leisten, so bist du auch allen Angriffen desselben gewachsen. Hat einmal die Tugend die Seele gehärtet, dann macht sie sie allseitig unverwundbar. Hast du der Habsucht, dieser verheerendsten Pest der Menschheit, den Abschied gegeben, dann hast du vom Ehrgeiz nichts mehr zu fürchten; siehst du den letzten Tag nicht als eine Art Strafe sondern als ein Naturgesetz an, so bist du sicher vor jeder Art von Furcht; denn keinerlei Furcht wird es wagen, in deine Brust einzudringen, aus der du die Todesfurcht verbannt hast. Bedenkst du, daß die Geschlechtslust nicht zur

Ergötzung, sondern zur Fortpflanzung des Geschlechtes
gegeben sei, so ist doch klar: wen dies geheime und
uns so tief im Blute liegende Verderbnis nicht angesteckt hat, den wird auch jede andere Begierde unberührt lassen. Nicht nur vereinzelte Laster, sondern
alle insgesamt werden von der Vernunft gleichmäßig
zu Boden gestreckt: ihr einmaliger Sieg ist ein all-
gemeiner und endgültiger. Glaubst du, daß irgendein
Weiser sich durch eine Beschimpfung getroffen fühlen
könne, er, der sich ganz auf sich selbst gestellt und
jeder Gemeinschaft mit den Vorurteilen der großen
Masse entsagt hat? Mehr noch als eine Beschimpfung
will ein schimpflicher Tod besagen. Und doch: Sokrates
betrat mit derselben Miene, mit der er einst allein
die dreißig Tyrannen zur Ordnung gewiesen, den
Kerker, dazu ausersehen, dem Orte selbst das Ent-
ehrende zu nehmen; denn die Stätte, wo Sokrates
weilte, konnte nicht mehr als Kerker gelten.

Wer kann gegen Erkenntnis der Wahrheit so
verblendet sein, daß er meinte, die doppelte Wahlnieder-
lage des Markus Cato, bei Bewerbung erst um die
Prätur, sodann um das Konsulat, sei ein Schimpf für
diesen gewesen? Nein, ein Schimpf war diese Niederlage für die Prätur und das Konsulat, denen Cato nur
Ehre gebracht hätte. Niemand wird von einem anderen
verachtet, der nicht zuvor von sich selbst verachtet
worden ist. Für eine niedrige und verworfene Seele
mag solche Schmach am Platze sein; wer sich aber
gegen die grimmigsten Schicksalsanfälle mannhaft zur
Wehr setzt und das Unheil, durch das andere über-
wältigt werden, zunichte macht, dem wird das Mißgeschick selbst zum heiligen Schmuck; denn wir Menschen
sind einmal so angelegt, daß nichts bei uns größere
Bewunderung erweckt als ein Mann, der tapfer dem
Unglück die Stirn bietet. In Athen wurde Aristides [22)

zur Vollziehung der Todesstrafe an ihm abgeführt, er, vor dem jeder, der ihm begegnete, die Augen niederschlug und seufzte, nicht als ob nur gegen einen gerechten Mann, sondern gegen die Gerechtigkeit selbst vorgegangen werden sollte. Gleichwohl fand sich einer, der ihm ins Gesicht spuckte. Er hätte das übel nehmen können; denn er wußte, daß kein reiner Mund sich so etwas gegen ihn herausnehmen würde; allein er wischte sich das Gesicht ab und sagte lächelnd zu dem ihn begleitenden Beamten: „Warne ihn, er solle künftig nicht wieder so heillos küssen." Das hieß der Beschimpfung selbst Schimpf antun. Ich weiß wohl: einige behaupten, nichts sei schwerer als Verachtung, der Tod verdiene in ihren Augen den Vorzug. Ihnen erwidere ich, auch die Verbannung bringe häufig gar keine Verachtung mit sich: ist ein großer Mann zu Fall gekommen, so ist er trotz seines Falles noch groß und verfällt ebensowenig der Verachtung, wie den Tempeltrümmern Hohn angetan wird, die der Gottesfürchtige ebenso heilig hält, als wenn der Tempel noch stünde.

14. Was also mich anlangt, teuerste Mutter, so hast du keinen Grund zu endlosen Tränen; es müssen also die treibenden Gründe in d i r liegen. Der Möglichkeiten aber sind hier zwei: entweder fühlst du dich dadurch schmerzlich betroffen, daß du, deiner Meinung nach, einer Stütze beraubt worden bist, oder aber, es ist die Sehnsucht an und für sich selbst, die du nicht ertragen kannst.

Die erstere Möglichkeit brauche ich nur kurz zu berühren; denn ich kenne dein Herz, das an den Seinen nichts anderes liebt als sie selbst. Der Eigennutz würde nur für solche Mütter in Betracht kommen, die mit weiblicher Leidenschaftlichkeit sich in die Machtbefugnis ihrer Söhne eindrängen, die, weil es den

Frauen nicht erlaubt ist Ehrenstellen zu bekleiden, ihre Söhne benutzen, um ihrem Ehrgeiz Genüge zu tun, die das Erbgut ihrer Söhne aussaugen und ihre Netze danach auswerfen, die durch ihr aufdringliches Geschwätz anderen zur Last fallen: Du hast an dem Hab und Gut deiner Kinder stets nur die größte Freude gehabt, ohne dabei an eigenen Nutzen zu denken; hast unserer Freigebigkeit immer Grenzen gesetzt, während du für die deinige keine Grenzen kanntest; hast, noch Tochter des väterlichen Hauses [23]), deinen wohlhabenden Söhnen noch überdies mancherlei zufließen lassen; hast unser väterliches Erbgut so verwaltet, daß du dich dafür abmühtest, als wäre es dein eigenes, und dich enthaltsam zeigtest, als wäre es fremdes Gut; hast unseren Einfluß so wenig ausgenutzt, als läge die Sache dir ganz fern, und von unseren Ehrenstellen hast du nichts gehabt als die Freude und die Kosten: niemals ist deine rührende Fürsorge auf den Nutzen bedacht gewesen. Du kannst also, nachdem man den Sohn von deiner Seite gerissen, in bezug auf ihn nicht das vermissen, was du, solange es ihm noch wohl erging, niemals als dir zugehörig angesehen hast.

15. All mein Bemühen um Trost für dich muß sich auf den eigentlichen Quell deines mütterlichen Schmerzes richten: „Ich soll also meinen teueren Sohn nicht mehr in meine Arme schließen dürfen, soll nicht mehr seines Anblickes, seines Gespräches mich erfreuen! Wo ist er, bei dessen Erscheinen meine traurige Miene sich aufheiterte, dem ich all meine Kümmernisse anvertraute? Wo ist seine Gabe der Unterhaltung, an der ich mich nicht satt hören konnte? Wo sind die Studien, denen ich mich an seiner Seite mit mehr als gewöhnlichem Fraueninteresse, mit mehr als mütterlicher Vertraulichkeit widmete? Wo die Begegnungen mit ihm? Wo seine kindliche Heiterkeit, sobald er

der Mutter ansichtig ward?" Dazu gesellt sich noch der örtliche Einfluß, die Stätten der Bewillkommnungen und des geselligen Beisammenseins, sowie der Nachklang unserer letzten Unterhaltung, der selbstverständlich der Seele besonders wehe tun muß. Denn auch darin ist das Schicksal besonders grausam mit dir verfahren, daß es dich zwei Tage, bevor mich das Ungewitter traf, ahnungslos und nichts Schlimmes dieser Art befürchtend von mir Abschied nehmen ließ [24]). Es war ja eine Art Glück, daß uns die örtliche Entfernung getrennt hatte, ein Glück, daß dich eine mehrjährige Abwesenheit für dieses Mißgeschick vorbereitet hatte: du kehrtest (nach Rom) zurück, nicht, um dich deines Sohnes zu freuen, sondern um der Gewohnheit der Sehnsucht nach ihm ledig zu werden. Hättest du dich lange vorher von ihm getrennt, so wärest du standhafter gewesen, indem die Entfernung an sich die Sehnsucht gemildert hätte. Wärest du nicht (nach Spanien) zurückgekehrt, so hättest du wenigstens als letztes die Freude gehabt, den Sohn noch zwei Tage länger zu sehen: so aber hat es ein grausames Geschick so veranstaltet, daß du weder meinem Zusammenbruch beiwohntest, noch an meine Abwesenheit schon wieder gewohnt warst. Aber je härter diese Fügung ist, um so mehr Tapferkeit mußt du aufbieten und wie mit einem wohlbekannten und schon oft überwundenen Feind um so hartnäckiger kämpfen. Nicht aus unversehrtem Körper ist dies Blut geflossen: es waren Narben, durch die des Feindes Waffe sich bohrte.

16. Du hast keinen Grund, dich auf deine Eigenschaft als Frau zu berufen, die ja fast ein förmliches Anrecht hat auf maßlose Tränen, aber doch kein unbegrenztes; und es haben unsere Vorfahren den um ihre Männer Trauernden darum einen Zeitraum von zehn Monaten gewährt [25]), um durch staatliche An-

ordnung der Hartnäckigkeit des weiblichen Trauer-
bedürfnisses eine endgiltige Grenze zu setzen. Sie
hinderten die Trauer nicht, schränkten sie aber ein;
denn wie es törichte Nachgiebigkeit ist, sich grenzen-
losem Schmerz hinzugeben beim Verlust eines uns besonders werten Angehörigen, so ist es unmenschliche
Härte, jeden Schmerzes bar zu sein. Die beste Art
der Versöhnung von treuer Liebe und Vernunft ist
die, daß man Gefühl für die Sehnsucht hat, aber ihr
nicht die Zügel schießen läßt. Du hast keinen Anlaß,
dich nach gewissen Frauen zu richten, deren Trauer,
einmal im Herzen aufgekeimt, erst mit dem Tode auf-
hörte; du kennst einige, die nach dem Verlust ihrer
Söhne das angelegte Trauerkleid nie wieder ablegten.
D e i n Leben zeigte von Anfang an größere Tapferkeit,
darum stellt es auch höhere Anforderungen an dich;
die Berufung auf weibliche Schwäche ist nicht statt-
haft für die, der alle weiblichen Untugenden fremd waren.
Dich hat die schlimmste Krankheit unserer Zeit, die
Schamlosigkeit, nicht angesteckt wie die meisten; nicht
Edelgestein, nicht Perlen haben deine Sinne zu wandeln
vermocht; dein Auge ist nicht geblendet worden durch
den Glanz des Reichtums, als wäre er das höchste
Gut der Menschheit; in einem alten und strengen
Hause unter bester Zucht aufgewachsen, hast du dich
nie zu der auch tüchtigen Naturen gefährlichen Nachahmung des Schlechteren hinreißen lassen; niemals
hast du dich deines Kindersegens geschämt, als ob
dieser deinem Alter nicht mehr wohlanständig wäre;
niemals hast du nach Art der anderen Frauen, die
keinen anderen Ehrgeiz kennen als den einer schlanken
Gestalt, deine Schwangerschaft verborgen, als wäre
sie eine unziemliche Last; niemals auch hast du dem
unter deinem Herzen aufkeimenden jungen Leben ein
vorzeitiges Ende bereitet; dein Antlitz hast du nie

durch Farbmittel und verführerische Künste befleckt; niemals hast du Gefallen gefunden an einem Gewand, das nichts mehr zu enthüllen hatte, wenn man es ablegte[26]); der einzige Schmuck, die herrlichste und dem Zahn der Zeit unzugängliche Schönheit, die größte Zierde dünkte dir die Keuschheit. Du darfst dich also nicht zur Rechtfertigung deines Schmerzes auf deine Eigenschaft als Weib berufen; deine Tugenden haben dir eine ganz andere Stellung angewiesen; von den Tränen der Weiber mußt du dich ebenso fern halten wie von ihren Untugenden. Es wird selbst Frauen geben, die es nicht dulden wollen, daß du dich in deinem Schmerze verzehrst, die dich vielmehr mit freundlicher Miene[27]) auffordern werden, den unerläßlichen Schmerz rasch abzutun. Du mußt eben nur auf solche Frauen den Blick richten, die ihre anerkannte Tugend an die Seite der großen Männer stellt. Cornelia[28]) sah sich durch das Schicksal von dem Besitz von zwölf Kindern auf zwei noch lebende herabgebracht: willst du die Kinderverluste der Cornelia zählen, so hatte sie zehn verloren; willst du sie nach ihrem Werte schätzen, so waren es Gracchen, die sie verloren hatte. Gleichwohl untersagte sie ihrer weinenden und ihr Schicksal unter Verwünschungen beklagenden Umgebung, das Schicksal anzuklagen, das ihr ja doch Gracchen zu Söhnen gegeben habe. Diese Frau sollte dem das Leben geben, der in einer Volksversammlung sagte: „Du willst dir herausnehmen, die Frau zu schmähen, die mich zur Welt gebracht hat?" Weit hochherziger noch erscheint mir jenes Wort der Mutter. Der Sohn legte hohen Wert auf die Geburt aus dem Hause der Gracchen, die Mutter auch auf die Leichen. Rutilia folgte ihrem Sohn Cotta[29]) ins Exil und hing mit solcher Zärtlichkeit an ihm, daß sie lieber die Verbannung über sich ergehen lassen wollte

als die Sehnsucht, und sie kehrte nicht eher zurück
als der Sohn. Als er nach der Rückkehr, zu hohem
Ansehen gelangt, starb, zeigte sie sich bei diesem Verlust ebenso tapfer wie vorher bei Begleitung in die
Verbannung; niemand bemerkte nach vollzogener Beerdigung eine Träne in ihrem Auge. Bei der Verbannung zeigte sie ihre Tapferkeit, bei dem Verluste
ihre Besonnenheit; dort hielt nichts sie von ihrer
Kindesliebe zurück, hier vermochte nichts sie an unnötige und unkluge Trauer gefesselt zu halten. Mit
diesen Frauen möchte ich dich in e i n e Reihe gestellt
sehen. Du hast dir ihr Leben immer zum Vorbild
genommen, und so wirst du auch gut tun, in Bekämpfung und Niederhaltung des Kummers ihrem Beispiel zu folgen.

17. Ich weiß recht wohl: die Sache steht nicht in
unserer Gewalt, und keine heftige Gemütserregung will
sich etwas befehlen lassen, am wenigsten aber die,
welche dem Schmerze entstammt; denn sie ist ungestüm
und störrisch gegen jedes Heilmittel. Wir wollen sie
mitunter verdecken und unsere Seufzer hinunter-
schlucken; aber wir mögen uns eine noch so gelassene
Miene geben, durch alle Verstellung lassen sich die
Tränen nicht zurückhalten. Wir suchen bisweilen durch
Besuch von Schauspielen und Gladiatorenkämpfen die
Seele abzulenken; aber mitten während des Schauspiels,
das der Ablenkung dienen soll, wird sie von irgendwelcher leichten Sehnsuchtsanwandlung überfallen.
Daher ist es besser, ihren Schmerz durch Kampf zu
überwinden als ihr durch Täuschung beikommen zu
wollen. Denn wer hintergangen und durch Be-
lustigungen oder geschäftliche Pflichten abgelenkt
worden ist, der richtet sich wieder auf und empfängt
gerade durch die Ruhe den Antrieb zu neuem Wut-
ausbruch; aber wer der Stimme der Vernunft folgt,

der hat dauernden Frieden. Ich werde dich also nicht auf Mittel verweisen, die, wie ich weiß, von vielen gebraucht worden sind, werde dir also nicht raten, dir, sei es durch eine lange Reise Ablenkung zu schaffen, oder durch einen reizvollen Ausflug Genuß zu bereiten, auch nicht, durch pünktliche Rechnungsführung und Verwaltung des Erbgutes deine Zeit reichlich zu füllen, auch nicht, dich fortwährend in neue Geschäfte zu stürzen: alles das nützt nur für kurze Zeit und ist nicht Heilung sondern nur Hemmung des Schmerzes. Ich aber will lieber, daß er aufhöre, als daß er hintergangen werde. Daher weise ich dich dahin, wo alle ihre Zuflucht suchen mußten, die vom Schicksal verfolgt sind, auf die Beschäftigung mit den Wissenschaften: sie werden deine Wunde heilen, sie werden all deine Traurigkeit verscheuchen. Auch wenn du niemals mit ihnen Umgang gepflogen hättest, müßtest du es jetzt tun; aber soweit meines Vaters altertümliche Strenge das zuließ, hast du alle Gebiete höherer Geistesbildung zwar nicht durchmessen, wohl aber berührt. Ach, hätte doch mein Vater, dieser treffliche Mann, der nur weniger an den Anschauungen und der Gewohnheit der Altvorderen hätte festhalten sollen, sich dazu verstanden, daß du nach den Lehren der Philosophie lieber erzogen worden wärest als bloß davon zu kosten bekommen hättest! Dann brauchtest du dir Hilfe gegen das Schicksal nicht erst zu schaffen, sondern nur sichtbar zu machen. Wenn er dir weniger Freiheit zur Pflege der Wissenschaften gewährte, so geschah das im Hinblick auf jene Frauen, die in den Wissenschaften nicht den Weg zur Weisheit, sondern nur eine Stütze und Zierde ihrer Üppigkeit sehen. Jetzt kehre zu ihnen zurück, du wirst Schutz bei ihnen finden. Sie werden dir Trost, sie werden dir Freude gewähren; hast du sie vertrauensvoll in dich aufgenommen, so bist du weiterhin sicher vor jedem Schmerz, vor jedem Kummer, vor jeder unnützen Qual fruchtloser Niedergeschlagenheit; nichts von alledem wird dich mehr anfechten; denn gegen sonstige Untugenden bist du ja längst gefeit. Dieser Wissensbesitz ist der sicherste Schutz; er allein vermag dich den Launen des Schicksals unzugänglich zu machen.

18. Indes, bis du in jenen Hafen gelangst, den dir der Wissenstrieb in Aussicht stellt, bedarf es für dich gewisser Stützpunkte, und darum will ich dich einstweilen auf die Umstände hinweisen, die dir Trost gewähren können. Blicke hin auf meine Brüder, deren Wohlergehen dir das Recht nimmt, das Schicksal anzuklagen: jeder von beiden hat, und zwar nach entgegengesetzter Richtung hin, seine besonderen Vorzüge, an denen du deine Freude haben kannst: der eine hat durch seine rege Tätigkeit es zu Ehrenstellen gebracht, der andere hat sie mit gutem Bedacht verschmäht. Laß dir die würdige Stellung des einen, die Ruhe des anderen, die Liebe beider zum Troste gereichen! Ich kenne die Sinnesart meiner Brüder in ihren geheimsten Regungen: des einen Ziel ist Würde, um dir Ehre zu machen, der andere hat sich für ein stilles und ruhiges Leben entschieden in der Absicht, sich dir zu widmen. Mit dieser verschiedenen Bestimmung deiner Söhne einerseits zu helfendem Beistand, anderseits zu erfrischender Geselligkeit hat es das Schicksal gutgemeint: die Würde des einen kann dir Schutz, die Muße des anderen Genuß gewähren. Sie werden wetteifern in Dienstbeflissenheit gegen dich, und die Sehnsucht nach dem Einen wird durch die Liebe von Zweien reichlich aufgewogen werden; ich darf, was deine Zukunft anlangt, kühnlich behaupten: es wird dir nichts fehlen, abgesehen von der Zahl.

Von ihnen wende den Blick auch auf deine Enkel, auf Marcus [30]), diesen lieblichen Knaben, bei dessen Anblick jeder Trübsinn schwindet; mag unser Herz von noch so schwerer Last bedrückt, von noch so frischem Gewinn erfüllt sein, seine schmiegsame Zärtlichkeit beschwichtigt alles. Wessen Tränen würden nicht durch seine Heiterkeit gestillt? Wessen kummererfüllte Brust würde nicht freier atmen bei seinen sinnreichen Einfällen? Wen sollte seine Schelmerei nicht zu Scherzen aufgelegt machen? Wen sollte seine Geschwätzigkeit, an der man sich nicht satt hören kann, nicht für sich einnehmen und aus schweren Gedankengängen herausreißen? Möchte er, so flehe ich zu Gott, uns doch erhalten bleiben! An mir möge des Schicksals Grausamkeit sich erschöpfen und dadurch zum Stillstand kommen. Was seine Mutter, was seine Großmutter hätte leiden müssen, möge es alles auf mich abgeladen sein! Möge der übrige Familienkreis in seinem Bestande glücklich beharren; über meine Kinderlosigkeit, über meine Lebenslage soll kein Klagelaut über meine Lippen kommen; möge ich nur das Sühnopfer sein für die sonst von Schmerz verschonte Familie.

Halte treu zusammen mit Novatilla [31]), die dir bald Urenkel schenken wird. Ich hatte sie mir so nahe gebracht, sie mir so eng verbunden, daß es fast scheinen könnte, als wäre sie eine Waise geworden dadurch, daß sie mich verlor: übertrage deine Liebe für mich auch auf sie! Erst kürzlich hat das Schicksal ihr die Mutter entrissen: deine Liebe kann die Wirkung haben, daß sie den Verlust der Mutter nur betrauert, nicht aber die Folgen zu verspüren braucht. Gleich von jetzt ab suche ihren Charakter zu bilden, ihr Leben zu regeln; tiefere Wurzeln schlagen die Lehren, die frühzeitig in die zarten Seelen gesenkt werden.

Möge sie sich an deinen Ton gewöhnen, nach deinem
Urteil sich bilden: du gibst ihr viel, auch wenn du
ihr nichts gibst als dein Beispiel. Diese heilige Pflicht
wird dir ein Trostmittel sein; denn nichts vermag das
tief und aufrichtig trauernde Gemüt von dem Kummer
abzulenken, außer entweder die Vernunft oder eine
edle Beschäftigung. Zum Trost könnte dir neben dem,
was sonst kräftigen Trost bietet, auch dein Vater[32])
gereichen, wenn er nicht in der Ferne weilte; doch
auch so, wie die Dinge jetzt liegen, magst du aus
deiner Gemütsstimmung entnehmen, wie es sich mit
der seinigen verhält: du wirst begreifen, wie viel vernünftiger es ist, dich ihm zu erhalten als dich mir zu
opfern. So oft die Macht des Schmerzes überwältigend
dich erfaßt und dich in ihren Bann bringen will, denke
an deinen Vater! Ihm hast du so viele Enkel und
Urenkel geschenkt und dadurch bewirkt, daß du nicht
die einzige seines Stammes bist: aber eins ins andere
gerechnet hängt doch sein Lebensglück wesentlich von
dir ab. Solange er lebt, tust du nicht recht daran
zu klagen, daß du gelebt hast.

19. Noch habe ich derjenigen nicht gedacht, die
dein größter Trost ist, deiner Schwester[33]), dieses dir
unwandelbar treuen Herzens, dem alle deine Sorgen
anvertraut werden, als wäret ihr eins, ihrer, die uns
allen ihrer Gesinnung nach eine wahre Mutter ist.
Eure Tränen haben sich vereint, an ihrem Herzen hast
du zuerst wieder aufgeatmet. Sie folgt zwar allen
deinen Gemütsregungen; indem sie aber an meine
Stelle tritt, beschränkt sie sich nicht etwa darauf,
bloß mit dir zu trauern. In ihren Armen bin ich nach
Rom gebracht worden; lange Zeit kränkelnd bin ich
unter ihrer treuen mütterlichen Pflege wieder genesen;
für meine Bewerbung um das Quästoramt hat sie ihren
ganzen Einfluß eingesetzt, und sie, die jeder Ansprache

und jeder feierlichen Begrüßung schüchtern aus dem
Wege ging, überwand mir zuliebe diese ihre Scheu.
Ihre zurückgezogene Lebensweise, ihre ländliche Zurückhaltung inmitten einer dreisten Frauenwelt, ihr stilles
Wesen, ihre zur Abgeschiedenheit und Muße neigenden
Gewohnheiten — alles dies hinderte sie nicht, für mich
sogar als Stimmenwerberin aufzutreten. Sie ist, teuerste
Mutter, der Trost, an den du dich halten magst zu
deiner Genesung; ihr schließe dich so eng als möglich
an, von ihren Armen laß dich fest umklammern. Es
pflegen die Trauernden das, was sie am meisten lieben,
zu fliehen und freie Bahn für ihren Schmerz zu suchen:
enthalte ihr auch deine geheimsten Gedanken nicht
vor; magst du nun dies dein Trauergewand beibehalten
oder ablegen wollen, bei ihr findest du, sei es Beseitigung des Schmerzes, sei es tröstliche Begleitung;
doch, wenn ich die Einsicht dieser unübertrefflichen
Frau kenne, so wird sie nicht dulden, daß du dich in
nutzloser Trauer verzehrest, und wird dir ein Beispiel
erzählen, bei dem ich selbst Zuschauer war. Sie hatte
auf der Seefahrt (von Ägypten nach Italien) ihren
teuren Gatten, unseren Oheim, verloren, den sie als
Jungfrau geheiratet hatte; doch sie ertrug zu gleicher
Zeit Trauer und Angst und brachte nach über-
standenen Stürmen seinen Leichnam aus dem Schiffbruch ans Land. Ach, wie vieler Frauen herrliche Taten
liegen im Dunkel verborgen. Gehörte sie jenen alten
Zeiten an, die eine schlichte Empfänglichkeit für Bewunderung der Tugenden hatte, wie würden die Talente
wetteifern, die Gattin zu feiern, die, nicht achtend
ihrer Schwachheit, nicht achtend der Schrecken des
Meeres, gegen die auch die Stärksten nicht gefeit sind,
ihr Leben jeder Gefahr aussetzte um eines Grabes
willen und, ganz erfüllt von dem Gedanken an des
Gatten Beerdigung, für sich selbst keine Gefahr kannte!

Alle Dichter singen den Preis der Frau, die sich selbst an Stelle ihres Gatten dem Tode geweiht hat [34]); aber mehr noch will es besagen, mit Nichtachtung des eigenen Lebens dem Gatten zu seiner Grabesruhe zu verhelfen; das ist die größere Liebe, die sich der gleichen Gefahr aussetzt für geringeren Vorteil. Daraufhin wird sich niemand wundern, daß sie sich während der ganzen sechzehn Jahre, während deren ihr Gatte Ägypten verwaltete, niemals in der Öffentlichkeit sehen ließ, keine Provinzialen in ihrem Hause empfing, nichts von ihrem Manne sich selbst zuwenden ließ, kein Bittgesuch anderer um Zuwendungen duldete. Daher blickte diese geschwätzige und in Schmähungen gegen ihre Statthalter erfinderische Provinz, in der auch völlig Schuldlose vor böser Nachrede nicht sicher sind, wie zu einem einzig dastehenden Muster von Sittenreinheit mit Hochachtung empor, und — was denen, die auch auf einen gefährlichen Witz ungern verzichten, besonders schwer fällt — enthielt sich jeder mutwilligen Äußerung gegen sie und wünscht sich noch heutzutage eine Frau i h r e r Art für immer, obschon sie auf eine derartige Hoffnung verzichten muß. Es war schon viel, daß die Provinz sechzehn Jahre hindurch sie sich gefallen ließ; mehr noch will es besagen, daß man überhaupt sie nicht zu sehen bekam. Das führe ich nicht deshalb an, um ihr das gebührende Lob zuteil werden zu lassen, das in so spärlicher Kürze nur eine Fälschung wäre, sondern um dir die Überzeugung beizubringen, das sei eine hochherzige Frau, die keinen Versuchungen des Ehrgeizes und der Habsucht, dieser verderblichen Begleiter aller Macht, erlag, und die angesichts des nach Entmastung des Schiffes drohenden Schiffbruches sich nicht abschrecken ließ, an ihrem entseelten Gatten hängend, nicht etwa darauf zu sinnen, wie sie selbst der Gefahr entrinnen, sondern wie sie ihn seiner Grabstätte zuführen könnte. Deine Aufgabe ist es nun, dich ihr an Mut gleich zu erweisen und dein Herz von der Trauer abzuwenden und dem Glauben der Leute vorzubeugen, du bereutest es, einen Sohn zu haben.

20. Indes, wenn du auch nichts verabsäumst zur Beschwichtigung deines Schmerzes, so ist es doch unausbleiblich, daß deine Gedanken ab und zu zu mir zurückkehren, und daß keines deiner Kinder dir jetzt lebhafter und häufiger vor Augen stehe, nicht etwa, weil dir die anderen weniger lieb wären, sondern weil es natürlich ist, die Hand öfter an die schmerzhafte Stelle zu legen. Darum vernimm denn, welche Vorstellung du dir von mir machen sollst: froh und frisch mußt du dir mich denken, wie in vollstem Glück; denn ich bin in einer Lage, wie sie besser nicht sein kann: ist doch mein Geist, entbunden von jeder Berufstätigkeit, jetzt frei für die ihm eigens zukommenden Aufgaben: bald erfreut er sich an leichteren Studien, bald erhebt er sich, von Wahrheitsdurst getrieben, zur Betrachtung der eigenen Natur sowie der des Alls. Zuerst schaut er aus nach den Ländern und deren Lage, darauf nach der Natur des sie umströmenden Meeres mit der wechselnden Ebbe und Flut; dann lenkt er den Blick auf alles, was zwischen Himmel und Erde sich Furcht Erweckendes abspielt, und durchforscht diese durch Donner, Blitz, Windeswehen, sowie durch Ergüsse von Regen, Schnee und Hagel beständig beunruhigte Region; sodann, nach Durchwanderung der niederen Regionen, bahnt er sich den Weg zum Höchsten und schwelgt im Genuß des herrlichsten Schauspiels, des Anblicks des Himmlischen, und, seiner eigenen Ewigkeit gedenkend, dringt er ein in alles, was da war und was in alle Ewigkeit sein wird.

Anmerkungen.

Vom glücklichen Leben.

¹) S. 5. Bei Senatsabstimmungen hat die genaue Feststellung der Majorität ihren guten Sinn; denn da handelt es sich um eine Versammlung von Sachverständigen. Aber die Übertragung des Majoritätsprizips auf Entscheidung von Fragen der Lebensführung wäre, wie Seneca ganz richtig zeigt, die reine Unvernunft. Gleich im dritten Kapitel spielt Seneca abermals auf technische Wendungen bei Verhandlungen und Abstimmungen im Senat an.

²) S. 7. Bei diesem grundsätzlichen Anschluß der Stoiker an die Natur ist wohl zu beachten die Zweideutigkeit des Ausdrucks φύσις in allen Formeln, mit denen die Stoiker ihr Prinzip aussprechen, indem darunter teils ethisch die Natur des Menschen, teils metaphysisch die Natur der Dinge verstanden wird. Für den Menschen ist wieder zu scheiden: a) die Überlegenheit der Menschen überhaupt durch den Verstand (λόγος) und b) die besondere Geistesanlage der einzelnen Menschen.

³) S. 8. In dieser schlecht überlieferten Stelle schließt sich meine Übersetzung an die Wiederherstellung Reitzensteins an.

⁴) S. 10. Es ist mit Reitzenstein in a n i m a l i u m zu lesen für a n i m a l i u m.

⁵) S. 12. Es ist mit Madvig und Gertz i l i i s zu lesen für illis.

⁶) S. 16. Eine kritisch unsichere Stelle.

⁷) S. 17. Hier halte ich an der handschriftlichen Überlieferung fest, die c o n c e d i s bietet. Irre ich nicht, so ist mit dem ille s a p i e n s Epikur gemeint, für den sich Gallio durchweg einsetzt, indem er nur die mit der Tugend harmonierende Lust als wirkliche Lust anerkennt, wogegen Seneca geltend macht, daß die Tugend dabei doch nur das Untergeordnete sei, während der Lust die entscheidende Stellung zufalle.

⁸) S. 20. Hier lese ich für das überlieferte a d u l e s c e n t i a e, das keinen Sinn gibt, a b o l e s c e n t i ei, mit Beziehung auf das vorhergehende verecundiam. E. Thomas schlug abolescenti paenitentiae vor, andere anderes.

⁹) S. 20. Das sind hier offenbar die p o p u l a r e s.

¹⁰) S. 21. Anspielung auf die Kybelepriester.

¹¹) S. 21. Diese lückenhaft überlieferte Stelle ist von Reitzenstein richtig ergänzt worden. Dem entspricht meine Übersetzung.

¹²) S. 23. Verg. Georg. I 139 f.

¹³) S. 27. Was nun folgt, trägt durchaus den Charakter einer Selbstverteidigung. Daß Seneca offen oder versteckt manche hämische Äußerung zu hören bekam, namentlich über seinen Reichtum, ist durchaus begreiflich. Um so mehr ist die Ruhe und Unbefangenheit anzuerkennen, mit der er darauf antwortet.

¹⁴) S. 27. Für das unverständliche a u r u u m ist m. E. zu lesen arvum. Von den nach Möglichkeit gesteigerten Reizen und Freuden des Landlebens ist hier vorwiegend die Rede, und dazu gehört nicht am wenigsten die Hebung des Landschaftsbildes, auf das, wie z. B. die Briefe des jüngeren Plinius zeigen, damals großes Gewicht gelegt wurde. Parkartige Anlagen, Wasserkünste, künstliche Hügel u. dgl. waren beliebte Mittel, der Natur nachzuhelfen und die Gegend zu einem Paradies umzugestalten. Das Wort a r v u m aber bedeutet bekanntlich nicht bloß den Acker, sondern auch „die Gegend". Es ist das Landschaftsbild, um das es sich hier handelt.

¹⁵) S. 29. Ein Lieblingsbeispiel des Seneca für Charakterstärke. Vgl. de provid. I 3, 4, 7 u. ö.

¹⁶) S. 29. Dieser Zyniker gehörte zu den Lehrern des Seneca, der seiner mehrfach Erwähnung tut, z. B. De provid. 3, 3.

¹⁷) S. 29. Sonst nicht bekannt.

¹⁸) S. 29. Verg. Aen. IV 653.

¹⁹) S. 30. Die Marterpfähle sind das Bild für die Sündhaftigkeit und den Frevelmut der Menschen. Die nach Tugend Strebenden suchen sich von diesen Marterpfählen loszumachen, während Schurken und Verbrecher sich immer weiter in alle möglichen Laster verstricken, im Falle etwaiger Bestrafung aber behaupten, dies sei das erste und einzige Mal, daß sie ein Verbrechen begangen hätten.

²⁰) S. 31. So nach einer Verbesserung Madvigs, der für überliefertes c u m a u d i a m q u o schreibt c o m o e d i a m q u e.

²¹) S. 32. Ov. Met. II 328.

²²) S. 33. Curius Dentatus, der Besieger des Pyrrhus, war befreudet mit Titus Coruncarius, dem ersten plebejischen Pontifex maximus.

²³) S. 36. Höchst dramatische Stelle. Es kommt hier auf Kürze an; daher meine freie Übersetzung. Wörtlicher: „Was rückt ihr die Toga zurecht zur Aufnahme von Gold?"

²⁴) S. 39. Diese Brücke war eine beliebte Station für Bettler.

²⁵) S. 39. Für das unverständliche causatus setze ich ein cerussatus „geschminkt".

²⁶) S. 43. Um jede böse Vorbedeutung zu meiden, wurde bei öffentlichen Opfern die Menge ermahnt, zu schweigen. Die dafür übliche Formel war das Favete linguis!

²⁷) S. 44. Lauter Anspielungen auf religiöse Kulthandlungen zur Erforschung des Götterwillens, sei es im Isisdienst, sei es im Dienste der Kybele oder der Bellona.

²⁸) S. 45. Vgl. Platons Briefe 309 BC.

Von der Muße.

¹) S. 49. Nach der bekannten Fabel vom Fuchs und dem Löwen, der den Fuchs fragt, warum er nicht mit in die Höhle eintreten wolle.

²) S. 50. So übersetze ich nach Ruhkopfs Vermutung, der miti manu schreibt für das verdorbene eniti manu der besten Handschrift.

³) S. 50. Verg. Aen. IX 612.

⁴) S. 50. Für das unverständliche actus ist meines Erachtens zu schreiben acutos, und demgemäß habe ich übersetzt.

⁵) S. 53. Man vergleiche dazu die Abhandlung von der Kürze des Lebens X 13, 2, wo diesem Drang von Seneca gewisse Grenzen gezogen werden.

⁶) S. 54. Das sind die Sternbilder des Tierkreises, von denen immer des Tages je sechs und des Nachts je sechs über uns vorüberziehen.

⁷) S. 54. Für das unpassende mersa der Überlieferung schreibe ich inversa und demgemäß habe ich übersetzt.

⁸) S. 58. Das ist die auf Aristoteles zurückgehende bekannte Dreiteilung der Lebensarten (βίος ἀπολαυστικός, πολιτικός, θεωρητικός).

⁹) S. 59. Dem Aristoteles drohte in Athen eine Verfolgung wegen Gottesfrevels, der er sich durch Übersiedlung nach Euböa entzog, wo er 322 v. Chr. starb.

Von der Gemütsruhe.

[1]) S. 65. Die Überlieferung lautet: donec paulatim colorem diuturnitas d u c a t. Sollte es für dies schwerverständliche und auch grammatisch wegen des hier nicht passenden Konjunctivs verdächtigen ducat nicht heißen müssen d u r a t? Wie man sagt caementa durare calce, uvas fumo durare und dergleichen.

[2]) S. 67. Dies sind die Begründer und Häupter der Stoa. Seneca läßt also den Serenus sich zur stoischen Schule bekennen, der er selbst angehörte.

[3]) S. 70. S. die Einleitung zu diesem Dialog.

[4]) S. 74. Ob dem Seneca hierbei etwa die Ausführungen Platons in Philebos 46 A ff. vorgeschwebt haben, bleibe dahingestellt. Jedenfalls lohnt es sich aber, aus der betreffenden Partie des Platon zu ersehen, welches Gewicht Platon gerade auf die Krätzekrankheit als sprechendsten Zeugen für eine gewisse Art von Lust legt.

[5]) S. 74. Ilias 24, 10 f.

[6]) S. 74. Das Reisefieber, das hier Seneca mit dramatischer Lebendigkeit und nicht ohne Ironie schildert, teilte Seneca zwar nicht; aber bei seiner großen Empfänglichkeit für alle Eindrücke der Natur hat er selbst gewiß auch für Abwechslung in seinem Leben nach dieser Seite hin gesorgt.

[7]) S. 75. Lucrez III 1066.

[8]) S. 75. Vgl. Horat. Epist. I 11, 27 caelum, non animum mutant qui trans mare currunt. Es begegnen auch sonst Anklänge an Horaz. Vgl. z. B. den Schluß des 6. Kapitels unserer Abhandlung mit Hor. Ars poet. 36.

[9]) S. 75. Es gab gegen Ende der Republik zwei Philosophen des Namens Athenodoros in Rom, nämlich Athenodorus Tarsus, Vorsteher der Bibliothek zu Pergamum, zu dem der jüngere Cato in engem Verhältnis stand, und Athenodoros, Sohn des Sandon, Lehrer des Octavian. Welcher hier gemeint sei, ist nicht mit Sicherheit zu sagen; die Wahrscheinlichkeit spricht mehr für den letzteren.

[10]) S. 76. Es ist hier wohl u n o zu schreiben mit Stangl für überliefertes n o n. So die Übersetzung.

[11]) S. 77. So darf man wohl hier das lateinische a s s e s s o r i s verbis wiedergeben. Der Prätor verliest feierlich das vom Assessor niedergeschriebene Urteil.

[12]) S. 77. Meiner Ansicht nach ist in dieser mehrfach umstrittenen Stelle nichts zu ändern als h o m i n u m, für das mir o m n i u m als das Richtige erscheint. G r a t u i t o r u m o m n i u m

ist partitiver Genetiv des neutralen Plurals gratuita omnia „ein wie
hohes Gut unter allem, was man umsonst hat, ein gutes Gewissen
ist". Gerade die neutralen Adjektivplurale liebt Seneca bekanntlich ganz besonders.

[13]) S. 78. Diese Entgegnung enthält viel Beachtenswertes
und ist besonnener gehalten als die auf ähnliche Situationen be-
züglichen Äußerungen in der Abhandlung über die Muße.

[14]) S. 79. Nämlich „wir Stoiker", gemäß unserer kosmo-
politischen Anschauungsweise.

[15]) S. 79. Eigentlich „Herold". Auf dem Heroldsamt ruhte
eine göttliche Weihe, die ihm in manchen Staaten auch eine
führende politische Stellung zuteil werden ließ.

[16]) S. 79. Das ist der berühmte Athener Kynegeiros, der
Bruder des Aischylos, der in der Schlacht bei Marathon eine be-
wundernswerte Standhaftigkeit bewährte. Herod. VI 114. Die
spätere Überlieferung fügte dem manche Übertreibungen hinzu,
wie sie sich bei Justin II 9 finden.

[17]) S. 81. Nämlich Tyrannenmörder wie Harmodios.

[18]) S. 81. Curius Dentatus siegte als Konsul über den Pyrrhus.
Was den Text anlangt, so folge ich M. Haupt, der hinter obruere
ein v e r e einschiebt.

[19]) S. 82. Der Historiker Ephoros war in jüngeren Jahren
Schüler des Isokrates, der seine hervorstechende Befähigung für
Geschichtschreibung erkannte.

[20]) S. 82. Die eingeklammerten Worte stehen in den Hss.
nicht hier, sondern im siebenten Kapitel hinter dem ersten Ab-
satz. Sie gehören indes, wie längst erkannt ist, hierher.

[21]) S. 86. Bion war ein Philosoph von niederer Herkunft,
Borysthenit, schlagfertig, witzig, „ein gewandter und vielseitiger
Sophist", wie ihn Diogenes Laertius nennt, der eine ganze Anzahl
mehr oder minder geistreicher Worte von ihm mitteilt.

[22]) S. 86. Dieser Demetrios war ein Freigelassener des
Pompeius, der ihn (und nicht minder seine schöne Frau) sehr
schätzte und ihn zum reichen Manne machte. Plutarch berichtet
von ihm im 13. Kapitel seiner Biographie des jüngeren Cato ein
ergötzliches qui pro quo, das dem Cato mit ihm in Antiochia
passierte. Vgl. auch Plut. im Leben des Pompeius c. 2 und c. 40.

[23]) S. 87. Manes war der Name des Sklaven.

[24]) S. 87. Hier helfe ich mir im Gegensatz zu manchem
anderen Vorschlag durch leichte Änderung des zweiten u l l a e in
v i l l a e und des n o n (vor satis) in n o b i s.

[25]) S. 88. Der Sinn scheint mir hier durchaus die Beziehung auf die Vergangenheit und nicht auf die Zukunft zu fordern. Also für pude b i t ist m. E. einzusetzen pude b a t, wodurch sich zugleich die leichte Änderung des verdorbenen plus in p r i u s ergibt.

[26]) S. 89. Während der schweren Kämpfe, die Caesar in den Jahren 48 und 47 v. Chr. in Alexandria gegen die ihn bekämpfende Königspartei zu bestehen hatte.

[27]) S. 91. Irre ich nicht, so bezieht sich auf diese Stelle eine Äußerung Plutarchs in derjenigen Abhandlung, die zu der vorliegenden des Seneca das Gegenstück bietet, in der Abhandlung nämlich über die Gemütsruhe ($\varepsilon\vartheta\vartheta\nu\mu\iota\alpha$ Wohlgemutheit). Da heißt es c. 4: „Wie der Schuh sich nach dem Fuße richten muß und nicht umgekehrt, so muß auch die Stimmung unseres Gemütes unsere Lebensweise mit sich in Übereinstimmung zu bringen suchen. D e n n e s i s t n i c h t d i e G e w o h n h e i t, welche dem, der sie wählt, das beste Leben angenehm macht, w i e e i n S c h r i f t s t e l l e r b e h a u p t e t h a t, sondern die Klugheit macht dieselbe Lebensart zugleich zur besten und angenehmsten." Plutarch kann zwar kaum mit Seneca persönlich in Berührung gekommen sein; bei seiner Vertrautheit aber mit Rom, mit römischen Verhältnissen und römischer Literatur werden ihm Senecas Schriften gewiß nicht unbekannt geblieben sein.

[28]) S. 91. Man muß sich den Wächter mit dem Bewachten zusammengekettet denken: der Gefesselte hatte die Kette an der rechten Hand, der Wächter an der linken Hand.

[29]) S. 91. Gewisse Priester durften keine Nacht außerhalb der Stadt zubringen. So der Eigenpriester des Jupiter (Flamen Dialis) in Rom. Liv. V 52, 13.

[30]) S. 91. Diese früher falsch gedeutete Stelle erhält ihre Aufklärung durch den von Gertz, dem verdienten Herausgeber der großen kritischen Ausgabe der Dialoge, gegebenen Hinweis auf die Bedeutung von p e s in den Worten a n g u s t u m p e d e m, die sich aus Varro de ling lat. V 19 ergibt: „Dicitur in aedificiis arca ‚pes magnus' et qui fundamentum instituit ‚pedem ponit'".

[31]) S. 94. Cicero pro Milone § 92.

[32]) S. 95. Kinderleichen wurden bei Nacht beerdigt.

[33]) S. 95. Diese vielbehandelte Stelle hat ihren hauptsächlichen sachlichen Anstoß darin, daß man in den Worten multos.... nox abstulit et iunctas sodalium manus copulatas interscidit zu interscidit ein neues Subjekt erwartet. Dazu gesellt sich der formelle Anstoß, der in der unerträglichen Konkurrenz der Parti-

zipien iunctas und copulatas liegt. Beiden Übelständen sucht
Madvig abzuhelfen, indem er für copulatas einsetzt copiates ($\varkappa o\pi\iota\acute{a}\tau\eta\varsigma$
Totengräber): ein gewagtes Unternehmen. Ich suche ebenfalls
beiden Fehlern durch e i n Mittel abzuhelfen, indem ich iunctas
umändere in u n c u s, Haken. Uncus nämlich ist nach römischem
Sprachgebrauch insbesondere auch der eiserne Haken, den man
den zum Tode verurteilten Verbrechern am Halse befestigte, um
sie so an den Tiber zu schleppen. Sen. ep. 14,5. 92, 35. Cic. Phil.
1, 2, 5. Rabir. perd. 5, 16. Ovid. Ibis 167. Juvenal. 10, 66.

[34]) S. 95. Publilius Syrus, Mimendichter und Schauspiel-
direktor, der wie sein Zeitgenosse Laberius ein hochbegabter Vertreter seines Faches war. Der hier zitierte Vers war auch schon
in der Trostschrift an Marcia (VI 9, 5) angeführt worden.

[35]) S. 96. Der Patrizierschuh war ein mit weit hinauf-
reichendem Riemenwerk versehener Prunkschuh, der eine besondere
Auszeichnung bildete.

[36]) S. 96. Dieser Pompeius ist Sextus Pompeius, der bekannte
Sohn des großen Pompeius.

[37]) S. 97. Der durch Macro auf Befehl des Tiberius voll-
zogene Sturz des Sejanus erfolgte im J. 31 p. Chr.

[38]) S. 97. Das ist eine starke Übertreibung.

[39]) S. 97. Dieser Ptolemaeus, der Sohn Jubas und mütter-
licherseits ein Verwandter Caligulas, wurde wegen seiner Reichtümer auf Befehl des Caligula im J. 39 p. Chr. getötet.

[40]) S. 97. Mithridates, durch die Gnade des Pompeius König
von Armenien, wurde von Caligula ins Gefängnis geworfen, kehrte
aber, durch Claudius befreit, wieder nach Armenien zurück.

[41]) S. 98. Ein für das damalige Rom sehr bezeichnender
Passus. Für den hier geschilderten geschäftigen Müßiggang war
das weitverzweigte Klientelwesen von besonderer Bedeutung.
Martial ist ein beklagenswertes Beispiel dieses Unwesens und für
uns zugleich der klassische Zeuge desselben. In aller Frühe
mußte der Klient, anständig gekleidet, seine Besuchswanderung
antreten, um Gönnern aufzuwarten, „die den Besuch nicht er-
widerten" X 70, 5. Vgl. Friedländer, Sittengesch. I[5] 335 ff.

[42]) S. 98. Diese unverdiente Charakteristik der Ameisen darf
man nicht als allgemeine Ansicht des Altertums über diese emsigen
Tierchen betrachten. Vgl. Horat. Sat. I 1, 33.

[43]) S. 99. Diels, Frg. d. Vors. fr. 3. Darauf weist Seneca
auch schon Dial. V 6, 3 hin.

[44]) S. 101. Vgl. Diog. Laert. VII 4 f.

[45]) S. 101. Lysimachos, Feldherr Alexanders des Gr., dann König.

[46]) S. 101. Über Julius Canus wissen wir nichts weiter, als was an dieser Stelle steht. Aber das hier Mitgeteilte genügt, um ihm ein dauerndes Andenken zu sichern.

[47]) S. 102. Also ein in seinem Dienst stehender Philosoph, ein Verhältnis, wie es damals bei vornehmen Römern nicht selten war.

[48]) S. 103. Dem späteren Altertum waren Demokrit und Heraklit die typischen Vertreter des Optimismus und des Pessimismus. Den letzteren bekämpften die der Menschenliebe huldigenden Stoiker trotz ihres Anschlusses an Heraklit in Sachen der Naturlehre.

[49]) S. 104. Es handelt sich da um konventionelle Dinge.

[50]) S. 105. Es handelt sich hier um ein Thema, das in der ersten Abhandlung der Dialoge (de providentia) des Näheren ausgeführt worden ist.

[51]) S. 105. Über Rutilius s. Dial. I 3, 4; VI 22, 3; VII 18, 3.

[52]) S. 105. Pompeius wurde durch einen Jüngling getötet (Ptolemaeus), der sein Schützling war, Cicero durch den Popillius, den er verteidigt hatte.

[53]) S. 107. Vgl. Hor. III 21, 11 Narratur et prisci Catonis saepe mero caluisse virtus.

[54]) S. 108. Asinius Polio, berühmter Zeitgenosse des Augustus.

[55]) S. 109. Arcesilaus (315—241 v. Chr.), Begründer der sog. zweiten Akademie, der wegen seiner Neigung zu heiterer Geselligkeit der zweite Aristipp genannt wurde.

[56]) S. 110. Wahrscheinlich Anacreon, an den auch Horaz anklingt mit seinem Spruch dulce est desipere in loco.

[57]) S. 110. Plat. Phaedr. 245 A.

[58]) S. 110. Arist. Probl. 30, 1.

Von der Kürze des Lebens.

[1]) S. 113. Hippocrates Aphorismen I 1.

[2]) S. 113. Hier scheint eine Verwechslung mit Theophrast vorzuliegen. Vgl. Cic. Tusc. III 69 Theophrastus moriens accusasse naturam dicitur, quod cervis et cornicibus vitam diuturnam, quorum id nihil interesset, hominibus, quorum maxime interfuisset, tam exiguam vitam dedisset: quorum si aetas potuisset esse

longinquior, futurum fuisse, ut omnibus perfectis artibus, omni doctrina hominum vita erudiretur.

³) S. 115. Wohl aus einem Tragiker, vermutlich Euripides. An einen Komiker ist schwerlich zu denken. Vgl. Meineke IV 194.

⁴) S. 115. Hier liegt in dem Worte s p a t i o eine Verderbnis vor. Vielleicht ist dafür einzusetzen c a p t a t i o.

⁵) S. 119. Mit vollem Namen Lucius Aemilius Paulus.

⁶) S. 119. Jullus Antonius, Sohn des Triumvir und der Fulvia. Er war der Buhle der Tochter des Augustus, der berüchtigten Julia.

⁷) S. 120. Dieser Brief ist verlorengegangen. Unser Fragment steht in der Müllerschen (Teubnerschen) Ausgabe Bd. IV, 3 p. 303, 30.

⁸) S. 120. S. die Anmerkung 27 zum ersten Bande p. 266. Seine Ermordung trug wesentlich dazu bei, den Bundesgenossenkrieg im J. 91 v. Chr. zum Ausbruch zu bringen.

⁹) S. 127. Für sensus der Hss. ist meines Erachtens zu lesen s e n s u e s s e und das Fragezeichen hinter o p e r o s i u s zu setzen. Dann ist jede weitere Änderung unnötig. Demgemäß habe ich übersetzt.

¹⁰) S. 127. Verg. Georg III 66.

¹¹) S. 128. Über diesen von Seneca selbst gekannten und gehörten Philosophen der Schule der Sextier s. Zeller III, 1, 600 Anm. 6. In den Briefen tut Seneca seiner mehrfach Erwähnung, immer mit größter Achtung. Auch in unserem Dialog wird er noch einmal angeführt am Schluß von c. 13.

¹²) S. 135. Das ist des C. Duilius Seesieg bei Mylae in der Nähe von Messana im ersten punischen Krieg 260 v. Chr.

¹³) S. 135. Nach seinem Siege über Pyrrhus.

¹⁴) S. 135. Claudius Caudex war ein Zeitgenosse des Duilius.

¹⁵) S. 136. Pompeius ist der Überlegende. Eine artige Ironie.

¹⁶) S. 137. Vgl. Vom Zorn, Zweites Buch c. 2.

¹⁷) S. 137. Nämlich der zu Anfang unseres Kapitels als Vortragender eingeführte Gelehrte.

¹⁸) S. 139. Die richtige grammatische wie sinngemäße Deutung dieser Stelle gibt Hermes in seiner Anmerkung.

¹⁹) S. 139. Zu diesem Kapitel vergleiche man das 12. Kapitel der Abhandlung über die Gemütsruhe, wo die mehr verächtlichen als lächerlichen Seiten der Gunsthascherei, wie sie namentlich im Klientelwesen hervortraten, mit nicht minder grellen Farben gekennzeichnet werden.

²⁰) S. 144. Der berühmteste Heerführer und mehrfache Diktator der ältesten Zeit der Republik.

²¹) S. 144. Der gefeierte Überwinder Hannibals, P. Cornelius Scipio, begleitete nach erlangter Zustimmung des Senates und des Volkes seinen weniger fähigen Bruder Lucius, der als Konsul den Krieg gegen den König Antiochus von Syrien zu führen hatte, als Legat und beendete glücklich den Krieg. Die ihm von den Römern zugedachte Ehrung durch eine Statue, die neben der des Jupiter aufgestellt werden sollte, wies er ab. Er starb im Exil zu Linternum, das er selbst erwählt hatte, nachdem in seinen späteren Jahren die Volksgunst sich von ihm abgewandt hatte.

²²) S. 146. Er mußte sterben, ohne die, wie ihm bekannt, unmittelbar bevorstehende Hungersnot zu erleben, an der das entmenschte Gemüt des Tyrannen die größte Freude gehabt haben würde.

²³) S. 146. Caligula vertrieb sich damals die Zeit damit, daß er in kindischer Nachäfferei des Xerxes, der den Hellespont überbrückte, von seinem Landgut Bauli bei Bajä eine Schiffbrücke nach Puteoli hinüberschlug.

²⁴) S. 148. Es war ein begreifliches Ziel des Ehrgeizes, durch Erlangung des Konsulats das betreffende Jahr für alle kommende Zeit nach seinem Namen benannt zu wissen.

²⁵) S. 148. Das sind typische Fälle, die im lateinischen Text durch das Perfekt gegeben werden.

²⁶) S. 149. Vgl. Anmerkung 32 zu der Abhandlung von der Gemütsruhe.

Trostschrift an Polybius.

¹) S. 153. Diese sieben Wunderwerke des Altertums sind: die Mauern von Babylon, der Tempel der Diana zu Ephesus, die Statue des Olympischen Jupiter von Phidias, die Pyramiden, das Grabmal des Mausolus zu Halikarnaß (Mausoleum), der Koloß von Rhodos und die hängenden Gärten der Semiramis.

²) S. 154. Das sticht sehr stark ab von dem, was er an seine Mutter Helvia aus der Verbannung über seine Stimmung schreibt.

³) S. 155. Nämlich durch seine Übersetzungen einerseits des Vergil ins Griechische, anderseits des Homer ins Lateinische.

⁴) S. 158. Die handschriftliche Überlieferung lautet: alium sollicitudo a l i u m l a b o r torquet alium. Hier hat Haupt mit vollem Recht für s o l l i c i t u d o eingesetzt s o l i t u d o; wenn er aber die darauffolgenden, so wie sie dastehen allerdings unerträglichen Worte alium labor streicht, so fragt man sich vergebens, wie dieselben sich in den Text haben einschleichen können. Mir will es scheinen, als seien dieselben zu ersetzen durch die zu solitudo

attributiv hinzugesetzten Worte a l i o r u m s a p o r, „die für andere eine Wonne (ein Labsal) ist“, ein Zusatz, der nach Inhalt und Form ganz der Art des Seneca entspricht, der, wie die Abhandlung de otio und viele sonstige Stellen zeigen, für die Zurückgezogenheit geradezu schwärmt und in stilistischer Beziehung bekanntlich in Gegensätzen schwelgt.

[5]) S. 163. Hier ist mit Scriverius für domos zu schreiben s o m n o s.

[6]) S. 164. Vgl. Anm. 3.

[7]) S. 167. Ich habe mich in meiner Übersetzung der von Hermes in den Text aufgenommen Konjektur Heylbuts necessitate für überliefertes felicitate angeschlossen, glaube aber, daß ein der Überlieferung näherliegendes v e l o c i t a t e auch dem Sinne der Stelle nach besser entsprechen würde.

[8]) S. 168. Vgl. die Abhandlung von der Kürze des Lebens c. 10, 2 ff.

[9]) S. 170. Nämlich Xenophon bei der Nachricht vom Tode seines Sohnes Gryllus, der in der Schlacht bei Mantinea den Heldentod gefunden. Vgl. Diog. Laert. II 55.

[10]) S. 171. Vgl. Anm. 3.

[11]) S. 173. Caligula.

[12]) S. 176. Vgl. Livius 38, 50 ff. Gellius Noct. Att. VII 19.

[13]) S. 176. Der jüngere Scipio, der Eroberer von Karthago und Numantia, Sohn des Siegers von Pydna, der durch Adoption in die Familie der Scipionen aufgenommen worden war.

[14]) S. 176. Hier finden sich einige Ungenauigkeiten, wie nicht selten in den geschichtlichen Notizen des Seneca.

[15]) S. 177. Des trefflichen Marcellus.

[16]) S. 178. Wurde auf Brutus' Befehl hingerichtet. Vgl. Plut. Brut. c. 28.

[17]) S. 180. Nämlich der Kaiser Claudius.

[18]) S. 181. Für das unverständliche pervocatis ist meines Erachtens zu lesen p e r s o n a t i s, denn mit personatae sc. fabulae oder personati sc. Atellani bezeichnete man die Mimen- und Possenspiele, die hier recht eigentlich am Platze sind. Vgl. Festus p. 217 ed. Otfrid Müller und Freund, Lat. Wörterbuch s. v. personatus.

Trostschrift an seine Mutter Helvia.

[1]) S. 189. Vgl. die Einleitung p. 186.

[2]) S. 190. Das Gegenteil ist hier die Gesamtheit gegenüber dem bloß Vereinzelten, das hier in seiner Wirkung versagt.

³) S. 190. Der Oheim des Seneca, Vetrasius Pollio, der Gemahl der Schwester seiner Mutter Helvia, war sechzehn Jahre Präfekt von Ägypten und starb auf der Rückreise von da nach Europa. Näheres darüber findet sich am Schluß des Schreibens.

⁴) S. 191. Das ist Senecas Vater, der bekannte Rhetor Seneca.

⁵) S. 193. Das ist nicht die einzige Stelle, in der Seneca versichert, daß er weit entfernt sei, sich für einen Weisen zu halten oder auszugeben. Er gehört nach der Ausdrucksweise der Stoiker nicht zu den Weisen, sondern zu den „Fortschreitenden" (προκόπτοντες).

⁶) S. 196. Ich lasse es bei der überlieferten Lesart Corsica bewenden, von der abzuweichen ich wenigstens keinen zwingenden Grund sehe.

⁷) S. 198. Eine Verwechslung mit den Galliern (Celten).

⁸) S. 198. Dabei denkt er wohl vornehmlich an die Züge der Cimbern und Teutonen.

⁹) S. 199. Der „Greis" hat hier mit Recht Befremden erweckt und manche Verbesserungsvorschläge hervorgerufen. Ich möchte glauben, daß für senex einzusetzen sei f e n i s e x „der Landmann, der Bauer", der sich den (städtischen) Kolonisten anschließt.

¹⁰) S. 200. M. Terentius Varro, der berühmte Zeitgenosse d. Cicero.

¹¹) S. 201. Wahrscheinlich in dem Buch „Über die Tugend", das c. 9, 4 zitiert wird.

¹²) S. 203. Diese alte Hütte des Romulus befand sich auf dem Palatinischen Hügel und war nach einem Brande wieder hergestellt worden durch die Pontifices.

¹³) S. 204. M. Claudius Marcellus, Anhänger des Pompeius, zog sich nach der Schlacht bei Pharsalus nach Smyrna zurück zu freiwilligem Exil. Im J. 46 v. Chr. auf Bitten des Cicero und des Senats von Caesar zurückgerufen, ward er in der Nähe von Athen ermordet.

¹⁴) S. 204. Durch die Eroberung von Gallien.

¹⁵) S. 205. Wasservögel aus dem Partherland, Phaleriden genannt, waren ein beliebter Leckerbissen in Rom.

¹⁶) S. 205. Damit wird hingewiesen auf die vernichtende Niederlage des Crassus im Jahre 54 n. Chr., für welche die Rache noch ausstand.

¹⁷) S. 207. Nämlich M. Atilius Regulus, der bekannte Heerführer im ersten Punierkrieg.

¹⁸) S. 207. Der berühmte M'. Curius Dentatus, der Überwinder des Pyrrhus.

¹⁹) S. 208. Ein berüchtigter Schlemmer. Von den drei dieses Namens ist dieser der mittlere; er lebte unter Augustus und Tiberius.

20) S. 211. Diese in den Handschriften stark verstümmelte Stelle, in der offenbar von einer allbekannten Art stolzer Armut die Rede war, dürfte wahrscheinlich hinweisen auf die Bettelmönche des Altertums, d. h. auf die durch den rauhen Rucksack (pera) und entsprechenden Mantel jedermann kenntlichen zynischen Sittenprediger. Die Worte, wie sie in der Hs. A stehen, lauten: Transeamus ape spe non obveniamus ad locupletes. Man kann darin erkennen den Hinweis auf eben diese Mantelsackphilosophen, wenn man schreibt: transeamus aspera pera notos, veniamus ad locupletes: „Übergehen wir die durch ihren Mantelsack Wohlbekannten, wenden wir uns zu den Reichen!“

21) S. 213. Diese Nachricht hat nur schwache Gewähr.

22) S. 214. Das ist, wie Lipsius nachgewiesen, eine Verwechslung mit Phocion, von dem Plutarch ausdrücklich das hier Vorgetragene erzählt, während Aristides ein friedliches Ende gehabt hat.

23) S. 214. Helvia hatte also zwei Tage vor Senecas Verbannung ahnungslos die Rückreise nach Spanien angetreten und ward auf der Reise von der Nachricht davon überrascht.

24) S. 217. Als solche stand sie noch unter väterlicher Gewalt.

25) S. 217. Das war mehr Herkommen als (geschriebenes) Gesetz.

26) S. 219. Diese durchsichtigen Gewänder sind mehrfach Gegenstand des Spottes und der Entrüstung seitens Senecas. So heißt es in der Abhandlung über die Wohltaten VII 9: „Da sah ich seidene Kleider, die man Kleider nennen kann, woran nichts ist, was den Körper oder gar nur die Scham decken könnte, womit angetan ein Weib nicht mit gutem Gewissen schwören kann, daß sie nicht nackt sei.“ Und ähnlich Epist. 90.

27) S. 219. Leniore muß es meines Erachtens heißen für das unerklärbare levior der Handschriften.

28) S. 219. Cornelia, die Mutter der Gracchen.

29) S. 219. C. Aurelius Cotta ging bei Beginn des Bundesgenossenkrieges 91 n. Chr. freiwillig ins Exil, aus dem er erst unter Sulla wieder zurückkehrte 83 v. Chr.

30) S. 223. Dieser Marcus ist wahrscheinlich der (spätere) Dichter M. Annaeus Lucanus, der Sohn des Lucius Annaeus Seneca, der Verfasser der Pharsalia, eines großen uns erhaltenen Epos über den Bürgerkrieg zwischen Caesar und Pompeius.

31) S. 223. Tochter des Gallio (Novatus).

32) S. 224. Er lebte in Corduba in Spanien.

33) S. 224. Die Gattin des Vetrasio Pollio, des Statthalters von Ägypten. S. Anm. 3.

34) S. 226. Die Alkestis, Gemahlin des Admetos.

www.ingramcontent.com/pod-product-compliance
Lightning Source LLC
LaVergne TN
LVHW040002200726
843493LV00005B/1099